사회초년생을 위한
꼰대 어휘 속성과외

인공지능도 해결 못한다!
(한자능력시험, 공무원시험 대비)

머리말

4차 산업혁명과 인공지능으로 대표되는 시대를 살아가고 있지만, 역설적이게도 TV나 영화에서는 사극이 인기를 끌고 있다. 최근 관객 1000만명을 돌파한 영화는 대부분 역사물이다. 심지어 유튜브를 검색해도 역사를 주제로 한 영상이 상당수를 차지하고 있다. 역사물에 한자가 많이 등장하는 것은 당연하다.

이와 직접적인 관련은 없겠지만, 최근 한자 교육을 강화하려는 움직임이 일고 있다. 첨단 시대에 한자가 무슨 필요 있느냐는 시각이 있지만 우리가 대화나 문장에 사용하는 용어의 절반 이상은 한자에서 비롯된 것이다. 특히 교과서에 나오는 핵심 어휘나 중요한 개념은 대부분 한자다. 다만 한글로 표기돼 있어 어원이 우리말인지 한자인지 잘 모를 뿐이다.

한글로는 한 단어지만 한자로는 뜻이 여럿인 경우가 많아 한자에 대한 지식이 풍부해야 문장 이해력과 어휘력을 높일 수 있다. 한자를 공부해야 하는 이유는 여기에 있다. 때문에 국가가 공인하는 한자능력시험이 치러지고 있으며, 공무원 국어시험에도 한자 능력을 파악하는 문제가 상당부분을 차지하고 있다.

그러면 우리말은 제대로 구사하고 있을까. 인터넷에서 네티즌들이 쏟아내는 말들을 보면 정도를 넘어선지 오래다. 기본적인 맞춤법에 어긋나는 것은 일일이 거론할 수 없을 정도고 은어와 속어, 괴상한 조어(造語)까지 기승을 부린다. 대학을 나와도 우리말조차 정확하게 표기하지 못하는 경우가 적지 않은 것이 우리의 현실이다. 게다가 방송에 출연한 사람들까지 부정확한 용어와 저급한 조어, 출처를 알 수 없는 외국어를 무차별 사용하니 국어학자들이 탄식을 표하는 것이 이상하지 않다.

뜻만 전달하면 되지 굳이 한글 맞춤법에 집착할 필요가 있느냐는 주장은 무식의 소치다. 언어와 문자는 함께 살아가는 집단이 소통과 지식·정보 전달을 위해 만든 사회적 약속이자 공인된 체계다. 이 틀이 무너지면 문명의 진화에 지장을 초래하게 된다. 아무리 인공지능이 발달해도 문장 구사력에는 한계가 있다. 글이란 사람의 이성과 지성, 감성, 직관, 통찰력 등이 종합적으로 작용해 만들어지는 것이기에 기계에 맡겨 해결하려 하는 것은 어리석은 짓이다.

이 책은 필자가 기자로 재직 중이던 30여년 전 집필해 16판을 찍은 '매스컴국어'(언론사 국어 수험서)를 기반으로 하고 있다. 책 내용의 70% 이상을 보완하거나 수정했고, 보다 많은 언어 지식을 담으려 욕심을 부리다 보니 필자 스스로 걱정할 정도로 분량이 방대해졌다. 하지만 우리가 살아가면서 접할 수밖에 없는 말들이다.

외람되지만 이 책을 만드는 데 각고의 정성과 미력을 다했다고 감히 자부한다. 현대인들의 일상사에 등장하는 용어들을 광범위하게 다루고 뜻을 정확히 전달하기 위해 여러 사전은 물론 인터넷 사전까지 참고했다. 책을 통해 우리말과 한자에 대한 이해의 폭을 넓혀가면 각종 시험에도 자연스럽게 대비가 될 것으로 믿는다.

김 학 준

목 차

머리말 _ 3

01. 틀리기 쉬운 맞춤법 ···································· 7
    1-1. 맞춤법 개정에 따른 복수 표준어 / 19
02. 혼동하기 쉬운 낱말 ···································· 21
03. 고유의 우리말 ·· 32
    3-1. 각종 단위 / 47
    3-2. 순화어 / 48
04. 모양이 비슷한 한자 ···································· 50
05. 중요한 한자어 ·· 64
    5-1. 나이 명칭 / 89
06. 유사한 한자어 ·· 90
07. 잘못 읽기 쉬운 한자 ·································· 118
    7-1. 친척관계 / 137
08. 한글 맞춤법과 표준어 규정 ························ 138
09. 속담(俗談) ·· 179
10. 고사성어(故事成語) 01 ······························· 193
    고사성어(故事成語) 02 ······························· 207
11. 반대어(反對語) ·· 210
12. 시사용어(時事用語) ···································· 212
13. 한자 우리말로 고쳐 쓰기 ··························· 217
14. 국문법(國文法) ·· 219
15. 부록 : 피해야 할 중복 표현 ······················· 235
    24절기 / 237
    간지(干支)와 갑자(甲子) / 238

01 틀리기 쉬운 맞춤법

[ㄱ]

* 개다(O)-개이다(X)
  ex) 하늘이 맑게 개다.
* 가난뱅이(O)-가난벵이(X)
  cf) 게으름뱅이, 주정뱅이, 장돌뱅이
* 갑자기(O)-갑짜기(X)
  cf) 깍두기(O)-깍뚜기(X)
* 끄트머리(O)-끝으머리(X)
  cf) 사타구니, 꼬락서니
* 끄나풀(O)-끄나불(X)
  ex) 그는 일제의 끄나풀이었다.
* 구슬리다(O)-구슬르다(X), 구스르다(X)
  뜻) 그럴듯한 말로 꾀어 마음을 움직이다.
* 갈고리(O)-갈구리(X)
  cf) 갈퀴(O)-갈쿠리(X)
* 겨를(O)-겨룰(X)
  cf) 눈코 뜰 겨를도 없었다.
* 괴로워(O)-괴로와(X)
  cf) 고마워, 반가워, 가까워, 한가로워
* 가시(O)-까시(X)
  ex) 손톱 밑에 가시가 박히다.
* 겸연쩍다(O)-겸연적다(X)
  cf) 객쩍다(언행이나 생각이 쓸데없고 실없다), 멋쩍다(어색하고 쑥스럽다)
* 걸레(O)-걸래(X)
* 게으르다(O)-게이르다(X)
* 가리마(O)-가르마(X)
  ex) 머리에 가리마를 타다.

* 길이길이(O)~기리기리(X)
  ex) 그이 업적은 길이길이 빛날 것이다.
* 구시렁거리다(O)-궁시렁거리다(X)
  뜻) 못마땅하다는 듯 군소리를 자꾸 늘어 놓다.
* 까라지다(O)-깔아지다(X)
  뜻) 기운이 빠져 축 늘어지다.
* 귀염(O)-귀여움(X)
  ex) 귀염을 독차지하다.
* 고린내(O)-고랑내(X)
* 꿰매다(O)-꿔매다(X)
  ex) 바늘로 해진 옷을 꿰매다.
* 군더더기(O)-군더덕이(X)
* 굽이굽이(O)-구비구비(X)
* 게시판(O)-계시판(X)
* 칸(O)-간(X)
  ex) 방이 한 칸밖에 없는 집.
* 게양(O)-계양(X)
  ex) 국기를 게양하다.
* 겨레(O)-겨례(X)
* 구절(O)-귀절(X)
  cf) 문구(O)-문귀(X), 경구(O)-경귀(X)
* 갓난애(O)-간난애(X)
* 건너다(O)-건느다(X)
* 거꾸로(O)-꺼꾸로(X)
* 겁쟁이(O)-겁장이(X)
  cf) 멋쟁이, 개구쟁이, 욕쟁이, 심술쟁이 등 성격이나 버릇을 일컬을 때는 '쟁이'로 표기하고, 미장이(건축 공사에서 시멘트 따위를 바르는 사람), 유기장이 등 기술자를

일컬을 때는 '장이'로 표기한다.
* 겉치레(O)-겉치례(X)
  cf) 속치레(속을 잘 꾸미어 모양을 냄), 인사치레(성의 없이 겉으로 꾸며서 하는 인사)
* 기르다(O)-길르다(X)
  cf) 가르다(O)-갈르다(X), 오르다(O)-올르다(X), 타이르다(O)-타일르다(X)
* 깡충깡충(O)-깡총깡총(X)
* 그을다(O)-그슬다(X)
  cf) 그을음(O)-끄으름(X)
* 광주리(O)-광우리(X)
* 거추장스럽다(O)-거치장스럽다(X)
* 감히(O)-감이(X)
  cf) 쾌히, 흔히, 심히
* 귀고리(O)-귀엣고리(X)
* 껍데기(O)-껍떼기(X)
  cf) 껍질(O)-껍찔(X)
* 꾸짖다(O)-꾸짓다(X)
* 곶감(O)-꽂감(X)
* 곱씹다(O)-곰씹다(X)
  뜻) 말이나 생각 따위를 되풀이하다.
* 꺼리다(O)-꺼려하다(X))
* 갑작스러운(O), 갑작스레(O)-갑작스런(X)
* 괜스레(O)-괜시리(X)
* 곤드레만드레(O)-곤드래만드래(X)
* ~구려(O)-~구료(X)
  ex) 잘 했구려. 솜씨가 좋구려.
* ~구먼(O)-~구만(X)
  ex) 꽤 크구먼. 일찍 왔구먼.
* 깎아(O)-깍어(X)
  ex) 나무를 깎아(모음조화) 인형을 만들다.
* 금니(O)-금이(X)
  cf) 틀니, 덧니, 어금니
* 건넌방(O), 건넛방(O)-건너방(X)

cf) 건너편, 건넛집, 건넛마을, 건널목
* 귀머거리(O)-귀먹어리(X)
* 귀띔(O)-귀뜸(X)
  ex) 도망가라고 귀띔해 주다.
* 깨끗이(O)—깨끗히(×)
  cf) 곰곰이(O)—곰곰히(×)
* 굼벵이(O)-굼뱅이(X)
* 구레나룻(O)-구렛나루(X)
  뜻) 귀 밑에서 턱까지 난 수염.
* 건더기(O)-건데기(X)
* 괴나리봇짐(O)-개나리봇짐(X)
  뜻) 걸어서 먼 길을 갈 때 짊어지는 조그마한 봇짐.
* 괴팍하다(O)-괴퍅하다(X)
  cf) 얄팍하다, 실팍하다(보기에 알차고 튼튼하다)
* 깎다(O)-깍다(X)
  cf) 꺾다(O)-꺽다(X)
* 꼿꼿이(O)—꼿꼿이(×)
* 갈게(O)-갈께(X)
  ex) 조금 있다가 갈게. cf) 할게, 먹을게
* 가느스름하다(O)-가늠하다(X)
* 가냘프다(O)-갸냘프다(X)
  ex) 소녀의 가냘픈 허리.
* 강낭콩(O)-강남콩(X)
* 귀이개 (O)-귀후비개(X)
  뜻) 귀지를 파내는 기구.
* 겸상(O)-맞상(X)
  ex) 겸상을 차리다.
* 글쎄(O)-글세(X)
  ex) 글쎄, 아직 모르겠어.
* 가랑이(O)-가랭이(X)
* 거두다(O)-걷우다(X)
  ex) 뿌린 씨를 거두다.

* 기지개(O)-기지게(X)
* 꾀다(O)-꼬시다(X)
* 걸맞은(O)-걸맞는(X)
  ex) 분위기에 걸맞은 옷차림.
* 고랭지(O)-고냉지(X)
  뜻) 표고가 600미터 이상으로 높고 한랭한 곳.
* 게걸(O)-개걸(X)
  뜻) 먹을 것을 몹시 탐내는 마음.
* 걸쭉하다(O)-걸찍하다(X), 걸죽하다(X)
  ex) 걸쭉한 막걸리 한 사발.
* ~게끔(O)-~게시리(X)
  ex) 뒤탈이 없게끔 잘 처리하라.
* 구더기(O)-구데기(X)
* 곱빼기(O)-곱배기(X)

[ㄴ]

* 누더기(O)-누데기(X)
  cf) 무더기(O)-무데기(X)
* 넉넉지 않다(O)-넉넉치 않다(X)
  cf) 서슴지 않다. 섭섭지 않다. 정확지 않다.
* 나무꾼(O)-나뭇군(X)
  cf) 일꾼, 농사꾼, 장사꾼, 낚시꾼
* 녹이다(O)-녹히다(X)
  cf) 높이다(O)-높히다(X)
* 냄비(O)-남비(X)
* 낚시터(O)-낚싯터(X)
  cf) 낚시질, 낚싯대, 낚싯배
* 나루터(O)-나룻터(X)
  cf) 나룻배, 나룻가
* 늑장부리다(O)-늦장부리다(X)
  뜻) 일을 일부러 느리게 하다.
* 날짜(O)-날자(X)

cf) 일자(O)-일짜(X)
* 넌지시(O)-넌즈시(X)
  ex) 넌지시 비밀을 알려 주다.
* 나부랭이(O)-나부랑이(X)
  뜻) 어떤 사람이나 물건을 하찮게 여겨 이르는 말.
* 넋두리(O)-넉두리(X)
  뜻) 불만을 길게 늘어놓으며 하소연하는 말.
* 눌은밥(O)-누른밥(X)
* 낯선(O)-낯설은(X)
  ex) 낯선 타향.
* 나무라다(O)-나무래다(X)
* 나지막한(O)-나즈막한(X)
  cf) 느지막하다(O)-느즈막하다(X)
* 나뭇가지(O)-나무가지(X)
  cf) 고깃국, 시냇물, 종잇장, 뱃사람
* 뇌졸중(O)-뇌졸증(X).
  ex) 뇌졸중(腦卒中)으로 쓰러졌다.
* 날다(O)-날르다(X)
  cf) 나는(O)-날르는(X), 하늘을 나는 새.
* 널따랗다(O)-넓다랗다(X)
  cf) 좁다랗다, 얄따랗다(꽤 얇다)
* 넓적다리(O)-넙적다리(X)
* ~는지(O)-~런지(X)
  ex) 내가 과연 그 일을 할 수 있을는지.
* 늘그막(O)-늙으막(X)
  ex) 늘그막에야 고생을 면하게 되었다.
* 나부끼다(O)-나붓기다(X)
  ex) 태극기가 바람에 나부끼다.
* 녹슬다(O)-녹쓸다(X)
  ex) 쇠가 녹슬다. 실력이 녹슬다.
* 눈살(O)-눈쌀(X)
  cf) 눈곱(O)-눈꼽(X)
* 눈썹(O)-눈섭(X)

cf) 눈꺼풀(O)-눈거풀(X)
* 나가려고(O)-나갈려고(X)
 cf) 하려고(O)-할려고(X), 먹으려고(O)-먹을려고(X)
* 늘(O)-늘상(X)
* 넌더리(O)-넌저리(X)
 뜻) 몹시 싫은 생각. ex) 이제 떠돌이 생활에 넌더리가 난다.
* 늙수그레하다(O)- 늘수그레하다(X)
 뜻) 꽤 늙어 보이다.
* 널빤지(O)-널판지(X)

[ㄷ]

* 둘째(O)-두째(X)
 cf) 셋째, 넷째 (십 이상일 때는 열두째, 열세째)
* 돌(O)-돐(X)
 뜻) 아기가 태어난 날로부터 한 해가 되는 날.
* 달걀(O)-닭알(X)
* 돌멩이(O)-돌맹이(X)
 cf) 알맹이(O)-알멩이(X)
* 뒤통수(O)- 뒤퉁수(X)
* 두레박(O)-두래박(X)
 ex) 두레박으로 우물물을 긷다.
* 두통거리(O)-두통꺼리(X)
 cf) 일거리, 말썽거리, 소일거리
* 떠버리(O)-떠벌이(X)
 cf) 악바리(O)-악발이(X)
* 도둑(O)-도독(X)
 cf) 한자로는 도적(盜賊).
* 동녘(O)-동녁(X)
 cf) 서녘, 들녘, 새벽녘
* 들여다보다(O)-드려다보다(X)
 ex) 창문으로 방안을 들여다보다.
* 돌부리(O)-돌뿌리(X)
 cf) 총부리(O)-총뿌리(X)
* 닦달하다(O)-닥달하다(X)
 ex) 빚을 빨리 갚으라고 닦달하다.
* 돌팔이(O)-돌파리(X)
* 떠들썩하다(O)-떠들석하다(X)
* 동짓달(O)-동짇달(X)
 cf) 섣달(O)-섯달(X)
* 등(O)-등어리(X)
* 등쌀(O)-등살(X)
 뜻) 몹시 귀찮게 구는 짓.
* 돋보기(O)-돗보기(X)
* 덩굴(O), 넝쿨(O)-덩쿨(X)
* 다다르다(O)-다닫다(X)
 ex) 정상에 다다르다.
* 두드러기(O)-두드레기(X)
* 덥석(O)-덥썩(X)
 ex) 아기를 덥석 안다.
* 데우다(O)-데피다(X)
 ex) 목욕물을 데우다.
* 돋우다(O)-돋구다(X)
 ex) 신경을 돋우다. 목청을 돋우다. 구미를 돋우다.
* 떡볶이(O)-떡볶기(X)
 cf) '떡볶기'라는 말이 자주 사용되지만 아직까지는 비표준어다.
* 두드러기(O)-두드레기(X)
* 도랑(O)-또랑(X)
 뜻) 폭이 좁은 작은 개울.
* 덩둘하다(O)-덩줄하다(X)
 뜻) 매우 둔하고 어리석다.
* 따로(O)-따루(X)
 cf) 도로(O)-도루(X), 똑바로(O)-똑바루(X)

* 동그라미(O)-동그래미(X)
* 동냥아치(O)-동냥꾼(X)
  뜻) 구걸하러 돌아다니는 사람. (준) 동냥치.
* 드물다(O)-드믈다(X)
  ex) 드물게 보는 미인.
* 둥글다(O)-둥굴다(X)
* 뒹굴다(O)-딩굴다(X)
* 딱따구리(O)-딱다구리(X)
* 덫(O)-덧(X)
  뜻) 짐승을 꾀어 잡는 도구. 올가미.
* 때깔(O)-땟갈(X)
  뜻) 눈에 선뜻 드러나는 맵시나 빛깔.
* 뒤치다꺼리(O)-뒷치닥거리(X)
  cf) 뒷바라지(O)-뒤바라지(X)
* 더욱이(O)-더우기(X)
  cf) 일찍이(O)-일찌기(X)
* 담배 꽁초(O)-담배 꽁추(X)
* 들러리(O)-둘러리(X)
  뜻) 다른 인물을 돕거나 돋보이게 하는 역할을 하는 사람.
* 털어먹다(O)-떨어먹다(X)
  뜻) 재산이나 돈을 함부로 써서 몽땅 없애다.
* 데다(O)-디다(X)
  ex) 뜨거운 물에 손을 데다.

[ㅁ]

* 머무르다(O), 머물다(O)-머물르다(X)
  cf) 서두르다(서둘다), 서투르다(서툴다)
* 며칠(O), 며칟날(O)-몇일(X)
  뜻) 얼마 동안의 날.
* 물끄러미(O)-물끄럼이(X)
* 밀어붙이다(O)-밀어부치다(X)

cf) 걷어붙이다(O)-걷어부치다(X)
* 무늬(O)-무니(X)
* 무릎(O)-무릅(X)
  ex) 무릎을 꿇다.
* 무릅쓰다(O)-무릎쓰다(X)
  뜻) 힘들고 어려운 일을 참고 견디다.
* 먼지떨이(O)-먼지털이(X)
  cf) 재떨이(O)-재털이(X)
* 모퉁이(O)-모통이(X)
* 밋밋하다(O)-민밋하다(X)
  cf) 꼿꼿하다(O)-꼳꼳하다(X)
* 마개(O)-마게(X)
  cf) 덮개(O)-덮게(X)
* 메치다(O)-매치다(X)
  ex) 상대를 마룻바닥에 메치다.
* 목돈(O)-몫돈(X)
  ex) 한 푼 두 푼 모으면 목돈이 된다.
* 뭉게구름(O)-뭉개구름(X)
* 망설이다(O)-망서리다(X)
  cf) 지껄이다(O)-지꺼리다(X)
* 밉살스럽다(O)-밉쌀스럽다(X)
* 믿음성(O)-미덤성(X)
* 맞추다(O)-마추다(X)
  ex) 양복을 맞추다. 장부를 맞추다.
* 미숫가루(O)-미싯가루(X)
* 미처(O)-미쳐(X)
  ex) 예전엔 미처 몰랐다.
* 머리카락(O)-머리가락(X)
  cf) 살코기(O)-살고기(X)
* 망령(O)-망녕(X)
  뜻) 늙거나 정신이 흐려 언행이 정상에서 벗어난 상태.
* 말끔(O)-말짱(X)
  ex) 지난 일을 말끔히 잊다.

＊매스껍다(O)－매시껍다(X)
＊메밀(O)－모밀(X)
＊무(O)－무우(X), 무수(X)
＊말갛다(O)－맑갛다(X)
　ex) 물이 말갛다. 말간 정신.
＊멍청이(O), 멍텅구리(O)－멍텅이(X)
＊무동타다(O)－무등타다(X)
　뜻) 서 있는 사람의 어깨 위에 올라서거나 걸터앉다.
＊모둠냄비(O)－모듬냄비(X)
　뜻) 냄비에 해산물, 야채 등 여러 가지 재료를 넣고 끓인 요리.

[ㅂ]

＊빈털터리(O)－빈털털이(X)
＊방긋이(O)－방그시(X)
　ex) 방긋이 웃는 얼굴.
＊벚나무(O)－벗나무(X)
＊비로소(O)－비로서(X)
＊불리다(O)－불리우다(X)
　ex) 그는 한국의 시바이쩌로 불린다.
＊부엌(O)－부억(X)
　cf) 저녁(O)－저녁(X)
＊부리나케(O)－불이나게(X)
　ex) 급한 일 때문에 부리나케 달려갔다.
＊벌레(O), 버러지(O)－벌러지(X)
＊볍씨(O)－볏씨(X)
　뜻) 벼의 씨.
＊법석(O)－법썩(X)
　ex) 야단법석을 떨다.
＊변변찮다(O)－변변챦다(X)
＊바람(O)－바램(X)

뜻) 바라는 일, 소망.
＊바닷물(O)－바다물(X)
　cf) 시냇물, 빗물, 핏줄
＊붙임성(O)－부침성(X)
　뜻) 남과 잘 사귀는 성질.
＊보자기(O)－보재기(X)
　cf) 보따리(O)－봇따리(X)
＊밭뙈기(O)－밭때기(X)
　뜻) 얼마 안 되는 조그마한 밭.
＊비둘기(O)－비들기(X)
＊본뜨다(O)－본따다(X)
　뜻) 본으로 삼아 그대로 만들다.
＊뼈다귀(O)－뼉다구(X), 뼉다귀(X)
＊뾰루지(O), 뾰두라지(O)－뾰두락지(X)
＊빨리(O)－빨랑(X)
＊방귀(O)－방구(X)
＊베개(O)－벼개(X)
＊봉숭아(O), 봉선화(O)－봉숭화(X)
＊부침개(O)－부치개(X)
＊뾰족하다(O)－뾰죽하다(X)
＊부스럼(O)－부스름(X)
　뜻) 피부에 나는 종기.
＊부둥켜안다(O)－부둥껴안다(X)
＊비렁뱅이(O)－거렁뱅이(X)
　뜻) '거지'를 얕잡아 이르는 말
＊부스러기(O)－부스레기(X)
　ex) 과자 부스러기.
＊북새통(O)－복새통(X)
　뜻) 많은 사람이 떠들어 대며 부산을 떠는 상황.
＊부추기다(O)－부추키다(X)
＊뻗치다(O)－뻐치다(X)
＊부서지다(O)－부숴지다(X)

[ㅅ]

* 시월(O)-십월(X)
  cf) 유월(六月), 오뉴월(五六月), 초파일(初八日)
* 사글세(O)-삭월세(X)
  ex) 전세보다 사글세를 선호하는 추세.
* 수캐(O)-숫개(X)
  cf) 암+돼지→암퇘지, 암+닭→암탉, 수+고양이→수코양이, 수+병아리→수평아리
* 산기슭(O)-산기슬(X)
* 숨바꼭질(O)-숨박꼭질(X)
* 솔직히(O)-솔직이(X)
* 상추(O)-상치(X)
* 쌍둥이(O)-쌍동이(X)
  cf) 귀염둥이, 막둥이, 바람둥이
* 설움(O)-서름(X)
* 삼가다(O)-삼가하다(X)
  뜻) 몸가짐이나 언행을 조심하다.
* 쓰레기(O)-쓰래기(X)
* 손목시계(O)-팔목시계(X), 팔뚝시계(X)
* 서른(O)-설흔(X)
  cf) 십 단위 숫자는 열, 스물, 서른, 마흔, 쉰, 예순, 일흔, 여든, 아흔, 백 (날짜는 하루, 이틀, 사흘, 나흘, 닷새, 엿새, 이레, 여드레, 아흐레, 열흘)
* 사무치다(O)-사뭇히다(X)
  ex) 원한이 뼈에 사무치다.
* 산봉우리(O)-산봉오리(X)
  cf) 꽃봉오리(O)-꽃봉우리(X)
* 실낱(O)-실날(X)
  ex) 실낱(한 가닥의 실) 같은 희망.
* 손뼉(O)-손벽(X)
* 성대모사(O)-성대묘사(X)
  뜻) 聲帶模寫, 다른 사람의 목소리 등을 흉내 내는 일.
* 사족(O)-사죽(X)
  ex) 술이라면 사족을 못 쓴다.
* 시답다(O, 마음에 들다)-시덥다(X)
  cf) 시답잖다(O, 마음에 들지 않다)-시덥잖다(X)
* 새침데기(O)-새침떼기(X)
  뜻) 새침한 성격을 지닌 사람.
* 씁쓸하다(O)-씁슬하다(X)
  cf) 쌉쌀하다(O)-쌉살하다(X), 짭짤하다(O)-짭잘하다(X)
* 삼베(O)-삼배(X)
  ex) 삼베로 지은 옷.
* 사돈(O)-사둔(X)
  ex) 사돈집과 뒷간은 멀수록 좋다.
* 식은땀(O)-찬땀(X)
  ex) 식은땀을 흘리다.
* 신기다(O)-신키다(X)
  ex) 아이에게 신을 신기다.
* 섣불리(O)-서뿔리(X)
* 서까래(O)-석가래(X)
  뜻) 마룻대에서 처마 끝까지 건너지른 나무.
* 식혜(O)-식헤(X)
* 설쇠다(O)-설쉬다(X)
  뜻) 새해를 맞이해 설을 지내다.
* 살쾡이(O)-삵괭이(X)
* 색깔(O)-색갈(X)
  cf) 빛깔, 때깔
* 새삼스레(O)-새삼스리(X)
  cf) 용감스레(O)-용감스리(X)
* 사촌(O)-사춘(X)
* 부조(O)-부주(X)
  뜻) 扶助, 잔칫집이나 상가 등에 돈이나 물건

을 보내 도와줌.
* ~습니다(O)- ~읍니다(X)
  cf) 했습니다(O)-했읍니다(X), 없습니다(O)-없읍니다(X)
* 수꿩(O)-숫꿩(X)
  cf) 수컷을 이르는 접두사는 '수'로 통일한다. (예외 : 숫양, 숫염소, 숫쥐)
* 샛별(O)-새벽별(X)
* 소꿉장난(O)-소꼽장난(X)
* 송두리째(O)-송두리채(X)
  ex) 도박으로 재산을 송두리째 날렸다.
* 싹수(O)-싸가지(X)
* 소나기(O)-소낙비(X)
* 시시덕거리다(O)-히히덕거리다(X)
  뜻) 실없이 웃으면서 큰 소리로 떠들다.
* 숙맥(O)-쑥맥(X)
  뜻) 사리 분별을 못 하는 어리석은 사람.
* 설거지(O)-설겆이(X)
* 숟가락(O)-숫가락(X)

[ㅇ]

* 아지랑이(O)-아지랭이(X)
* 이튿날(O)-이틀날(X)
  cf) 사흗날, 나흗날(준말 : 나흘)
* 으스대다(O)-으시대다(X)
* 연거푸(O)-연거퍼(X)
  ex) 시험에 연거푸 떨어졌다.
* 안팎(O)-안밖(X)
  ex) 열 살 안팎의 아이.
* 앞잡이(O)-앞잽이(X)
  ex) 총잡이, 바람잡이, 손잡이
* 윽박지르다(O)-욱박지르다(X)

* 윗자리(O)-웃자리(X)
  cf) 윗쪽, 윗층, 윗동네, 윗도리, 윗니와 같이 아래위 대립이 있는 경우는 '윗'을 붙인다. 다만 웃돈, 웃어른처럼 아래위 대립이 없는 것은 '웃'을 쓴다. 또 된소리나 거센소리 앞에서는 '위'를 붙인다. 예를 들면 위짝, 위턱
* 억지(O)-어거지(X)
* 애달프다(O)-애닯다(X)
* 예스럽다(O)-옛스럽다(X)
  cf) 예부터(O)-옛부터(X)
* 요컨대(O, 간단히 말하자면)-요컨데(X)
  cf) 예컨대(예를 들자면), 청컨대(청하여 바라면)
* 안성맞춤(O)-안성마춤(X)
* 안쓰럽다(O)-안스럽다(X)
  뜻) 마음이 아프고 가엾다.
* 오뚝이(O)-오뚜기(X)
  cf) 홀쭉이(O)-홀쭈기(X)
* 안간힘(O)-안깐힘(X)
  ex) 시합에 이기려고 안간힘을 썼다.
* 얼리다(O)-얼구다(X)
* 잎새(O), 잎사귀(O), 이파리(O)-잎파리(X)
* 어물쩍(O)-어물쩡(X)
  ex) 해명도 없이 어물쩍 넘어가다.
* 얽히고설키다(O)-얼키고설키다(X)
  cf) 얼키설키(O)-얽히설키(X)
* 아무튼(O)-아뭏든(X)
  cf) 하여튼(O)-하영든(X), 어쨌든(O)-어쨌던(X)
* 야트막하다(O)-얕으막하다(X)
  뜻) 조금 얕은 듯하다.
* 의젓하다(O)-으젓하다(X)
* 웅덩이(O)-웅뎅이(X)
  cf) 구덩이(O)-구뎅이(X)
* 웬만하다(O)-왠만하다(X)
  (비) 어지간하다. 엔간하다.

01. 틀리기 쉬운 맞춤법

* 아리따운(O)-아릿다운(X)
  ex) 아리따운 아가씨.
* 일찍이(O)-일찌기(X)
* 아카시아(O)-아까시아(X)
* 얼루기(O)-얼룩이(X)
  뜻) 얼룩얼룩한 점이나 무늬. 또는 그런 점이나 무늬가 있는 짐승이나 물건.
* 으레(O)-으례(X)
  ex) 이것은 으레 우리가 할 일이다.
* 이따금(O)-이따끔(X)
* 왠지(O)-웬지(X)
  ex) 오늘은 왠지 심란하다.
* 웬(O)-왠(X)
  ex) 이게 웬 떡이냐?
* 웬만큼(O)-왠만큼(X)
  ex) 그는 영어를 웬만큼 한다.
* 오라기(O)-오래기(X)
  뜻) 실, 헝겊 등의 가늘고 긴 조각.
* 으스스하다(O)-으시시하다(X)
* 열쇠(O)-열쇄(X)
  cf) 자물쇠(O)-자물쇄(X)
* 오랜만(O)-오랫만(X)
  cf) 오랫동안(O)-오랜동안(X)
* 윷놀이(O)-윳놀이(X)
* 애송이(O)-애숭이(X)
  뜻) 어린 티가 남아 있는 사람이나 물건.
* 에누리(O)-애누리(X)
* 우레(O)-우뢰(X)
  뜻) 번개가 친 다음에 크게 울리는 소리. =천둥.
* 야반도주(O)-야밤도주(X)
* 움큼(O)-웅큼(X)
  ex) 머리가 한 움큼 빠졌다.
* 어쭙잖다(O)-어줍잖다(X)
  뜻) 비웃음을 살 만큼 언행이 분수에 넘친다.

* 아끼다(O)-애끼다(X)
* 엉클다(O)-엉크르다(X)
  ex) 엉클어진 책들을 정리했다.
* 아드님(O)-아들님(X)
  cf) 따님(O)-딸님(X)
* 우글거리다(O)-우굴거리다(X)
* 어느덧(O)-어느듯(X)
  ex) 어느덧 가을이 되었다.
* 오므리다(O)-오무리다(X)
  ex) 발을 오므리다.
* 읊조리다(O)-읖조리다(X)
  뜻) 뜻을 생각하며 낮은 목소리로 읽다.
* 올챙이(O)-올창이(X)
* 우거지다(O)-욱어지다(X)
  ex) 나무가 울창하게 우거지다.
* 알사탕(O)-구슬사탕(X)
* 애당초(O)-애시당초(X)
* 은닉(O)-은익(X)
  ex) 범인 은닉죄.
* 앳되다(O)-앳띠다(X)
  뜻) 나이에 비하여 어려 보인다.
* 여봐란듯이(O)-여보란듯이(X)
  뜻) 우쭐대고 자랑하듯이.

[ㅈ]

* 짓궂다(O)-짖궂다(X)
  ex) 짓궂은 장난.
* 지루하다(O)-지리하다(X)
* 장롱(O)-장농(X)
* 조그마하다(O)-조그만하다(X)
  cf) 조그만('조그마한'의 준말), 조그만큼
* 자그마치(O)-자그만치(X)

* 지팡이(O)-지팽이(X)
  cf) 곰팡이(O)-곰팽이(X)
* 주워먹다(O)-주어먹다(X)
  ex) 흘린 음식을 주워먹다.
* 찌푸리다(O)-찌프리다(X)
  ex) 이맛살을 찌푸리다.
* 잔디(O)-잔듸(X)
  ex) 잔디에 들어오지 마시오.
* 장고(杖鼓)→장구, 성황당(城隍堂)→서낭당, 차비(差備)→채비
* 줄곧(O)-줄곳(X)
  ex) 사흘째 줄곧 내리는 비.
* 장난감(O)-장난깜(X)
* 지푸라기(O)-지푸래기(X)
* 짓무르다(O)- 짓물다(X)
  뜻) 살갗이 헐어서 문드러지다.
* 주책(O)-주착(X)
  ex) 그는 사람들 앞에서 주책을 부렸다.
* 장조림(O)-장졸임(X)
  cf) 통조림(O)-통졸임(X)
* 절름발이(O)-절음발이(X)
* 적이(O)-저으기(X)
  ex) 소식이라도 들으니 적이(어느 정도) 안심이 된다.
* 지루하다(O)-지리하다(X)
* 찌개(O)-찌게(X)
* 점잖다(O)-젊잖다(X)
  ex) 점잖은 청년. 점잔(점잖은 태도)을 부리다.
* 정강이(O)-정갱이(X)
* 젖히다(O), 제치다(O)-제끼다(X)
* 주근깨(O)-죽은깨(X)
* 장작개비(O)-장작개피(X)
  cf) 성냥개비(O)-성냥개피(X)
* 잡아매다(O)-짬매다(X)
  ex) 소를 말뚝에 잡아매다.
* 집게(O)-찝게(X)
  ex) 집게로 집어라.
* 절체절명(O)-절대절명(X)
  ex) 절체절명의 위기.

[ㅊ]

* 차이다(O)-채이다(X)
  ex) 돌이 발부리에 차이다.
* 차리다(O)-채리다(X)
  ex) 밥상을 차리다. 체면을 차리다.
* 책꽂이(O)-책꼿이(X)
* 채신머리(O)-체신머리(X)
* 차례(O)-차레(X)
  ex) 차례를 기다리다.
* 창피하다(O)-챙피하다(X)
* 취업난(O)-취업란(X)
  cf) 인력난, 주택난
* 천장(O)-천정(X)
  ex) 머리가 천장에 닿다.
* 치다꺼리(O)-치닥거리(X)
* 찰나(O)-찰라(X)
  뜻) 刹那, 매우 짧은 순간.
* 치르다(O)-치루다(X)
  ex) 시험을 치르다. 대가를 치르다.
* 쳐들다(O, 위로 들어올리다)-처들다(X)
  cf) 처지다(O, 위에서 아래로 늘어지다)-쳐지다(X)
* 초주검(O)-초죽음(X)
  ex) 초주검이 되도록 매를 맞았다.
* 추스르다(O)-추슬르다(X)

01. 틀리기 쉬운 맞춤법

[ㅋ]

* 케케묵다(O)-캐캐묵다(X)
  ex) 케케묵은 사고 방식은 버려라.
* 콧구멍(O)-코구멍(X)
  cf) 콧노래, 콧대, 콧바람

[ㅌ]

* 통틀어(O)-통털어(X)
  ex) 통틀어 싼값으로 넘기다.
* 통째로(O)-통채로(X)
* 털어먹다(O)-떨어먹다(X)
  뜻) 함부로 써서 없애다.

[ㅍ]

* 팔꿈치(O)-팔굼치(X)
  cf) 발꿈치, 뒤꿈치
* 핑계(O)-핑게(X)
* 풋내기(O)-풋나기(X)
  cf) 시골내기, 신출내기
* 파이다(O)-패이다(X)
  ex) 빗물에 파인 땅.
* 폭발(O, 暴發)-폭팔(X)
* 품삯(O)-품삭(X)
* 역성들다(O)-편역들다(X)
  뜻) 옳고 그름에 관계없이 편들어 감싸 주다.

[ㅎ]

* 해님(O)-햇님(X)
  cf) 사이시옷(ㅅ) 첨가는 복합어(실사+실사)에서만 일어난다. 즉 사이시옷은 '햇볕'처럼 명사 '해'와 명사 '볕'이 결합한 합성어에 들어가는 것이 원칙.
* 헌칠하다(O)-헌출하다(X)
  뜻) 키나 몸집 따위가 보기 좋게 크다.
* 하도(O)-하두(X)
  ex) 하도 기가 막혀서…
* 한사코(O)-한사하고(X)
  ex) 그는 한사코 도움을 거절했다.
* 헤매다(O)-해매다(X)
* 헤엄(O)-해엄(X)
* 헤프다(O)-해프다(X)
* 헹구다(O)-행구다(X)
  ex) 빨래를 헹구다.
* 후끈거리다(O)-후꾼거리다(O)
* 하마터면(O)-하마트면(X)
  ex) 하마터면 큰일날 뻔했다.
* 해코지(O)-해꼬지(X)
  뜻) 남을 해롭게 하는 짓.
* 하찮다(O)-하챦다(X)
  cf) 괜찮다, 편찮다
* 헹가래(O)-행가레(X)
  ex) 선수들이 감독을 헹가래 쳤다.
* 한길(O)-행길(X)
  뜻) 사람이 많이 다니는 큰 길.
* 흐지부지(O)-흐지브지(X)
* 흉포하다(O)-흉폭하다(X)
  뜻) 매우 거칠고 사납다.
* 허구한(O)-허구헌(X)
  ex) 허구한 날 놀고만 있다.

* 해쓱하다(O), 핼쑥하다(O)-핼쓱하다(X)
* 할퀴다(O)-할키다(X)
* 하고자(O)-하고저(X)
  cf) 얻고자(O)-얻고저(X)
* 하려면(O)-할려면(X)
  cf) 떼려야(O)-뗄려야(X)
* 하다시피(O)-하다싶이(X)
  cf) 보다시피(O)-보다싶이(X)
* 햅쌀(O)-햇쌀(X)
  뜻) 그해에 새로 난 쌀.
  cf) 햇밥(햅쌀로 지은 밥), 햇나물, 햇보리

* 허우적거리다(O)-허위적거리다(X)
* 허우대(O)-허위대(X)
  뜻) 겉모양이 보기 좋은 큰 체격.
* 헷갈리다(O), 헛갈리다(O)-햇갈리다(X)
* 휴게실(O)-휴계실(X)
* 흐리멍덩하다(O)-흐리멍텅하다(X)
* 할게요(O)-할께요(X)
  cf) 갈게요(O)-갈께요(X), 먹을게요(O)-먹을께요(X)

1-1 맞춤법 개정에 따른 복수 표준어

자장면/짜장면
쇠고기/소고기
묏자리/묫자리
  (뜻) 뫼(묘, 墓)를 쓸 자리.
~뜨리다/~트리다
  ex) 망가뜨리다. 망가트리다./ 맞닥뜨리다. 맞닥트리다.
뜰/뜨락
꺼림칙하다/께름칙하다
  (뜻) 마음에 걸리는 구석이 있어 썩 편안하지 못하다.
먹거리/먹을거리
맨날/만날
예쁘다/이쁘다
잎사귀/잎새
  cf) '이파리'도 표준어.
푸르다/푸르르다
간질이다/간지럽히다
목물/등목/등물
  (뜻) (바닥에 엎드려서) 허리에서 목까지를 물로 씻는 일.
나부랭이/너부렁이
  (뜻) 종이나 헝겊 따위의 작은 오라기.
눈초리/눈꼬리
세간/세간살이
  (뜻) 집안 살림에 쓰는 온갖 물건.
남우세스럽다/남사스럽다
  (뜻) 남에게서 비웃음과 조롱을 받을 만하다.
복사뼈/복숭아뼈
허접쓰레기/허섭스레기
  (뜻) 좋은 것을 골라내고 남은 허름하고 하찮은 물건.
쌉싸래하다/쌉싸름하다
  (뜻) 맛이 쌉쌀한 듯하다.
  cf) 쌉쌀하다 : 조금 쓴 맛이 있다.
차지다/찰지다
  (뜻) 끈기가 많다. (밥이 차지다/찰지다)
토담/흙담
  (뜻) 흙으로 쌓은 담.
~고 싶다/~고프다
  ex) 수영을 하고 싶다/하고프다
마/말아
  ex) 농담으로 듣지 마/말아
마라/말아라
  ex) 약속을 잊지 마라/말아라
마요/말아요
  ex) 아유, 말도 마요/말아요
유대인/유태인
거슴츠레하다/게슴츠레하다
  (뜻) 졸리거나 술에 취해서 눈이 흐리멍덩해 거의 감길 듯하다.
고린내/구린내/코린내/쿠린내
  (뜻) 똥이나 방귀 냄새와 같이 고약한 냄새.
괴다/고이다
  ex) 눈물이 괴다/고이다
쐬다/쏘이다
  ex) 벌에 쐬다/쏘이다
죄다/조이다
  ex) 나사를 죄다/조이다
쬐다/쪼이다
  ex) 햇볕을 쬐다/쪼이다
떨구다/떨어뜨리다/떨어트리다

~기에/~길래
  cf) 날씨가 좋기에/좋길래 산책을 다녀왔다.

어수룩하다/어리숙하다

두루뭉술하다/두리뭉실하다

치근거리다/추근거리다
  (뜻) 몹시 성가실 정도로 귀찮게 굴다.

야멸치다/야멸차다
  (뜻) 자기 생각만 하고 남의 사정은 돌보지 않는다.

찌뿌듯하다/찌뿌둥하다
  (뜻) 몸이 조금 무겁고 거북하다.

새치름하다/새초롬하다
  (뜻) 쌀쌀맞게 시치미를 떼는 태도가 있다.

맨송맨송/맨숭맨숭/맹숭맹숭

거치적거리다/걸리적거리다
  (뜻) 거추장스럽게 여기저기 걸리거나 닿다.

끼적거리다/끄적거리다
  (뜻) 글씨를 아무렇게나 갈겨 쓰다.

품세/품새
  ex) 다양한 태권도 품세/품새

02 혼동하기 쉬운 낱말

[ㄱ]

가르치다(敎) : 선생님이 글을 가르치다.
가리키다(示) : 손으로 먼 산을 가리키다.

깍정이 : (참나무·떡갈나무 따위의) 열매의 밑을 싸고 있는 조그만 종지 모양의 받침.
깍쟁이 : '얄밉도록 약삭빠른 사람'을 낮추어 이르는 말.

가름(區別) : 둘로 가름.
갈음(代替) : 새 책상으로 갈음하였다.

껍질 : 동식물의 거죽을 싸고 있는 딱딱하지 않은 얇은 물질. (사과 껍질)
껍데기 : ① 밤·달걀·조개 따위의 속을 싸고 있는 단단한 물질. (조개 껍데기) ② 알맹이는 빼내고 겉에 남은 것. (빈 껍데기)

걸음(步) : 빠른 걸음으로 걷다.
거름(肥料) : 밭에 거름을 주다.

가진(가지고 있는) : 가진 돈이 이것밖에 없다.
갖은(온갖) : 갖은 고생 끝에 성공했다.

가없다 : 끝이 없다.
가엾다 : 불쌍하다.

겁나다(자동사) : 그는 겁난 표정을 지었다.
겁내다(타동사) : 정의를 위해서라면 죽음을 겁내지 않겠다.

거죽 : 물체의 겉 부분.
가죽 : 동물의 몸의 껍질을 이루는 질긴 물질. (살가죽)

구성지다 : 천연덕스럽고 구수하다.
구성없다 : 격에 맞지 않다.

골다 : 코를 골며 자다.
곯다 : 배를 곯다. 참외가 곯다. 곯아떨어져 잔다.

그러므로 : 그러한 까닭으로. 그런고로.
그럼으로(써) : 그렇게 함으로써.

그끄저께 : 그저께의 전날. (三日前)
그끄러께 : 그러께의 전해. (三年前)
그글피 : 글피의 다음날. (三日後)

거르다 : ① 체 따위에 받쳐 국물을 짜내다. ② 차례를 건너뛰다.
걸우다 : 거름을 주어 땅을 걸게 하다.

꼬챙이 : 대나 나무 따위를 끝이 뾰족하고 가늘게 깎은 것.
꼬치 : ① 음식물을 꼬챙이에 꿴 것. ② '꼬챙이'의 준말.

갸륵하다(착하고 장하다) : 효성이 갸륵하다.
거룩하다(성스럽고 위대하다) : 거룩한 성인.

끄트러기 : 쓰고 남은 자질구레한 조각.
끄트러미 : ① 맨 끝이 되는 부분. ② 일의 실마리.

겨누다 : 총을 겨누다.
겨루다 : 팔씨름으로 힘을 겨루다.

깍듯이 : 깍듯이 인사하다.
깎듯이 : 수염을 깎듯이 잔디를 깎는다.

금슬(琴瑟) : 거문고와 비파.
금실(←琴瑟) : 부부 사이의 애정.

가을걷이 : 가을에 곡식을 거두는 일. 추수(秋收).
가을갈이 : 가을에 논밭을 미리 갈아 두는 일. 추경(秋耕).

걷잡다(잘못돼 가는 것을 바로잡다) : 일이 걷잡을 수 없이 되다.
겉잡다(겉으로 대강 헤아리다) : 겉잡아서 이틀이면 족하다.

가뭇없다 : ① (보이던 것이) 없어지는 것이 감쪽같다. ② 소식이 없다.
가뭇하다 : '가무스름하다'의 준말
가붓하다 : 가벼운 듯하다.

거슴츠레하다 : 눈에 정기가 풀리어 흐리멍덩하다.
어슴푸레하다 : 뚜렷이 보이거나 들리지 않고 희미하다.

그렁그렁 : 액체가 넘칠 듯이 가득 차 있는 모양.
그렁저렁 : 어찌되어 가는 셈인지 모르게. (그정저렁하는 사이에 세월이 흘러갔다.)
그렁성저렁성 : 그런 것도 같고 저런 것도 같고.

깨작거리다 : ① 쓰기 싫은 글씨를 억지로 쓰다. ② 마음에 탐탁지 않은 일을 억지로 하다.
깨죽거리다 : 불평스러운 말로 자꾸 되씹어 중얼거리다.

끈덕거리다 : 자꾸 움직이거나 흔들리다.
끈적거리다 : 끈끈한 것이 자꾸 쩍쩍 들러붙다.

끄려고(消) : 불을 끄려고 일어났다.
끌려고(引) : 수레를 끌려고 하였다.

거치다 : 우체국을 거쳐서 학교로 가다. 수많은 병란을 거친 우리의 역사.
걷히다 : 소나기가 그치고 구름이 걷힌 하늘. 세금이 걷히다.

그을다 : 햇빛에 타서 검어지다.
그스르다 : 겉만 조금 타게 되다.

[ㄴ]

너머(명사) : 산 너머에 있는 마을.
넘어(동사) : 높은 산을 넘어간다.

너의('너'의 소유격) : 이것은 너의 책이다.
너희('너'의 복수) : 너희는 전부 몇 명이냐?

녹녹하다 : 물기나 기름기가 있어 딱딱하지 않

고 부드럽다.
녹록하다 : ① (무엇이) 만만하고 호락호락하다. ex) 녹록지 않은 상대를 만났다. ② 평범하고 보잘것없다.

낟 : 벼의 낟알.
낱 : 물건을 낱개로 팔다.
낫 : 낫 놓고 기역자도 모른다.
낮 : 밤낮 없이 공부하다.
낯 : 웃는 낯에 침 뱉으랴.

노름(도박) : 노름에 미치면 패가망신하기 십상이다.
놀음(노는 일) : 농악대가 놀음판을 벌였다.

노란(형용사) : '노랗다'의 형용사.
노랑(명사) : 노란 빛깔이나 물감.

놀라다(자동사) : 아이가 천둥 소리에 놀라다.
놀래다(타동사) : 천둥 소리가 아이를 놀래다.

낫다 : 병이 낫다. 이것이 저것보다 더 낫다.
낮다 : 산이 매우 낮다.
낳다 : 새끼를 낳다.

눈(단음) : 눈이 큰 아이.
눈:(장음) : 겨울에는 눈이 내린다.

낱낱이(하나하나마다) : 숨기지 말고 낱낱이 보고하라.
샅샅이(빈틈없이 모조리) : 방안을 샅샅이 뒤지다.

너나들이 : 서로 너니 나니 하면서 허물없이 지냄
넘나들이 : 어떤 경계를 들락날락함.

너더분하다 : ① 갈피를 잡을 수 없이 어수선하다. ② 말이 듣기 싫게 수다스럽다.
너저분하다 : 너절하고 지저분하다.

나르다 : 이삿짐을 나르다(날르다X).
날다 : 새가 하늘을 날다(나르다X)/
새가 날아(날라X) 갔다.

너울 : 바다 같은 넓은 물에서, 크게 움직이는 물결.
여울 : 강이나 바다에서 바닥이 얕거나 폭이 좁아 물살이 빠르게 흐르는 곳.

느리다(緩) : 걸음이 느리다.
늘이다(延) : 고무줄을 늘이다.
늘리다(增) : 재산을 늘리다.

너비 : 물건의 가로의 길이. 폭(幅).
나비 : 피륙이나 종이 따위의 너비.
넓이 : 넓은 정도. 면적(面積).

[ㄷ]

~던지(과거의 회상) : 얼마나 춥던지 정말 혼났다.
~든지(선택) : 하든지 말든지 마음대로 해라.

덤불(엉클어진 수풀) : 가시 덤불을 헤치며 나아갔다.
덩굴(식물의 줄기, 넝쿨) : 호박 덩굴이 지붕까지 올라갔다.

띠다 : 허리띠를 띠다. 중대한 사명을 띠다. 얼굴에 노기를 띠다.

띄우다 ('뜨다'의 사동) : 편지를 띄우다. 종이 배를 띄우다. 간격을 띄우다. 미소를 띄우다.
뜨이다 ('뜨다'의 피동) : 잠이 깨어 눈이 뜨이다. 눈에 뜨이게 발전한 모습.
떼다 : 혹을 떼다. 시치미를 떼다. 빌려 준 돈을 떼었다.

드리다 : 선물을 드리다. 기도를 드리다. 일을 도와 드리다. 문안을 드리다.
들이다 : 잠을 들이다. 재미를 들이다. 공을 들이다. 친구를 불러들이다.

두루마기 : 외투처럼 생긴 우리나라 고유의 겉옷.
두루마리 : 종이를 길게 이어서 둥글게 둘둘 만 물건.

두껍다 : 책이 두껍다.
두텁다(굳고 깊다) : 우정이 두텁다. 신임이 두텁다.

닫치다('닫다'의 힘줌말) : 화가 나서 문을 탁 닫치고 나갔다.
닫히다('닫다'의 피동) : 창문이 바람에 닫히다.
다치다(부상을 입다) : 돌에 머리를 다치다.

뒤채다 : 너무 흔해서 발길에 걸리다. (요즘 뒤채는 게 자동차 아닌가.)
뒤치다 : 자빠진 것을 엎어 놓거나, 엎어진 것을 젖혀 놓다. (아기가 몸을 뒤치다.)
뒤처지다 : 뒤에 남겨지거나 남보다 뒤떨어지다. (경쟁에서 뒤처지지 않으려면 노력해야 한다.)

들르다 : 지나가는 길에 약방에 들르다.

들리다 : 소리가 들리다. 귀신이 들리다. 몸이 번쩍 들리다.

등심 : 소의 등골뼈에 붙은 고기.
등살 : 등에 있는 근육.
등쌀 : 몹시 귀찮게 수선을 부리는 것. (아이들 등쌀에 쉴 틈이 없다.)

때 : 때를 잘못 만난 영웅. 옷에 때가 묻다.
떼 : 떼를 지어 다니다. 떼를 쓰다. 무덤에 떼를 입히다.

달리다 : 말을 달리다. 자금이 달리다.(모자라다.)
딸리다 : 딸린 식구가 많다.

드러나다(자동사) : 이름이 드러나다. 비밀이 드러나다.
드러내다(타동사) : 이름을 드러내다. 본성을 드러내다.
들어내다 : ① 물건을 들어 밖으로 내놓다. ② (사람을) 어떤 자리에서 쫓아내다.

닷새 : 오일(五日).
댓새 : 닷새 가량.

닻 : 배를 고정시키기 위해 줄에 매어 물에 던지는 쇠갈고리.
돛 : 바람을 받아 배가 가도록 하기 위해 뱃바닥에 세운 기둥에 다는 넓은 천.

두럭 : 놀기 위해 모인 사람의 무리.
두렁 : 논과 논 사이의 작은 둑.(논두렁)
두레 : 농촌에서 농번기에 서로 협력하여 공동

작업을 하기 위해 만든 조직.
두름 : 물고기 20마리를 10마리씩 두 줄로 엮은 것. (굴비 한 두름)
두엄 : 퇴비(堆肥).
둔덕 : 땅 가운데가 솟아서 불룩하게 언덕이 진 곳.
둔치 : 강이나 못 따위의 가장자리.

대롱대롱 : 작은 물건이 매달려 늘어진 채로 가볍게 흔들리는 모양.
해롱해롱 : 자꾸 실없이 까부는 모양.

더치다 : 병세가 악화되다.
데치다 : 끓는 물에 잠깐 넣어 살짝 익히다.
데익다 : 푹 익지 않고 덜 익다.

덕분(긍정적 의미) : 선생님 덕분에 잘 지내고 있습니다.
탓(부정적 의미) : 제 잘못은 생각지 못하고 남을 탓한다.

되우 : 매우. 몹시.
외우 : 외지게. 멀리.

들이치다 : 비나 눈 따위가 세차게 내려 안으로 들어오다. (창을 열자마자 비가 방안으로 들이쳤다.)
들이켜다 : 단숨에 마구 마시다. (물을 벌떡벌떡 들이켜다.)
들이키다 : 안쪽으로 가까이 옮기다. (꽃병을 방안으로 들이키다.)

[ㅁ]

목거리 : 목이 붓고 아픈 병.
목걸이 : 목에 거는 물건.

말(단음) : 말 가는데 소도 간다. 쌀 한 말.
말:(장음) : 말 한 마디에 천냥 빚도 갚는다.

메지다 : 밥, 떡, 반죽 따위의 끈기가 적다.
차지다 : 쩍쩍 붙을 정도로 끈기가 많다.

~마는 : 사고 싶다마는 돈이 없다.
~만은 : 마음만은 곱다. 그것만은 안된다.

말대꾸 : 남의 말을 그대로 받아들이지 않고 자기 나름의 의견을 나타냄.
말대답 : ① 손윗사람이 하는 말에 덮어놓고 반대하는 뜻으로 답함. ② 남이 묻는 말을 받아서 답함.

~므로(이유, 근거) : 타의 모범이 되므로 이에 표창함.
~으로(도구, 수단) : 그는 믿음으로(써) 산 보람을 느꼈다.

[ㅂ]

빗 : 빗으로 머리를 빗는다.
빚 : 빚을 갚으라는 독촉.
빛 : 햇빛. 불빛. 빛깔.

비치다(자동사) : 달빛이 환하게 비치다.
비추다(타동사) : 달빛이 얼굴을 비추다.

비끼다(비스듬히 놓이다) : 하늘에 구름이 비껴 흐른다.

반듯이(반듯하게) : 의자에 반듯이 앉다.
반드시(틀림없이) : 자유에는 반드시 책임이 따른다.

부수다 : 건물을 부수다.
부시다 : 눈이 부시다. 그릇을 물로 부시다.

붇다(수량 또는 부피가 늘다) : 재산이 붇다. 비가 와서 강물이 붇다. 물에 담근 팥이 붇다.
붓다(쏟아서 담다, 일정한 기한마다 내다) : 항아리에 물을 붓다. 적금을 붓다.
빻다(잘게 깨뜨리다) : 쌀을 곱게 빻다.

봉오리 : '꽃봉오리'의 준말.
봉우리 : '산봉우리'의 준말.

배다 : 땀이 배다. 습관이 몸에 배다. 아이를 배다.
베다 : 낫으로 풀을 베다. 베개를 베다.
비다 : 속이 텅 비다.

부프다(부피는 크나 무게는 가볍다) : 부픈 이불짐.
부풀다(부피가 커지다) : 빵이 부풀다.

바치다(獻) : 돈을 바치다. 목숨을 바치다.
받치다 ('받다(支)'의 힘줌말) : 기둥으로 지붕을 받치다. 우산을 받치다.
받히다('받다(衝)'의 피동) : 소에게 받히다.

밤(단음) : 겨울에는 밤이 매우 길다.
밤:(장음) : 밤을 구워 먹는다.

부치다 : 편지를 부치다. 힘이 부치다. 빈대떡을 부치다. 표결에 부치다.
붙이다 : 우표를 붙이다. 흥정을 붙이다. 말을 붙이다. 조건을 붙이다. 별명을 붙이다.

본때를 보이다 : (다시는 되풀이되지 않게) 엄하게 다스리다.
본때가 있다 : ① 본보기로 삼을 만한 데가 있다. ② 멋이 있다.

벌리다 : 다리를 벌리다. 열매를 벌리다. 격차를 벌리다.
벌이다 : 잔치를 벌이다. 시위를 벌이다. 가게를 벌이다.

바라다 : 조국의 통일을 바라다.
바래다 : 빛깔이 바랜 낡은 옷. 손님을 정류장까지 바래다 주다.

빌다 : 부처님께 합격을 빌다. 용서를 빌다.
빌리다 : 돈을 빌리다. 친구의 힘을 빌리다.

부스럼 : 피부에 나는 종기를 통틀어 이르는 말.
부럼 : (일년 내내 부스럼을 앓지 않게 된다 하여) 음력 정월 보름날에 까먹는 밤, 잣, 땅콩 따위를 이르는 말.

부딪치다 ('부딪다(衝)'의 힘줌말) : 차와 차가 마주 부딪치다.
부딪히다 ('부딪다(衝)'의 피동) : 머리가 벽에 부딪히다.
부닥치다(어떤 일에 직면하다) : 난관에 부닥치다.

비스듬하다 : 한쪽으로 약간 기울어져 있다.

비스름하다 : 서로 거의 비슷하다.

빠개다 : 단단한 것을 조각내다. (장작을 빠개다.)
빼기다 : 우쭐대며 뽐내다. (승진했다고 여기저기 빼기고 다녔다.)

[ㅅ]

선뜩 : 갑자기 춥거나 놀라 몸에 찬 기운을 느끼는 모양. (몸이 선뜩하다.)
선뜻 : 동작이 시원스럽고 날렵한 모양. (돈을 선뜻 내주다.)
언뜻 : ① 잠깐. (언뜻 본 모습이지만 아직도 눈에 선하다.) ② 문득. (언뜻 떠오른 놀라운 발상.)

숱하다(아주 많다) : 돈을 숱하게 벌었다. 숱한 사연들.
숫하다(순박하다) : 사람이 숫하게 생겼다.

싸이다(包) : 수많은 인파에 싸이다. 절망적인 고독에 싸이다.
쌓이다(積) : 눈이 소복히 쌓이다. 근심이 쌓이다.

삭이다 : 먹은 음식을 식이다. 억지로 분을 삭이다.
새기다 : 도장을 새기다. 마음에 새기다.

사리 : 음력 매달 보름날(15일)과 그믐날(달의 마지막 날)에 조수가 가장 높이 들어오는 때. =한사리
조금 : 조수가 가장 낮을 때인 매달 초여드레(8일)와 스무사흘(23일)을 이르는 말.

사뭇 : ① 사무칠 정도로 매우. (사뭇 감정이 복받치다.) ② 아주 딴판으로. (듣기와는 사뭇 다르다.)
자못 : 생각보다는 훨씬. 꽤. (선수들에 대한 기대가 자못 크다.)

산들산들 : 바람이 부드럽게 부는 모양.
한들한들 : 가볍게 이리저리 자꾸 흔들리는 모양.

새록새록 : 생각이나 느낌이 자꾸 새롭게 생기는 모양.
소록소록 : 아기가 조용히 자는 모양.

생떼 : 억지를 부리는 일. (생떼를 쓰다.)
생때같다 : 몸이 튼튼해 병이 없다. (생때같은 자식을 잃다.)
생뚱맞다 : 하는 짓이나 말이 엉뚱하다.

쓰러지다 : 한쪽으로 쏠려 넘어지다. (폭풍에 전신주가 쓰러지다.)
스러지다 : ① 사라져 없어지다. (별이 하나 둘 스러지다.) ② 생명체가 죽다. (전쟁터에서 스러져 간 병사들을 추모하다.)

[ㅇ]

잃어버리다(失) : 길에서 돈을 잃어버렸다.
잊어버리다(忘) : 오늘 배운 것을 벌써 잊어버렸다.

오직(단지, 오로지) : 오직 그만이 시험에 합격했다.
오죽(여간, 얼마나) : 조국이 통일되면 오죽 기쁘랴.

~(으)로써(수단, 조건) : 용기와 신념으로써 인생을 살아가라.
~(으)로서(지위, 자격) : 사람으로서 어찌 그럴 수 있나. 고문으로서 취임하다.

어름 : 두 사물의 끝이 맞닿는 자리. (두 개천이 합쳐지는 어름에는 고기가 많다.)
얼음 : 물이 얼어서 굳어진 것.

옷거리 : 옷을 입은 맵시.
옷걸이 : 옷을 걸게 만든 기구.

엇대다 : ① 서로 어긋나게 대다. (문에 판자를 엇대어 못을 박았다.) ② 비꼬아 빈정거리다.
엇되다 : ① 조금 건방지다. ② 어떤 기준에 넘거나 처져서 어느 쪽에도 맞지 않다.

어느(어떤) : 어느 장단에 춤을 춰야 옳을지.
여느(보통의, 예사로운) : 이것은 여느 집에서 볼 수 없는 가구다.

외톨이 : 의지할 데가 없고 매인 데도 없는 홀몸.
외톨박이 : 알이 한 톨만 들어 있는 밤송이나 마늘통 따위를 이르는 말.

~율(率) : 앞의 말이 받침이 없거나 받침이 'ㄴ'인 경우. (비율, 이혼율)
~률(率) : 그 밖의 경우. (합격률, 사망률)

~(으)러(목적) : 고기를 잡으러 강으로 간다.
~(으)려(의도) : 어떤 옷을 입으려 하느냐.

우기다 : 끝까지 의견을 고집하다.
욱이다 : 안쪽으로 우그러지게 하다. (가방이 작아 물건을 욱여 넣었다.)

안갚음 : 자식이 커서 부모를 봉양하는 일.
앙갚음 : 자기에게 해를 입힌 사람에게 보복하는 일.

안('아니'의 준말) : 비가 안 온다.
않('아니하'의 준말) : 그러한 일은 좋지 않다. 일을 하지 않는 사람.
않이(아니하게) : 좋지 않이 여긴다. 적지 않이 가졌다.

여의다 : ① 부모나 사랑하는 사람이 죽어서 이별하다. ② 딸을 시집보내다.
여위다 : 몸에 살이 빠져서 수척해지다. (작은말) 야위다.

애꿎다 : 아무런 잘못도 없이 어떤 일을 당하여 억울하다.
애끓다 : 몹시 답답하거나 안타까워 속이 끓는 듯하다.

엄살 : 고통이나 어려움 따위를 거짓으로 꾸미거나 과장해서 나타내는 태도.
앙살 : 엄살을 부리며 반항함.

아름 : 두 팔을 둥글게 모아서 만든 둘레.
알음 : 사람끼리 서로 아는 일.
앎 : 지식(知識).

알갱이 : ① 열매나 곡식 따위의 낱알. ② 작고 동그랗고 단단한 물질.
알맹이 : ① 물건의 껍질 안에 들어 있는 것. ② 사물의 핵심이 되는 중요한 부분.

으슥하다 : 무서운 느낌이 들 만큼 구석지고 조용하다.
이슥하다 : (밤이) 매우 깊다.

입바르다 : 바른말을 하는 데 거침이 없다.
입빠르다 : 남에게서 들은 말이나 자신의 생각을 참을성 없이 지껄이는 버릇이 있다.

예니레 : 엿새나 이레. (여이레X)
예닐곱 : 여섯이나 일곱. (여일곱X)

[ㅈ]

장사(商業) : 엿장사를 시작했다.
장수(商人) : 동네에 엿장수가 왔다.

작다(小) : 크기가 작다. (반) 크다.
적다(少) : 수량이 적다. (반) 많다.

죽음(죽는 일, 死) : 삶과 죽음을 초월하다.
주검(시체, 屍) : 전쟁터에 널려 있는 무수한 주검들.

종종걸음 : 발을 자주 떼며 급히 걷는 걸음.
까치걸음 : ① 두 발을 모아서 종종거리며 걷는 걸음. ② 발뒤꿈치를 들고 살살 걷는 걸음.

지그시 : 눈을 지그시 감다. 분노를 지그시 참다.
지긋이 : 나이가 지긋이 들어 보인다.

자갈 : 작은 돌멩이.
재갈 : 소리를 내지 못하도록 말이나 사람의 입에 물리는 물건.

저리다 : 팔다리가 저리다.
절이다 : 소금에 배추를 절이다.

~째 : ① 계속된 그 동안. (일주일째, 보름째) ② 그대로 전부. (통째, 그릇째)
~채 : 이미 있는 상태 그대로. (산 채로 잡다. 눈을 뜬 채 밤을 새다.)

자국 : 어떤 물체에 다른 물건이 닿아서 생긴 자리. (손톱 자국이 뚜렷하다.)
자취 : 무엇이 지나가거나 있다가 남기고 간 흔적.

잿밥(齋-) : 불공을 드릴 때 부처 앞에 놓는 밥. (염불보다 잿밥에 관심 있다.)
젯밥(祭-) : 제사를 지내기 위해 차려놓은 밥. 제삿밥.

저 : '나'의 낮춤말
저희 : ① '우리'의 낮춤말. ② 저 사람들.

쫓다 : ① 억지로 몰아내다. (도둑을 쫓다.) ② 급하게 뒤를 따르다. (쫓는 자와 쫓기는 자.)
좇다 : ① 남의 말이나 뜻을 따르다. (아버지의 유언을 좇다.) ② 목표, 이상, 행복 따위를 추구하다. (명예를 좇는 젊은이)

짬짬이 : 짬이 날 때마다. 틈틈이.
짬짜미 : 남이 모르게 자기들끼리만 짜고 하는 약속. 밀약(密約).

제비초리 : 뒤통수나 앞이마의 한가운데 아래로 뾰족하게 내민 머리털.
제비추리 : 소의 안심에 붙은 고기.

집다 : 손으로 물건을 집다.
짚다 : 지팡이를 짚다. 맥을 짚다.
짓다 : 시를 짓다. 농사를 짓다.
짖다 : 개가 짖다.
찢다 : 종이를 찢다.
찧다 : 쌀을 찧다. 엉덩방아를 찧다.

지분거리다 : 짓궂은 말이나 행동으로 남을 자꾸 귀찮게 하다.
지정거리다 : 곧장 가지 않고 자꾸 머뭇거리다.

[ㅊ]

치뜨다 : 눈을 위쪽으로 뜨다.
치뜨리다 : 아래에서 위로 향해 던져 올리다.

[ㅍ]

포동포동 : 살이 통통하게 찌고 부드러운 모양.
피둥피둥 : ① 보기에 싫을 정도로 살이 쪄서 통통한 모양. ② 밉살스럽게 남의 말을 듣지 않고 엇나가는 모양. (일은 하지 않고 피둥피둥 놀기만 한다.)

푸석이 : ① 단단하지 못해 부스러지기 쉬운 물건. ② 옹골차지 못하고 무르게 생긴 사람.
푸서리 : 잡초가 무성한 거친 땅.

[ㅎ]

흉내 : 남의 말이나 행동을 그대로 따라 하는 짓.

입내 : 소리와 말로 하는 흉내.

한갓(겨우, 그것만으로) : 이번 일은 한갓 금전만을 위한 것은 아니었다.
한낱(오직, 하잘것없는) : 한낱 구실에 지나지 않는 변명.

한참 : 시간이 꽤 지나는 동안. (한참만에 그는 입을 열었다.)
한창 : 가장 활기 있고 왕성할 때. (고향에는 지금 수박이 한창이다.)

해쓱하다 : 얼굴에 핏기나 생기가 없어 창백하다.
해사하다 : 얼굴이 희고 말끔하다.
화사하다 : 화려하고 곱다. (화사한 옷차림)

허덕이다 : 어떤 일이 힘에 벅차 괴로워하며 애쓰다.
헐떡이다 : 숨을 가쁘고 거칠게 쉬다.

한나절 : 하루 낮의 반. 6시간 정도.
반나절 : 한나절의 반. 3시간 정도.

허름하다 : ① 조금 낡고 헌 듯하다. (허름한 옷차림) ② 값이 조금 싸다. (허름한 값으로 사다.)
허술하다 : 엉성하여 빈틈이 있다. (경비가 허술한 틈을 타다.)

햇빛 : 해의 빛. 일광(日光).
햇볕 : 해가 내리쬐는 뜨거운 기운. (햇빛은 밝고, 햇볕은 따뜻하다.)

홀몸 : 배우자나 형제가 없는 사람.
홑몸 : ① 딸린 사람이 없는 혼자의 몸. ② 아이를

배지 않은 몸. (홑몸도 아닌데 밭일까지 한다.)

화롯불 : 화로에 담긴 불.
화톳불 : 장작 따위를 한곳에 쌓아 놓고 질러 놓은 불.

한갓지다 : 한가하고 조용하다.
호젓하다 : 인적이 없어 쓸쓸한 느낌이 들 만큼 고요하다.
해거름 : 해가 질 무렵.
해거리 : 한 해를 거름. 격년(隔年).

헤치다 : 앞가슴을 헤치다. 눈길을 헤치고 나아가다. 온갖 고난을 헤치고 꿋꿋이 살아가다. 군중들이 모두 헤쳤다.(흩어졌다)
해치다 : ① 손상시키거나 해롭게 하다. (건강을 해치다.) ② 다치게 하거나 죽이다. (미물일지라도 함부로 생명을 해쳐서는 안된다.)
해치우다 : ① 일을 시원스럽게 끝내다. (그 일을 혼자서 해치우다.) ② 방해가 되는 대상을 없애 버리다. (적의 보초를 해치우다.)

03 고유의 우리말

[ㄱ]

가위 : ① 무서운 꿈에 질려서 몸이 마음대로 움직여지지 않고 답답한 상태. ex) 가위에 눌리다. ② 음력 팔월 보름의 명절. 한가위. 추석(秋夕).

꼴 : ① 사물의 모습이나 행색, 처지 따위. (속된 말 : 꼬락서니) ② 말과 소에 먹이는 풀. 목초(牧草).

궁싯거리다 : 잠이 오지 않아 몸을 이리저리 뒤척이다.

고명딸 : 아들이 많은 집의 외딸.

결딴 : 일이나 물건 따위가 아주 망가져 못쓰게 된 상태

길마 : 짐을 싣기 위하여 소의 등에 안장처럼 얹는 도구.

길라잡이 : 앞에서 길을 인도하는 사람.

구실 : 마땅히 해야 할 일. 역할(役割).

개골창 : 빗물이나 허드렛물이 흐르는 작은 도랑(작고 폭이 좁은 개울).

고두밥 : 아주 되게 지어 고들고들한 밥.

곁두리 : 농사꾼이 힘든 일을 할 때 간식으로 먹는 음식. 새참.

굴레 : 마소(말과 소)의 목에서 고삐에 걸쳐 얽어매는 줄. cf) 고삐 : 마소를 부릴 때 손에 잡고 끄는 줄

꼼바르다 : 도량이 좁고 야멸차다.

겉절이 : 배추, 열무 따위를 절여 바로 무쳐 만든 것.

곧추다 : 굽은 것을 곧게 하다. cf) 곧추뜨다 : 눈을 부릅뜨다.

개어귀 : 강물이나 냇물이 바다로 들어가는 어귀. cf) 어귀 : 들어가는 맨 첫머리. =들머리.

기척 : 누군가가 있는 줄을 알 수 있게 하는 소리나 기색.

꿰미 : 구멍 뚫린 물건을 꿰어 묶는 노끈.

까탈 : 이런저런 트집을 잡아 까다롭게 구는 일.

거탈 : 실제 모습이 아닌 밖으로 드러나는 태도.

금새 : 물건의 시세나 값.

가녘 : 가장자리.

관솔 : 송진이 많이 엉긴 소나무의 가지.

곁가지 : ① 원가지에서 돋아난 작은 가지. ② 덜 중요하거나 본질적이지 않은 부분. cf) 곁붙이 : 촌수가 먼 일가붙이(친척).

개차반 : (똥을 가리키는 말로) 행세를 더럽게 하는 사람을 욕하는 말.

낌새 : 어떤 일이 되어가는 형편.

깜부기 : ① 깜부깃병에 걸려서 까맣게 된 곡식의 이삭. ② 얼굴빛이 까만 사람.

강짜를 부리다 : 샘이 나서 심술을 부리다.

갈무리 : ① 물건 따위를 잘 정리하거나 간수함. ② 일을 처리해 마무리함.

김매다 : 논밭의 잡풀을 뽑아 없애다.

검댕 : 그을음이나 연기가 맺혀서 된 검은 물질.

글피 : 모레의 다음 날. 3일 뒤.

건성 : 일을 성의 없이 대충 하는 것.

구메농사 : ① 규모가 작은 농사. ② 곳에 따라 풍작과 흉작이 다르게 되는 농사.

길미 : 빚돈에 대하여 덧붙여 주는 돈. 이자(利子).

개발새발 : (개의 발과 새의 발이라는 뜻으로) 글씨를 아무렇게나 함부로 쓴 것을 비유적으로 이르는 말. =괴발개발.

군불 : 방을 덥히려고 아궁이에 때는 불.

건들바람 : 초가을에 불어오는 서늘하고 부드러운 바람.

구완 : 병자나 산모를 돌보는 일.

꽃샘 : 봄철 꽃이 필 무렵의 추위. =꽃샘추위.

겯지르다 : 서로 마주 엇갈리게 걸다.

꼬투리 : ① 열매를 싸고 있는 껍질. ② 실마리. ③ 남을 해코지하거나 헐뜯을 만한 거리.

겨레 : 같은 핏줄을 이어받은 민족. (비)동포(同胞). cf) 겨레말 : 한 겨레가 공통으로 쓰는 말.

공중제비 : 두 손을 땅에 짚고 두 다리를 공중으로 쳐들어서 반대 방향으로 넘어가는 재주.

곰상스럽다 : ① 성질이나 행동이 싹싹하고 부드럽다. ② 하는 짓이 잘고 좀스럽다.

구순하다 : 사이 좋게 잘 지내다.

길섶 : 길의 가장자리.

꺽지다 : 억세고 꿋꿋하다.

까치발 : 발 뒤꿈치를 든 발.

가녀리다 : 물건이나 사람의 신체 따위가 몹시 가늘고 연약하다.

고샅 : ① 마을의 좁은 골목길. ② 좁은 골짜기의 사이.

가리사니 : 사물을 판단할 수 있는 지각(知覺). cf) 가납사니 : 쓸데없는 말을 잘하는 사람.

가래질 : 가래(농기구)로 흙을 떠서 던지는 일.

귀나다 : ① 모가 반듯하지 않고 한쪽으로 비뚤어지다. ② 의견이 서로 틀어지다.

괄다 : ① 불기운이 세다. ② 성질이 거세고 급하다. =괄괄하다

걸쩍거리다 : 활달하고 시원스럽게 행동하다. =걸쩍대다

그루터기 : 풀이나 나무 따위를 베어 내고 난 뒤 남은 밑부분.

강파르다 : ① 몸이 야위고 파리하다. ② 성질이 까다롭고 괴팍하다. ex) 파리하다 : 몸이 마르고 핏기가 없이 해쓱하다.

끄나풀 : ① 끈의 길지 않은 토막. ② 남의 앞잡이 노릇을 하는 사람.

골무 : 바느질할 때 바늘을 누르기 위해 손가락에 끼는 물건.

곱씹다 : 말이나 생각 따위를 거듭 되풀이하다.

구유 : 소나 말 따위의 가축에게 먹이를 담아 주는 그릇. 흔히 큰 나무토막이나 큰 돌을 길쭉하게 파내 만든다.

구성지다 : 천연덕스럽고 구수하다. cf) 구성없다 : 격에 맞지 않다.

감투 : ① 지난날, 벼슬하는 사람이 머리에 쓰던 것. ② 벼슬이나 지위를 속되게 이르는 말.

감잡히다 : 남과 시비(是非)가 붙었을 때 약점을 잡히다. cf) 감잡다 : 느낌으로 대충 알아차리다.

객쩍다 : 언행이 실없고 싱겁다.

꼬투리 : ① 콩과 식물의 열매를 싸고 있는 껍질. ② 공연히 남을 헐뜯거나 불평할 만한 거리. ex) 꼬투리를 잡다.

고즈넉하다 : 고요하고 아늑하다.

고빗사위 : 고비(어려운 순간이나 국면) 가운데서도 가장 아슬아슬한 순간

꼼수 : 시시하고 치사한 수단이나 방법.

꿍꿍이 : 남에게 드러내지 않고 혼자 속으로만 이리저리 따져 생각함.

결기 : ① 발끈하기 잘하는 급한 성질. ② 부정,

불의 따위에 과감하게 맞서는 성질.

고뿔 : 감기.

곰비임비 : 물건이 거듭 쌓이거나 일이 겹치는 모양.

길품 팔다 : ① 심부름으로 먼 길을 다녀오고 삯을 받다. ② 아무 보람 없이 헛길을 걷다.

깜냥 : 일을 해낼 만한 능력. ex) 그는 그 일을 감당할 만한 깜냥이 안된다.

가타부타 : 어떤 일에 대해 옳다느니 그르다느니 함. ex) 그는 가타부타 말이 없었다.

가시버시 : 부부(夫婦)를 정답게 또는 속되게 이르는 말.

까막까치 : 까마귀와 까치. 오작(烏鵲).

[ㄴ]

넌출지다 : 식물의 줄기 따위가 길게 치렁치렁 늘어지다.

노루잠 : 깊이 들지 못하고 자주 깨는 잠. cf) 그루잠 : 깨었다가 다시 든 잠.

노루목 : 넓은 들에서 다른 곳으로 이어지는 좁은 지역.

너스레 : 수다스럽게 떠벌려 늘어놓는 말. ef) 너스레를 떨다,

넋두리 : 불만을 길게 늘어놓으며 하소연하는 말.

노적가리 : 한데에 쌓아 둔 곡식 더미.

늦사리 : 철 늦게 농작물을 거두는 일. 또는 그 농산물.

눙치다 : 좋은 말로 마음을 풀어 누그러지게 하다. cf) 능갈치다 : 교묘하게 잘 둘러대다.

능청 : 속으로 품은 생각을 감추고 겉으로 천연덕스럽게 행동하는 태도. cf) 내숭 : 겉으로는 순해 보이나 속은 엉큼함.

내치다 : 내쫓거나 물리치다.

녘 : (어떠한 때의) 무렵. ex) 동 틀 녘.

날림 : 일을 대충 아무렇게나 함. ex) 날림 공사.

너나들이 : 서로 너니 나니 하면서 허물없이 지냄. cf) 내남없이 : 나나 다른 사람이나 모두 마찬가지로.

노량으로 : 한가롭게 놀아 가면서 느릿느릿하게.

넉가래 : 곡식이나 눈 따위를 한곳에 밀어 모으는 데 쓰는 기구.

노가리 : 씨를 여기저기 흩어서 뿌리는 일.

남우세 : 남에게서 조롱이나 비웃음을 받음. (준말) 남새.

눈엣가시 : 몹시 미워 늘 눈에 거슬리는 사람.

난든집 : 손에 익은 재주.

너비아니 : 쇠고기를 얇게 저며서 양념을 해 구운 음식.

눈썰미 : 한두 번 보고도 곧 그것을 해낼 수 있는 재주.

남새 : 무, 배추와 같이 밭에 심어 기르는 채소.

넉장거리 : 네 활개를 벌리고 뒤로 벌렁 나자빠지는 짓.

나위 : 더 해야 할 필요. 여지. ex) 더할 나위 없이 좋다.

높새바람 : 북동쪽에서 불어오는 바람. 북동풍(北東風). cf) 하늬바람 : 서풍(西風). 마파람 : 남풍(東風). 된바람 : 북풍(北風).

내숭 : 겉으로는 순해 보이나 속은 엉큼함

나대다 : 얌전히 있지 못하고 철없이 촐랑거리다. cf) 나불대다 : 입을 가볍게 함부로 놀리다.

눌어붙다 : ① 조금 타서 바닥에 붙다. ② 한곳

에 오래 머물면서 떠나지 아니하다.
누리 : 세상(世上) 또는 세계(世界)를 이르는 말. cf) 누리꾼 : 사이버 공간에서 활동하는 사람. ('네티즌'을 우리말로 만들어 새로 생긴 말.)
늦되다 : ① 철이 늦게 들다. ② 곡식이나 과일이 늦게 익다.
눈총 : 독기가 오른 채 쏘아보는 눈빛. cf) 눈총(을) 받다 : (어떤 사람이 다른 사람의) 미움을 받다.
노닥거리다 : 수다스럽게 말을 자꾸 늘어놓다.

[ㄷ]

뒤란 : 집 뒤 울타리의 안.
닦아세우다 : 남을 꼼짝 못하게 몹시 호되게 나무라다.
대갚음 : 남에게 받은 은혜나 원한을 그대로 갚는 일.
덧게비 : 이미 있는 것 위에 필요 없이 다른 것을 겹쳐 대거나 보태는 일.
두동지다 : 앞뒤가 엇갈려 서로 맞지 않다.
던적스럽다 : 하는 짓이 치사하고 더럽다.
들보 : 칸과 칸 사이의 두 기둥을 건너지르는 나무.
두레 : ① 농사일을 공동으로 하기 위해 마을 단위로 만든 조직. ② 낮은 곳에 있는 물을 높은 곳에 있는 논밭으로 퍼올리는 기구.
단물나다 : 옷 같은 것이 오래되어서 빛깔이 바래고 바탕이 해지게 되다.
되술래잡히다 : 잘못을 빌어야 할 사람에게 도리어 나무람을 듣는 것을 이르는 말.
된서리 : ① 늦가을에 아주 되게 내린 서리. ②

모진 재앙이나 타격을 비유하는 말.
드잡이 : 서로 머리나 멱살을 움켜잡고 싸우는 짓.
뜨악하다 : 마음이 선뜻 내키지 않아 꺼림직하고 싫다.
될성부르다 : 잘될 가능성이 있다. ex) 될성부른 나무는 떡잎부터 알아본다.
동아리 : (목적이 같은 사람들이) 한패를 이룬 무리.
동지(冬至)섣달 : 동짓달(음력 11월)과 섣달(음력 12월)을 아울러 이르는 말.
뚜쟁이 : 남녀의 결합을 중간에서 주선하는 사람. (부정적인 의미가 강하다.)
둔덕 : 불룩하게 언덕이 진 곳.
되뇌다 : 같은 말을 되풀이하다.
덤터기 : 남에게서 억지로 떠맡게 되는 누명이나 걱정거리.
달포 : 한 달이 조금 넘는 기간.
딸각발이 : (신이 없어 맑은 날에도 나막신을 신는다는 뜻으로) 예전에 가난한 선비를 이르던 말.
도둑장가 : 남에게 알리지 않고 몰래 드는 장가.
댓바람 : 단번에. 서슴지 않고 당장.
된통 : 매우. 몹시. ex) 된통 혼나다.
달구치다 : 꼼짝 못하게 마구 몰아치다. cf) 달구질 : 달구(다지는 기구)로 땅을 단단히 다지는 일.
등목 : 상체를 굽혀 다른 사람의 도움을 받아 허리에서부터 목까지 물로 씻는 일. =등물. 목물.
덩둘하다 : 매우 둔하고 어리석다.
덜퍽지다 : 푸지고 탐스럽다. cf) 푸지다 : 매우 많아서 넉넉하다.
댕기다 : 불이 옮아 붙다. 또는 그렇게 하다.

덖다 : 물을 더하지 않고 그대로 볶아서 타지 않을 정도로 익히다.

떠세 : 돈이나 권력 따위를 믿고 잘난 체하며 억지를 쓰는 짓.

떨거지 : 한통속으로 지내는 사람들을 낮잡아 이르는 말.

데면데면 : 사람을 성의 없이 대충 대하는 태도.

뜬금 : 일정하지 않고 시세에 따라 달라지는 값. cf) 뜬금없다 : 갑작스럽고 엉뚱하다.

돌림병 : 여러 사람에게 잇달아 옮아 널리 퍼지는 병. 전염병(傳染病).

동티 : ① 땅, 돌 따위를 잘못 건드려 지신(地神)을 노하게 해 받는 재앙. ② 건드려서는 안 될 것을 공연히 건드려 걱정이나 해를 입음을 이유.

덖다 : ① 때가 올라서 몹시 찌들다. ② 음식에 물을 붓지 않고 볶아서 익히다.

도리깨 : 곡식의 알을 떠는 농기구의 한 가지.

대포 : ① 큰 술잔. ② 큰 술잔으로 마시는 술. = 대폿술.

데꾼하다 : 몹시 지쳐 눈이 쑥 들어가고 정기가 없다.

닦달하다 : 남을 단단히 윽박질러서 혼을 내다.

담금질 : ① 쇠를 불에 달구었다가 찬물에 담가 식히는 일. ② 끊임없이 훈련을 시키는 것을 비유.

들통나다 : 비밀이나 잘못된 일 따위가 드러나다.

드림흥정 : 물건을 사고팔 때 값을 여러 차례에 나눠 주기로 하고 하는 흥정.

두엄 : 퇴비(堆肥).

들입다 : 무지막지할 정도로 아주 세차게. ex) 들입다 소리치다.

더럭 : 어떤 감정이나 생각 따위가 갑자기. ex) 겁이 더럭 나다.

덜미 : 목의 뒷부분. cf) 덜미(를) 잡히다 : 못된 일 따위를 꾸미다가 발각되다.

뒷간 : 화장실. 측간(廁間).

대님 : 한복 바지의 발목 부분을 매는 끈.

되지기 : ① 더운밥 위에 찬밥을 얹어 다시 찌거나 데운 밥. ② (논밭을 헤아리는 단위인) 마지기의 10분의 1.

들머리 : 들어가는 첫머리.

더께 : 물건에 더덕더덕 달라붙은 때.

도련님 : ① '총각'의 높임말. ② 형수가 미혼의 시동생을 일컫는 말.

동뜨다 : ① 시간적·공간적 간격이 생기다. ② 다른 것보다 훨씬 뛰어나다.

데릴사위 : 딸을 시집으로 보내지 않고, 친정에 데리고 있기로 하고 삼은 사위. (지난날 혼인 뒤 남자가 여자의 집에서 살던 풍속이 있었다.)

동무 : 마음이 서로 통해 가깝게 지내는 사람. (비) 벗. 친구(親舊).

[ㅁ]

몰골 : 사람의 볼품없는 모습이나 얼굴.

민며느리 : (장차 며느리로 삼으려고) 미리 데려다 기르던 어린 여자 아이.

모르쇠 : 무조건 모른다고 잡아떼는 일.

물꼬 : 논에 물이 넘나들도록 만들어 놓은 좁은 통로. cf) 물꼬를 트다 : 진전이 없거나 막혀 있는 상태를 풀어 나가다.

마실 : 이웃에 놀러가는 일.

마중물 : 물을 끌어올리기 위해 먼저 펌프 윗구멍에 붓는 물. 요즘 '계기'나 '선도자(앞에서 이끄는 사람)'를 비유하는 말로 흔히 쓰인다. ex) 그 상품이 시장 개척의 마중물이 되었다.

말미 : 어떤 일에 매인 사람이 다른 일로 말미암아 얻는 시간적인 틈. ex) 일을 성사시키려면 이틀간만 말미를 주세요.

멧부리 : 산등성이나 산봉우리에서 가장 높은 꼭대기.

머드러기 : 많이 있는 과일이나 생선 가운데 아주 굵거나 큰 것.

매조지 : 일의 끝을 단단히 맺어 마무리하는 것.

민낯 : 여자의 화장하지 않은 얼굴. cf) 민낯을 드러내다 : 숨기고 있던 좋지 않은 모습이나 상태를 나타내다.

모주망태 : 술을 늘 대중없이 많이 마시는 사람.

모래톱 : 강가나 바닷가에 있는 넓고 큰 모래 벌판.

마름 : 예전에 지주의 땅을 대신 관리하던 사람. cf) 마름질 : 옷감이나 재목(材木) 등을 치수에 맞추어 자르는 일.

뭇매 : 여러 사람이 한꺼번에 덤벼 때리는 매. 몰매.

몽치 : 길이가 짤막하고 단단한 몽둥이.

마수걸이 : 하루의 장사에서 또는 장사를 시작하여 맨 처음으로 물건을 파는 일.

마뜩하다 : 제법 마음에 들다. cf) 마뜩찮다 : 마음에 들지 아니하다. =마땅찮다

물수제비뜨다 : 둥글고 얄팍한 돌 따위를 물위에 던져 담방담방 튀기며 가게 하다

뭍 : 섬이 아닌 본토. =육지(陸地).

미투리 : 삼이나 모시 따위로 짚신처럼 만든 신.

마고자 : 저고리 위에 덧입는 옷.

모가치 : 자기의 몫으로 돌아오는 물건.

몽니 : 받고자 하는 대우를 받지 못할 때 내는 심술. ex) 정치인들은 툭하면 몽니를 부린다.

민둥산 : 나무가 없어 황토가 드러난 산.

물끄러미 : 우두커니 한곳만 바라보는 모양.

미욱하다 : 미련하고 어리석다.

목말 : 남의 어깨 위에 두 다리를 벌리고 올라타는 일.

맏물 : 그해에 맨 먼저 나온 과일이나 곡식. (반) 끝물.

마구잡이 : 닥치는 대로 함부로 하는 짓.

무릎맞춤 : 두 사람의 말이 어긋날 때 제삼자 앞에서 전에 한 말을 되풀이시킴으로써 옳고 그름을 따지는 일. (비) 대질(對質).

무수기 : 밀물과 썰물의 차(差).

마디다 : 쓰는 물건이 잘 닳거나 없어지지 아니하다. (반) 헤프다.

매캐하다 : 코를 찌르는 듯이 싸하다.

마장 : 거리의 단위. 오 리나 십 리가 못 되는 거리를 이를 때 '리' 대신 쓰인다.

매조지다 : 일의 끝을 단단히 마무리하다.

모래톱 : 강가나 바닷가에 있는 모래 벌판. =모래사장.

물색없다 : 말이나 행동이 상황과 사리에 맞지 않다.

[ㅂ]

벌충 : 모자라는 것을 다른 것으로 대신 채움.

볼멘소리 : 성이 나서 퉁명스럽게 하는 말.

박쥐구실 : 자기 이익만을 위하여 이리 붙고 저리 붙고 하는 줏대 없는 행동을 비유적으로 이르는 말.

본데 : 보아서 배운 솜씨나 지식. cf) 본때 : 본보기가 될 만한 것.

빚물이 : 남의 빚을 대신 갚는 일,

봄타다 : 봄철에 입맛이 없고 몸이 약해지다.

방물 : 여자들이 쓰는 화장품이나 바느질 기구,

패물 따위의 물건을 통틀어 이르는 말.

벼리 : ① 일이나 글에서 뼈대가 되는 줄거리. ② 그물의 위쪽에 코를 꿰어 잡아당길 수 있게 한 줄.

부주 : 자손에게 유전돼 내려오는 소질이나 성질.

벼리다 : 연장을 불에 달구어서 두드려 날카롭게 만들다.

빌붙다 : 남의 환심을 사려고 들러붙어서 알랑거리다.

봇물 : 보에 고인 물. cf) 봇물(이) 터지다 : 어떤 일이나 상태가 급격히 활성화되다.

보깨다 : 먹은 것이 소화가 잘 안되어 답답하고 거북하다.

불쏘시개 : ① 불을 피울 때 불이 쉽게 옮겨붙게 하기 위해 먼저 태우는 물건. ② 중요한 일이 잘될 수 있도록 하는 데에 먼저 필요한 것을 비유. cf) 부지깽이 : 아궁이의 불을 헤치는 막대기.

볼모 : 약속을 이행하겠다는 담보로 상대에게 억류된 사람. =인질(人質).

빌미 : 어떤 일을 하기 위한 계기나 핑계.

방정 : 진중하지 못하고 가볍게 하는 말이나 행동. ex) 방정을 떨다. cf) 오두방정 : 몹시 방정맞은 행동.

박수 : 남자 무당.

빔 : 명절이나 잔치 때 새 옷으로 차려입음. 또는 그 옷.

붓날다 : 말이나 행동이 경솔하고 들뜨다.

반거들충이 : 배우던 것을 중간에 그만두어 다 이루지 못한 사람.

방짜 : 품질이 좋은 놋쇠를 녹여 부은 다음 다시 두드려 만든 그릇. (좋은 물건이나 사람을 비유.)

북새통 : 많은 사람이 떠들어 대며 법석이는 상태. cf) 법석 : 시끄럽게 떠듦.

비설거지 : 비가 오려고 할 때 물건들이 비에 맞지 않도록 치우거나 덮는 일. cf) 비긋다 : 잠시 비를 피해 그치기를 기다리다.

볼썽 : 남에게 보이는 모양이나 태도. cf) 볼썽사납다 : 보기에 언짢을 만큼 체면이나 모양새가 없다.

버겁다 : 힘에 겨워 다루기가 벅차다.

부시 : 부싯돌을 쳐서 불이 일어나게 하는 쇳조각. cf) 부싯돌 : 부시로 쳐서 불을 일으키는 데 쓰는 돌.

변죽 : 그릇이나 과녁 따위의 가장자리. cf) 변죽(을) 울리다 : 직접 말을 하지 않고 둘러서 말을 해 짐작하게 하다. (본질에 다가서지 않고 주변에서 형세를 떠보는 것을 비유.)

버름하다 : ①물건의 틈이 좀 벌어져 있다. ②마음이 서로 맞지 않다. (비) 버성기다

방자고기 : 양념을 하지 않고 소금만 뿌려서 구운 짐승의 고기.

부산 : 급하게 서두르거나 시끄럽게 떠들어 어수선함. ex) 부산을 떨다.

받내다 : 몸을 움직이지 못하는 사람의 대소변을 받아내 처리하다.

배달 : 단군 신화 시대의 '조선(朝鮮)'을 달리 이르던 이름의 하나. 우리 스스로 우리 민족을 가리킬 때 쓰는 말이다. 한자의 음을 빌어 '倍達'로 적기도 한다.

버금 : 등급이나 수준, 차례 따위에서 으뜸의 바로 다음. cf) 버금가다 : 으뜸의 바로 아래가 되다. ex) 맹자를 공자에 버금가는 성인이라 하여 아성이라 부른다.

반색 : 몹시 반가워함.

바라지 : 음식이나 옷을 대주는 등 여러모로 돌

보아 주는 일.
배냇짓 : 갓난아이가 자면서 웃거나 눈, 코, 입 따위를 쫑긋거리는 짓. cf) 배냇버릇 : 날 때부터 가지고 있는 버릇, 즉 오래되어 고치기 힘든 버릇. 옹알이 : 아직 말을 잘 못하는 어린아이가 혼자 입속말처럼 자꾸 소리를 내는 짓.
베갯잇 : 베개의 겉을 덧싸는 천. cf) 베갯밑공사(公事) : 부부가 함께 자는 잠자리에서 아내가 남편에게 바라는 바를 속삭이며 청하는 일. =베갯머리송사(訟事).
부아 : 노엽거나 분한 마음. ex) 부아가 나다.
빗장 : 문을 닫을 때 가로질러 잠그는 막대기.
발칙하다 : ① 하는 짓이 아주 괘씸하다. ② 몹시 버릇이 없다.
비발 : 물건을 사거나 어떤 일을 하는 데 드는 돈. =비용(費用).
본디 : 사물의 맨 처음. =본래(本來). 원래(元來·原來).

[ㅅ]

쐐기 : 물건과 물건 사이의 틈에 박아서헐겁지 않게 하는 것. cf) 쐐기(를) 박다 : ①다시는 그런 일이 없도록 분명하게 하다. ②(시합 따위에서) 결정적으로 이기게 하다.
생뚱맞다 : 언행의 앞뒤가 맞지 않고 엉뚱하다.
손바람 : 일을 치러나가는 솜씨나 기세.
손사래 : 말을 부인할 때 손을 펴서 내젓는 짓.
삼짇날 : 음력 삼월 초사흗날(3월 3일). 제비가 돌아오는 날이라 하여 제비집을 손질하고, 춤추고 노는 화전놀이의 풍습이 있었다.
생무지 : 일에 익숙하지 못하여 서투른 사람.

시앗 : 남편의 첩(妾).
생채기 : 손톱 따위로 할퀴어 생긴 작은 상처.
시나브로 : 모르는 사이에 조금씩 조금씩. ex) 가을이 되자 길가에 시나브로 낙엽이 쌓이기 시작했다.
성마르다 : 성질이 급하고 도량이 좁다.
시치다 : 바느질할 때 임시로 듬성듬성 꿰매다.
씨도둑 : 한집안에 대대로 전해 내려오는 관습, 전통, 모습 등에 따르지 않고 남을 닮는 일을 비유적으로 이르는 말.
삭신 : 몸의 근육과 뼈마디.
사람멀미 : 사람이 많은 데서 느끼는 어지럼증. 즉 군중 속에서 느끼는 어지러운 증세.
세간 : 집안 살림에 쓰는 온갖 물건. =세간살이.
사태 : 소의 무릎 뒤쪽 오금에 붙은 고기.
새경 : 머슴이 한 해 동안 일한 대가로 주인에게서 받는 돈이나 곡물. =사경(私耕).
살강 : 그릇 따위를 얹기 위해 부엌 벽에 가로지른 선반.
쏘개질 : 있는 일, 없는 일을 얽어서 몰래 고자질하는 짓.
실터 : 집과 집 사이의 길고 좁은 빈터.
선웃음 : 우습지도 않은데 꾸며서 웃는 거짓 웃음.
씨알 : ① 새끼를 까기 위하여 쓰는 알. =종란(種卵). ② 곡식 따위의 종자(種子)로서의 낱알.
시루 : 떡 따위를 찌는 데 쓰는 질그릇.
속절없다 : 단념할 수밖에 달리 어찌할 도리가 없다.
새순 : 나무나 줄기에서 새로 나온 싹.
수틀리다 : 일이 뜻대로 되지 아니하다.
새물내 : 빨래하여 갓 입은 옷에서 나는 냄새.

쌩이질 : 남이 한창 바쁠 때에 쓸데없는 일로 귀찮게 하는 짓.

시쳇말 : 그 시대에 널리 유행하는 말. =요샛말.

설면하다 : ① 사이가 정답지 않다. ② 자주 만나지 못해 좀 어색하다.

섬돌 : 오르내리기 위하여 만든 돌층계.

실랑이 : 서로 자기주장을 고집하여 옥신각신하는 일. =승강이.

성기다 : 물건 사이가 떠서 빈 공간이 많다.

쌈짓돈 : 쌈지(작은 주머니)에 있는 돈이라는 뜻으로, 적은 돈을 이르는 말.

심드렁하다 : 마음에 탐탁하지 않아 관심이 거의 없다.

새내기 : 신입생. 신출내기.

손타다 : 사람이 몰래 가져가 없어지다. 도둑맞다.

사달 : 사고나 탈. ex) 사달이 나다.

사위다 : 불이 다 타서 재가 되다.

사재기 : 물건값이 오를 것을 예상하고, 물건을 필요 이상으로 많이 사 두는 일.

선술집 : 술청 앞에 서서 간단히 술을 마실 수 있는 술집. 설비가 간단하고 가격이 싼 술집을 통틀어 이르기도 한다. 술청 앞에 선 채로 술을 마실 수 있도록 된 집.

싸하다 : 혀나 목구멍 또는 코에 자극을 받아 매운 듯한 느낌이 있다.

생판 : 아주 낯설고 생소하게. ex) 그는 생판 처음 본 사람이다.

소갈머리 : 마음이나 속에 가진 생각. cf) 소갈머리 없다 : 생각이나 사려가 부족하다. 주변머리 없다 : 융통성이 없어 일을 답답하게 처리하다.

소태같다 : 맛이 몹시 쓰다.

설레발 : 몹시 서두르며 부산하게(어수선하고 바쁘게) 구는 행동. cf) 설레발치다 : 몹시 서두르며 부산하게 굴다.

실팍하다 : 사람이나 물건이 보기에 매우 튼튼하다.

싹수 : 앞으로 성공하거나 잘될 것 같은 낌새나 징조. cf) 싹수없다 : 장래성이 없다.

선비 : ① 예전에 학식은 있으나 벼슬하지 않은 사람을 이르던 말. ② 재물을 탐내지 않고 의리와 명분을 소중히 여기는 사람을 비유하는 말. cf) 스승 : 자신을 가르쳐 이끌어 주는 사람. (선비와 스승은 순우리말이다.)

샷되다 : 행동이 바르지 못하고 나쁘다.

수채 : 집 안에서 버린 허드렛물 따위가 집 밖으로 흘러 나가도록 만든 시설.

선무당 : 서투르고 미숙해 굿을 제대로 못하는 무당. ex) 선무당이 사람 잡는다.

생청 : 억지로 쓰는 떼. =생떼.

숱 : 머리털 따위의 부피나 분량.

수발 : 사람의 곁에서 시중(잔심부름을 하며 돌봄)을 들며 보살핌.

스스럼 : 조심하거나 어려워하는 마음이나 태도. ex) 그와는 스스럼없이 지내는 사이다.

소담하다 : ① 음식이 넉넉해 먹음직하다. ② 생김새가 탐스럽다.

손주 : 손자와 손녀를 아울러 이르는 말.

섣부르다 : 솜씨가 익숙하지 않아 어설프다.

소소리바람 : 이른봄에 부는 차고 매서운 바람.

살갑다 : 마음씨가 부드럽고 다정스럽다.

솎다 : 군데군데 골라서 뽑아내다.

새치 : 젊은 사람의 머리에 섞여 난 흰 머리카락.

생뚱맞다 : 앞뒤가 맞지 않고 엉뚱하다.

살붙이 : 혈육으로 볼 때 가까운 사람. 보통 부모와 자식의 관계에서 쓴다.

사또 : 예전에 일반 백성이나 하급 벼슬아치들

이 자기 고을의 원님을 존대하여 일컫던 말.
사리 : 국수, 실, 새끼 등을 헝클어지지 않도록 동그랗게 포개 감은 뭉치.

[ㅇ]

악다구니 : 기를 써서 서로 다투는 짓. 또는 그런 사람.
움딸 : 시집간 딸이 죽은 뒤에, 그 사위가 다시 장가든 여자를 이르는 말.
어스름 : 조금 어두운 상태. 또는 그런 때.
입때 : 지금에 이르기까지. =여태. 입때껏.
오지랖 넓다 : 주제넘게 아무 일에나 쓸데없이 참견하다.
응석 : 어린아이가 어른에게 어리광을 부리거나 버릇없이 구는 짓.
악도리 : 모질게 잘 덤비는 사람이나 짐승을 이르는 말.
여우비 : 햇볕이 나 있는데 잠깐 내리다가 곧 그치는 비
여물다 : 과일 따위가 단단하게 잘 익다. =영글다
어스레하다 : 조금 어두운 듯하다. =어스름하다
안차다 : 겁이 없고 당돌하다.
용트림 : 거드름을 피우려고 일부러 크게 힘을 들여 하는 트림.
올무 : 새나 짐승을 잡는 데 쓰는 올가미.
어음 : 일정한 금액을 일정한 기일에 지급할 것을 약속한 유가증권. ex) 어음이 부도(不渡)나다.
은결들다 : ① 내부에 상처가 생기다. ② 원통한 일로 남몰래 속을 썩이다.
아주버니 : 여자가 남편의 형을 가리키는 말. cf) 올케 : 오빠나 남동생의 아내. 시누이 : 남편의 누나나 여동생.
이바지 : 도움이 되게 함.
옥셈 : 잘못 생각해 자기에게 손해가 되는 셈.
왁자하다 : 정신이 어지러울 만큼 떠들썩하다.
어줍다 : 말이나 행동이 익숙지 않아 서투르고 어설프다. cf) 어쭙잖다 : 비웃음을 살 만큼 언행이 분수에 넘치는 데가 있다.
옥죄다 : 마음에 여유가 없을 정도로 몰아붙이다.
오붓하다 : 서로 가깝고 정답다.
입김 : ① 입에서 나오는 더운 김. ② 어떤 일에 대한 영향력을 비유하는 말.
에두르다 : ① 에워서 둘러막다. ② 바로 말하지 않고 짐작해 알아듣도록 돌려서 말하다. ex) 이리저리 에두르지 말고 곧바로 말해라.
애먼 : 일의 결과가 다르게 돌아가 억울하게 느껴지는. ex) 돈을 잃어버리고 애먼 사람에게 화풀이했다.
욱여넣다 : 바깥에서 안으로 밀어넣다.
옷깃차례 : 일의 순서가 오른쪽으로 돌아가는 차례.
애틋하다 : 섭섭하고 안타까워 애가 타는 듯하다.
얼렁장사 : 여러 사람이 밑천을 분담해 같이하는 장사.
이울다 : ① 꽃이나 잎이 시들다. ② 점점 쇠약해지다. ex) 국운이 이울다.
알뜰살뜰하다 : 일이나 살림을 정성껏 규모 있게 꾸려 간다.
야바위 : ① 교묘한 수법으로 남을 속여 돈을 따는 노름. ② 남을 속이기 위해 그럴듯하게 꾸미는 일을 통틀어 이르는 말.
어깃장 : 순순히 따르지 않고 반항하는 말이나 행동.
엄포 : 실속 없는 큰소리로 남을 위협하거나 으르는 짓.

암팡지다 : 몸집은 작아도 야무지고 굳세다.
애옥살이 : 가난에 쪼들려 고생스럽게 사는 살림살이.
올되다 : ① 과일 따위가 제철보다 일찍 익다. ② 나이에 비해 철이 일찍 들다. (준말) 오되다 (반) 늦되다
여줄가리 : 중요한 일에 딸린 대수롭지 않은 일.
여리꾼 : 가게 앞에 서서 지나가는 사람을 끌어들여 물건을 사게 하는 사람. (비) 호객꾼.
에다 : ① 칼 따위로 도려내다. ② 마음을 몹시 아프게 하다.
안팎장사 : 이곳에서 물건을 사서 다른 곳에 가져가 팔고, 그 돈으로 그곳의 싼 물건을 사서 이곳에 가져와 파는 일.
왕청되다 : 차이가 엄청나게 크다.
에끼다 : 서로 주고받을 물건이나 일 따위를 비겨 없애다. 상쇄하다.
우꾼하다 : 어떤 기운이 일시에 세게 일어나다. cf) 우꾼우꾼 : 기세가 세게 일어나는 모양.
우렁잇속 : ① 품은 생각을 털어놓지 않는 의뭉스러운 속마음. ② 내용이 복잡해 헤아리기 어려운 일을 비유.
의뭉스럽다 : 겉으로는 어리석어 보이지만 속으로는 엉큼한 데가 있다
어안이 벙벙하다 : 뜻밖에 놀랍거나 기막힌 일을 당해 어리둥절하다.
알량하다 : 자신은 대견스러워하지만 남들이 보기에는 시시하고 보잘것없다.
욱하다 : 앞뒤를 헤아림 없이 격한 마음이 불끈 일어나다.
외곬 : ① 한 곳으로만 트인 길. ② 단 한 가지의 방법이나 일. ex) 그렇게 외곬으로 생각하면 해결의 여지가 없다. cf) 외골수 : 한 가지 일에만 매달리는 사람.

아우르다 : 여럿이 합쳐서 하나로 되게하다.
앵벌이 : 불량배의 사주를 받아 어린아이가 구걸이나 도둑질 따위로 돈을 버는 짓. 또는 그 어린이.
앙감질 : 한 발은 들고 한 발로만 뛰어가는 짓.
애오라지 : 겨우. 오로지. ex) 주머니엔 애오라지 만원밖에 없다.
을씨년스럽다 : 날씨나 분위기 따위가 몹시 스산하고 쓸쓸하다. cf) 스산하다 : 쓸쓸하고 으스스하다.
앵돌아지다 : 마음이 토라지다.
영문 : 일이 돌아가는 형편이나 그 까닭. ex) 어찌 된 영문인지 모르겠다.
오롯이 : ① 모자람이 없이 완전하게. ② 아주 조용하고 쓸쓸히.
입찬말 : 자기의 지위나 능력을 믿고 지나치게 장담하는 말.
얼개 : 어떤 사물이나 조직의 전체를 이루는 짜임새. 구조.
용춤 : 남이 추켜올리는 바람에 신이 나서 시키는 대로 하는 짓.
옹골차다 : 속이 꽉 차서 실속이 있다.
엉겁결에 : 자기도 모르는 사이에 갑작스레. ex) 엉겁결에 소리를 질렀다.
예제없이 : 여기나 저기나 구별이 없이.
앙금 : ① 액체의 바닥에 가라앉은 가루 모양의 물질. ② 마음속에 남아 있는 개운치 않은 감정을 비유.
어영부영 : 별 생각 없이 일이 되는대로 행동하는 모양새.
우수리 : 물건값을 제하고 남아 되돌려 주는 돈. =거스름돈.
용하다 : ① 재주가 남달리 뛰어나다. ex) 침술이 용한 의원. ② 성질이 순하고 어리석다.

ex) 겉으로 용해 보여도 화나면 무섭다.
에누리 : 값을 깎음.
억지춘향 : 원치 않는 일을 어쩔 수 없이 하는 것을 이르는 말
어처구니없다 : 너무 엄청나거나 뜻밖이어서 기가 막히다.
얍삽하다 ; 얕은 꾀를 쓰면서 자신의 이익만을 챙기다.
앙짜 : 깐깐하게 행동하고 끈덕지게 샘을 내는 짓. 또는 그런 사람. ex) 앙짜를 부리다.
이골 : 아주 길이 들어서 몸에 깊게 밴 버릇. ex) 이골이 나다.
용심 : 남을 시기하는 심술궂은 마음.
이물 : 배의 머리 쪽. 뱃머리. (반) 고물.
웃풍 : 겨울에 방안의 천장이나 벽 사이로 스며드는 찬 기운. =윗바람.
으르다 : 상대편이 겁을 먹도록 말이나 행동으로 위협하다.
언저리 : ① 둘레의 부근. ② 어떤 나이나 시간의 전후. ex) 그녀의 나이는 서른 언저리다.
역성 : 옳고 그름에는 관계없이 무조건 한쪽만 편드는 일. ex) 역성을 들다.
어버이 : 아버지와 어머니를 함께 이르는 말.
을씨년스럽다 : 날씨나 분위기 따위가 스산하고 쓸쓸한 데가 있다.
엉기성기 : 여기저기가 떠서 빈자리가 많은 모양을 나타내는 말.
앙탈 : 말을 듣지 않고 생떼를 쓰며 고집을 부림. cf) 앙살 : 엄살을 부리며 반항함. 엄살 : 실제보다 부풀려 나타냄.
왈짜 : 언행이 단정하지 못하고 거친 사람. =왈패.
오달지다 : 야무지고 실속이 있다.
양지머리 : 소의 가슴에 붙은 뼈와 살. cf) 차돌박이 : 양지머리뼈의 한복판에 붙은 기름진 고기.

여남은 : 열이 조금 넘는 수.
용빼다 : 큰 힘을 쓰거나 뛰어난 재주를 부리다. ex) 이번 일에는 용빼는 수가 없을 것이다.
오금 : 무릎 관절 안쪽의 오목한 부분.
응달 : 햇볕이 잘 들지 않는 그늘진 곳. (반) 양달.
오두방정 : 몹시 방정맞은 행동. cf) 방정맞다 : 언행이 가볍고 점잖지 못하다.
은사죽음 : 마땅히 보람이 드러나야 할 일이 나타나지 않는 일.
애면글면 : 힘에 겨운 일을 이루려고 온갖 힘을 다하는 모양을 나타내는 말.
웃날 들다 : 흐렸던 날씨가 맑게 개다.
아람 : 밤 따위가 충분히 익어 저절로 떨어질 정도가 된 상태. 또는 그 열매.
웁쌀 : 잡곡으로 밥을 지을 때 위에 조금 얹어 안치는 쌀.
어엿하다 : 행동이 당당하고 떳떳하다. cf) 음전하다 : 언행이 얌전하고 점잖다.
욕지기 : 속이 메스껍고 토할 듯한 느낌.
이승 : 지금 살고 있는 세상. (반) 저승.
아름드리 : 둘레가 한 아름이 넘음. ex) 아름드리 나무. cf) 아름 : 두 팔을 벌려 껴안은 둘레의 길이나 물건의 양.
애물 : 몹시 애를 태우거나 성가시게 구는 물건이나 사람. ex) 그는 애물단지다.

[ㅈ]

지청구 : 까닭 없이 남을 탓하고 원망하는 짓.
좀생이 : 좀스러운 사람이나 자질구레한 물건을 이르는 말.
주눅들다 : 무섭거나 부끄러워 기세가 약해지다.

쟁이다 : 물건을 차곡차곡 포개어 쌓아 두다.

주접떨다 : 상스럽거나 지저분한 말이나 행동을 하다.

잡도리하다 : ① 단단히 준비하거나 대책을 세우다. ② 아주 요란스럽게 닦달하거나 족치다.

재우치다 : 빨리 하도록 다그치다.

정수리 : ① 머리 위에 숨구멍이 있는 자리. ② 사물의 제일 꼭대기 부분을 비유.

자리끼 : 밤에 자다가 마시기 위해 잠자리의 머리맡에 준비해 두는 물.

조카 : 형제나 자매의 자식.

저지레 : 일이나 물건에 문제가 생기게 만들어 그르치는 짓.

짝짜꿍이 : ① 남몰래 꾸미는 계획이나 일. ② 끼리끼리만 어울려 손발을 맞추는 일.

자맥질 : 물속에서 팔다리를 놀리며 떴다 잠겼다 하는 짓.

짠하다 : 어떤 일이나 행동이 후회가 되어 언짢다.

줏대 : 자기의 처지나 생각을 꿋꿋이 지키고 내세우는 기질. cf) 줏대잡이 : 중심이 되는 사람.

주전부리 : ① 끼니 외에 군음식을 자주 먹음. 또는 그런 입버릇. ② 심심풀이로 먹는 음식.

지질하다 : 보잘것없고 변변하지 못하다.

주저리 : 너저분한 물건이 어지럽게 매달리거나 한데 묶여 있는 것.

진저리 : 몹시 귀찮거나 끔찍할 때 몸을 떠는 일. cf) 진절머리 : 심한 진저리.

작살나다 : 완전히 망가지거나 결딴나다.

졸가리 : ① 잎이 다 떨어진 나뭇가지. ② 사물의 군더더기를 다 없애 버린 나머지의 골자.

재갈 : (소리를 내지 못하도록) 말이나 사람의 입에 물리는 물건.

중뿔나다 : 아무 관계없는 남의 일에 주제넘게 참견하다.

종잡다 : 어림짐작으로 헤아려 알아내다. ex) 도무지 종잡을 수가 없다.

재촉 : 어떤 행동이나 일 따위를 남에게 빨리하도록 다그침.

자투리 : 자로 재어 팔거나 재단하다가 남은 천의 조각.

종요롭다 : 없어서는 안될 정도로 매우 긴요하다(꼭 필요하고 중요하다).

잔다리밟다 : 낮은 지위에서부터 높은 지위로 차차 오르다.

장돌림 : 각 처의 장으로 돌아다니며 물건을 파는 장수. 장돌뱅이.

잔달음 : 발걸음을 좁게 자주 떼면서 바삐 달려가는 걸음.

주리다 : 제대로 먹지 못해 배를 곯다.

재강 : 술을 거르고 남은 찌꺼기.

쭉정이 : ① 껍질만 있고 속에 알맹이가 들어 있지 않은 곡식이나 과일의 열매. ② 사람 구실을 제대로 못하는 사람을 비유.

저잣거리 : 가게가 늘어서 있는 거리.

지체 : 어떤 집안이나 개인이 사회에서 차지하고 있는 신분이나 지위. ex) 지체가 높은 집안.

자리보전 : 병이 들어 자리를 깔고 누워서 지냄.

자리매김 : 사회나 집합체에서 인정을 받음으로써 어느 정도 위상을 갖게 됨.

쥐락펴락 : 남을 자기 손아귀에 넣고 마음대로 부리는 모양.

조리돌림 : 죄지은 사람을 끌고 돌아다니면서 망신을 시킴.

저어하다 : 염려하거나 두려워하다.

[ㅊ]

추임새 : 판소리에서 창의 사이사이에 흥을 돋

우기 위해 넣는 소리.
추레하다 : ① 겉모양이 허술하여 보잘것없다. ② 생생한 기운이 없다.
치신없다 : 언행이 경솔해 위엄이나 신망이 없다.
책잡다 : 남의 잘못을 들어 나무라다.
천둥벌거숭이 : 철없이 두려운 줄 모르고 덤벙거리거나 함부로 날뛰는 사람을 이르는 말.
천둥지기 : 물의 근원이 전혀 없어 빗물에 의지하여 경작하는 논. =천수답(天水畓).
치사랑 : 손아랫사람이 손윗사람을 사랑함. 또는 그런 사랑. cf) 내리사랑 : 손윗사람이 손아랫사람을 사랑함. 특히 자식에 대한 부모의 사랑을 이른다.
척지다 : 서로 원한을 품어 미워하거나 대립하게 되다.
추렴(←出斂) : 여러 사람이 돈이나 물건을 나누어 내거나 거둠.
치매기다 : (번호나 번지 따위를) 아래에서 위로 세어 가면서 값이나 차례를 정하다. (반) 내리매기다
초승(←初生) : 음력 매월 초하루부터 며칠 동안을 이르는 말. cf) 그믐 : 그 달의 마지막 날.
책상물림 : 책상 앞에 앉아 공부만 하다가 사회에 나와서 세상물정에 어두운 사람을 이르는 말.

[ㅋ]

콩켸팥켸 : (시루에 떡을 찔 때 어디까지가 콩이고, 어디까지가 팥인지를 구분할 수 없다는 데서 나온 말로) 사물이 뒤섞여 뒤죽박죽된 것을 이르는 말.
켕기다 : 잘못이 있거나 무언가 걸리는 것이 있어서 마음이 편치 않다.
코뚜레 : 소의 코를 꿰뚫어 끼는 나무 고리. 송아지 때부터 고삐를 매는 데 쓴다.
켜켜이 : 여러 겹으로 포개진 것의 각 층마다. ex) 고향집에는 먼지만 켜켜이 쌓여 있었다.

[ㅌ]

토렴 : 밥이나 국수에 뜨거운 국물을 부었다 따랐다 하여 데우는 일.
투미하다 : 어리석고 둔하다.
터럭 : 사람이나 짐승의 몸에 난 길고 굵은 털.
퇴짜(←退字) : 받아들이지 않고 물리치는 일. ex) 퇴짜를 놓다.
텃밭 : ① 집의 울타리 안에 있거나 집 가까이 있는 밭. ② 자신에게 이익이나 승리의 권리가 있다고 믿는 곳을 비유.
테두리 : ① 둘레의 가장자리. ② 일정한 한계나 범위. ex) 법의 테두리를 벗어난 행동.
터무니 : 정당한 근거나 이유. cf) 터무니없다 : 정당한 이유 없이 허황되고 엉뚱하다.
트집 : ① 물건이나 일의 벌어진 틈. ② 남의 조그만 잘못을 들추어 불평을 하거나 말썽을 일으킴. ex) 트집만 잡고 흥정은 뒷전이다.
탄하다 : ① 참견하여 잘잘못을 따지다. ② 따지고 들어 나무라다.

[ㅍ]

품앗이 : 힘든 일을 서로 거들어 주면서 품을 지고 갚고 하는 일. cf) 품 : 일을 하는 데 드는 힘이나 수고.

풍년(豐年)거지 : 모든 사람이 이익을 보는데 자기 혼자만 빠져 이익을 보지 못하는 사람을 이르는 말.

푸대접 : 정성을 들이지 않고 아무렇게나 하는 대접.

풀무 : 불을 피울 때 바람을 일으키는 기구.

푸닥거리 : 무당이 하는 굿의 하나. 간단하게 음식을 차려 놓고 부정이나 살 따위를 푼다.

파임내다 : 일치된 의논에 대해 나중에 딴소리를 하여 그르치다. cf) 그르치다 : 잘못하여 일을 그릇되게 하다.

풋내기 : 경험이 없어서 일에 서투른 사람.

푼푼하다 : 모자람이 없이 넉넉하다.

푹하다 : 춥지 않고 꽤 따뜻하다.

푸념 : 마음속에 품은 불평을 늘어놓음. 또는 그런 말.

[ㅎ]

홰 : ① 닭이나 새가 앉도록 닭장이나 새장 속에 가로지른 나무 막대. ② 벽에 매달아 놓고 옷을 거는 막대.

함진아비 : 혼인 전에 신랑집에서 채단을 넣은 함을 지고 신부집으로 가는 사람.

하릴없다 : ① 달리 어떻게 할 도리가 없다. ② 조금도 틀림이 없다.

함초롬하다 : 모양이 가지런하고 곱다.

해거름 : 해가 서쪽으로 넘어갈 무렵.

해껏 : 해가 넘어갈 때까지.

한데 : 사방과 하늘을 지붕이나 벽 따위로 가리지 않은 곳. =노천(露天), 노지(露地). cf) 한둔 : 한데서 밤을 지냄. =노숙(露宿).

핫아비 : 아내가 있는 남자. (반) 홀아비.

허울 : 실속이 없는 겉모양. cf) 허울좋다 : 실속은 없으면서 겉으로 보기에만 번지르르하다.

희떱다 : ① 속은 보잘것없으나 겉은 호화롭다. ② 가진 것은 없어도 손이 크다.

흐드러지다 : 꽃이 한창 만발하여 매우 탐스럽다. cf) 탐스럽다 : 마음이 끌리도록 보기 좋다.

행짜 : 심술을 부려 남을 해롭게 하는 일. cf) 헤살 : 짓궂게 훼방하는 짓.

화수분 : 재물이 자꾸 생겨서 아무리 써도 줄지 아니함.

한사리 : 매달 음력 보름과 그믐날(마지막 날), 밀물이 가장 높이 들어오는 때.

허방 : 땅바닥이 움푹 패어서 다니다가 빠지기 쉬운 곳. cf) 허방(을) 치다 : 바라던 일이 실패로 돌아가다.

헛방 : 쏘아서 맞히지 못한 총질. cf) 헛장 : 허풍을 치며 떠벌리는 큰소리.

허드레 : 낡거나 허름하고 그다지 중요하지 않아 함부로 쓸 수 있는 것. cf) 허드렛일 : 중요하지 않은 여러 가지 잡일.

해쓱하다 : 얼굴에 핏기가 없고 창백하다.

허섭스레기 : 좋은 것을 골라내고 남은 허름하고 하찮은 물건. =허접쓰레기.

흐벅지다 : 탐스러울 정도로 두툼하고 부드럽다.

헛물켜다 : 이루어지지 않을 일을 두고, 꼭 되려니 하고 헛되이 애를 쓰다.

햇것 : 그 해에 처음 난 것. (햇곡식, 햇나물, 햇밥. 다만 쌀의 경우는 '햅쌀')

한턱 : 남에게 크게 음식을 대접하는 일.

흰소리 : 터무니없이 자랑하거나 허풍을 떠는 말.

홍두깨 : ① 다듬이질하는 데 쓰는, 단단한 나무로 만든 방망이. ② 소의 볼기에 붙은 고기.

허깨비 : ① 마음이 허해 착각이 일어나 어떤 물건이 다른 물건으로 또는 없는 것이 있는 것

처럼 보이는 현상. ② 존재 가치를 인정받지 못하는 사람을 비유.

한술 : (한 숟가락이라는 뜻으로) 얼마 되지 않는 적은 음식을 이르는 말. cf) 한술 더 뜨다 : 이미 있는 것도 어지간한데 거기에서 한 걸음 더 나아가다. (정도가 더 심하다는 의미)

해태(←獬豸) : (시비와 선악을 판단해 안다는 상상의 동물로) 화재와 재앙을 물리친다고 해서 궁전, 절간 등에 사자와 비슷하게 만들어 놓은 조각물.

한통속 : 서로 뜻이 통하는 무리. ex) 그 사람들 모두 한통속이니까 속지 마라.

허투루 : 아무렇게나 마구 되는대로. ex) 돈을 허투루 쓰면 안된다.

휘지다 : 무엇에 시달려 기운이 빠지거나 쇠약해지다.

한풀 : 어느 정도의 끈기나 기세. cf) 한풀 꺾이다 : (한창이던 기세 따위가) 어느 정도 약해지거나 줄다.

회가 동하다 : (사람이 어떤 일에) 구미가 당기거나 욕심이 생기다.

3-1 각종 단위

치 : 한 자의 10분의 1. 약 3.3cm.
자 : 치의 열 배. 약 30.3cm. =척(尺).
간(間) : 6자(약 1.8m).
길 : 8자(약 2.4m) 또는 10자(약 3m).
마장 : 십 리나 오 리 미만의 거리를 이를 때 '리(里)' 대신 쓰는 말.
발 : 길이를 잴 때 두 팔을 펴서 벌린 길이.
홉 : 되의 10분의 1. 약 180밀리리터 cf) 닷곱 : 5홉.
되 : 홉의 10배. 약 1.8리터. cf) 되가웃 : 한 되 반쯤 되는 분량.
말 : 되의 10배. 약 18리터.
섬 : 말의 10배. 약 180리터. =석(石).
마지기 : (한 말의 씨앗을 뿌릴 만한 땅이라는 뜻으로) 보통 논은 200평, 밭은 300평을 한 마지기로 침. cf) 되지기 : 마지기의 10분의 1. 섬지기 : 마지기의 10배.
죽 : 옷이나 그릇 따위의 10벌. ex) 버선 한 죽. 접시 한 죽.
첩(貼) : 한방에서, 약의 봉지 수를 세는 단위.
제(劑) : 한 제는 20첩, 또는 그만한 분량으로 지은 환약. ex) 보약 한 제.
쌈 : ① 바늘 24개. ② 금 100냥.
푼 : ① 한 돈의 10분의 1. ② 한 치의 10분의 1. ③ 1할의 10분의 1.
돈 : 푼의 10배. 약 3.75g.
냥(兩) : 돈의 10배. 약 37.5g.
근(斤) : 600g. 16냥.
할(割) : (사물이나 수량을) 10으로 등분한 것의 비율. ex) 3할(30%).
손 : 물건을 집으면서 셀 때에 한 번 집는 수량. 자반고등어는 2마리. 배추는 2통. 미나리, 파 따위는 한 줌을 이름.
접 : 마늘, 과일 따위의 100개. cf) 거리 : 50개. 즉 두 거리가 한 접.
두름 : ① (조기, 청어 따위의) 물고기 20마리를

10마리씩 두 줄로 엮은 것. ② (고사리 따위 산나물을) 10개씩 엮은 것.

그루 : 식물, 특히 나무를 세는 단위.

축 : 말린 오징어 20마리.

쾌 : 북어 20마리.

타래 : 실이나 끈 등의 뭉치를 세는 단위.

쇄(刷) : 책을 같은 내용으로 다시 출판할 때 횟수를 세는 단위. ex) 초판 5쇄.

우리 : 기와를 세는 단위. 한 우리는 2000장.

강다리 : 쪼갠 장작 100개.

꾸러미 : 달걀 10개.

각(刻) : 15분. 한 시간의 4분의 1.

한나절 : 6시간 정도(하루 낮의 반). =나절.

반나절 : 3시간 정도(한나절의 반). =한겻.

정오(正午) : 낮 12시. cf) 자정(子正) : 밤 12시.

시진(時辰) : 사전적 의미로는 '시간(時間)'과 비슷하나, 일반적으로 두 시간 정도를 가리킴. 하루(1일). 이틀(2일). 사흘(3일). 나흘(4일). 닷새(5일). 엿새(6일). 이레(7일). 여드레(8일). 아흐레(9일) 열흘(10일). cf) 초(初)가 붙으면 순서의 의미. 초하루 : 그 달의 첫째 날. 초이틀 : 그 달의 둘째 날. 초사흘 : 그 달의 셋째 날.

보름 : ① 열닷새(15일) 동안. ② '보름날(그 달의 열다섯째 되는 날)'의 준말. ex) 정월 보름.

달포 : 한 달 이상이 되는 동안. ex) 떠난 지 달포가 되도록 소식이 없다.

분기(分期) : 한 해를 석 달씩 넷으로 나눈 기간.

해소수 : 한 해가 좀 넘는 동안. =해포.

평(坪) : 토지 면적의 단위(3.3㎡).

정보(町步) : 3000평. '정(町)'과 같은 말. ex) 100정보의 임야.

한두 : 수량이 하나나 둘. =한둘.

두세 : 둘이나 셋. =두셋.

두서너 : 둘이나 셋 또는 넷. =두서넛.

서너 : 셋이나 넷. =서넛.

네댓 : 넷이나 다섯. =네다섯.

대여섯 : 다섯이나 여섯.

여남은 : 열 가량으로부터 열이 좀 넘는 수.

3-2 순화어

대상어	순화어	순화 대상어	순화어
가두(街頭)	길거리	부락(部落)	마을
가드레일	보호난간	붐	유행
가료(加療)	치료, 고침	사보타주	태업
간선도로	중심도로	흑태(黑太)	검은콩
감안	고려, 생각	수순	차례
학부형(學父兄)	학부모	스캔들	추문
견양(見樣)	서식, 본보기	스크린 도어	안전문
고수부지(高水敷地)	둔치	시건장치(施鍵裝置)	잠금장치
고참	선임	시방서(示方書)	설명서

03. 고유의 우리말

대상어	순화어	순화 대상어	순화어
골반(骨盤)	엉덩뼈	파랑(波浪)	물결
공지(空地)	빈터	아웃소싱	외주
귀책사유	책임사유	앙꼬	팥소
글로벌 스탠더드	국제기준, 국제표준	어젠다	의제순화
나대지(裸华地)	빈 집터, 공터	에어필터	공기여과기
납득	이해	오뎅	어묵
네티즌	누리꾼	와사비	고추냉이
노가다	노동자, 막일꾼	요추(腰椎)	허리등뼈
노변(路邊)	길가	요하다	필요로 하다
다대기	다진 양념	은닉하다	숨기다
다마네기	양파	인터체인지	나들목
단도리	채비, 단속	잔반(殘飯)	음식 찌꺼기
데드라인	마감	핀트	초점
도합(都合)	모두, 합계	(원칙에) 준하다	(원칙에) 따르다
레시피	조리법	함바	현장식당
레자	인조가죽	처녀 출전	첫 출전
로드맵	청사진	체결하다	맺다
로케	현지 촬영	(절차를) 취하다	(절차를) 밟다
리스크	위험	카파라치	교통신고꾼
화목(火木)	땔나무	캐릭터	개성
머니 론더링	돈세탁, 자금세탁	커버	덮개
무데뽀	막무가내, 무모	쿠사리	면박, 핀잔
미싱	재봉틀	해태(懈怠)	게으름
발레파킹	대리주차	타개해 나가다	헤쳐 나가다
아싸리	차라리	팸플릿	서식, 보기판
잉꼬부부	원앙부부	트렌드	경향, 추세
옵서버	참관인	제로베이스	원점
유도리	융통성	잔고(殘高)	나머지 금액
저간	요즈음	태스크포스	전략팀
팁	봉사료	필터	여과지
피사체(被寫體)	대상물체		
하명(下命)	명령		
하시(何時)	언제		
해소(解消)되다	없어지다		

04 모양이 비슷한 한자

常(보통 상) : 常識(상식)
堂(집 당) : 高堂(고당, 남의 집의 높임말)
當(마땅할 당) : 當然(당연)
掌(손바닥 장) : 合掌(합장)
裳(치마 상) : 衣裳(의상)

重(무거울 중) : 輕重(경중), 重厚(중후)
動(움직일 동) : 動搖(동요), 勞動(노동)
種(씨 종) : 雜種(잡종), 種類(종류)

童(아이 동) : 童話(동화)
憧(동경할 동) : 憧憬(동경)
瞳(눈동자 동) : 瞳孔(동공)
撞(두드릴 당) : 自家撞着(자가당착)
鐘(쇠북 종) : 鐘閣(종각), 警鐘(경종)

倫(인륜 륜) : 倫理(윤리)
淪(빠질 륜) : 淪落(윤락)
綸(다스릴 륜) : 經綸(경륜)
輪(바퀴 륜) : 輪禍(윤화 : 교통사고)
論(논의할 론) : 論議(논의)

囚(가둘 수) : 罪囚(죄수)
因(인할 인) : 原因(원인), 因緣(인연)
困(곤할 곤) : 疲困(피곤), 貧困(빈곤)

澤(윤 택, 은혜 택) : 光澤(광택), 惠澤(혜택)
擇(가릴 택) : 選擇(선택)
譯(통역할 역) : 通譯(통역)

驛(정거장 역) : 驛長(역장)
釋(풀 석, 풀릴 석) : 解釋(해석), 釋放(석방)

咳(기침 해) : 咳嗽(해수 : 기침)
該(넓을 해) : 該博(해박)
骸(뼈 해) : 骸骨(해골)
核(알맹이 핵) : 核心(핵심)
劾(캐물을 핵) : 彈劾(탄핵)
刻(새길 각, 모질 각) : 彫刻(조각), 刻薄(각박)

黑(검을 흑) : 黑白(흑백)
墨(먹 묵) : 墨畵(묵화)
默(말없을 묵) : 沈默(침묵)
點(점 점) : 長點(장점), 汚點(오점)
黨(무리 당) : 政黨(정당)

寺(절 사) : 寺刹(사찰)
侍(모실 시) : 侍從(시종)
時(때 시) : 時節(시절), 時調(시조)
詩(시 시) : 詩集(시집)
待(기다릴 대, 대할 대) : 待機(대기), 待接(대접)
持(가질 지) : 持論(지론), 持續(지속)
特(특별할 특) : 特別(특별)
峙(산 우뚝 설 치) : 對峙(대치)

及(미칠 급) : 普及(보급), 言及(언급)
汲(바쁠 급) : 汲汲(급급)
扱(다룰 급) : 取扱(취급)
級(등급 급) : 階級(계급), 進級(진급)

04. 모양이 비슷한 한자

莫(아닐 막) : 莫上莫下(막상막하)
漠(사막 막) : 沙漠(사막)
摸(찾을 모) : 摸索(모색)
模(본뜰 모) : 模倣(모방)
寞(고요할 막) : 寂寞(적막)

募(모을 모) : 募集(모집)
暮(저물 모) : 歲暮(세모)
慕(사모할 모) : 追慕(추모)
墓(무덤 묘) : 省墓(성묘)
幕(휘장 막) : 帳幕(장막)

秀(빼어날 수) : 秀才(수재)
透(통할 투) : 透明(투명), 透徹(투철)
誘(꾈 유) : 誘惑(유혹), 誘拐(유괴)

咸(다 함) : 咸集(함집, 모두 모임)
喊(고함지를 함) : 喊聲(함성)
減(덜 감) : 減員(감원)
鍼(침 침) : 鍼術(침술)
感(느낄 감) : 感想(감상)

幹(줄기 간) : 幹部(간부)
斡(돌 알) : 斡旋(알선)
翰(편지 한) : 書翰(서한)
戟(창 극) : 刺戟(자극)

喝(꾸짖을 갈) : 喝破(갈파)
渴(목마를 갈) : 枯渴(고갈)
揭(높이들 게) : 揭揚(게양)
謁(아뢸 알) : 謁見(알현), 拜謁(배알)
歇(쉴 헐) : 間歇泉(간헐천)
葛(칡 갈) : 葛藤(갈등)

至(지극할 지) : 至誠感天(지성감천)
姪(조카 질) : 姪婦(질부 : 조카며느리)
室(집 실) : 內室(내실)
屋(집 옥) : 家屋(가옥)
窒(막을 질) : 窒息(질식)

成(이룰 성) : 成就(성취), 成功(성공)
城(성 성) : 城廓(성곽)
誠(정성 성) : 精誠정성), 誠實(성실)
盛(성할 성) : 盛衰(성쇠), 盛況(성황)

叔(아재비 숙) : 叔父(숙부)
淑(맑을 숙) : 貞淑(정숙), 淑女(숙녀)
菽(콩 숙) : 菽麥(숙맥 : ① 콩과 보리.
  ② 어리석은 사람.)
寂(고요할 적) : 靜寂(정적)
督(감독할 독) : 監督(감독)

病(병들 병) : 病弊(병폐), 病菌(병균)
疾(병 질, 빠를 질) : 疾病(질병), 疾走(질주)
症(병 증세 증) : 症勢(증세)
疫(전염병 역) : 免疫(면역), 防疫(방역)
痼(고질 고) : 痼疾病(고질병)
癌(암 암) : 胃癌(위암)
痕(흔적 흔) : 痕迹(흔적), 傷痕(상흔)

深(깊을 심) : 深夜(심야), 深奧(심오)
探(찾을 탐) : 探究(탐구), 探索(탐색)

奇(기이할 기) : 奇蹟(기적)
崎(산길 험할 기) : 崎嶇(기구, 순탄하지 못함)
畸(불구 기) : 畸形兒(기형아)
騎(말탈 기) : 騎士(기사)

寄(부칠 기, 붙여 살 기) : 寄附金(기부금), 寄生(기생)

到(이를 도) : 到着(도착), 殺到(쇄도)
倒(넘어질 도, 거꾸로 도) : 倒產(도산), 倒置(도치)
致(이룰 치) : 致富(치부), 致賀(치하)
緻(빽빽할 치) : 緻密(치밀)

寒(찰 한) : 寒波(한파)
塞(요새 새, 막을 색) : 要塞(요새), 拔本塞源(발본색원)

風(바람 풍) : 風波(풍파)
楓(단풍나무 풍) : 丹楓(단풍)
諷(빗대어 말할 풍) : 諷刺(풍자)
颱(거센 바람 태) : 颱風(태풍)

貫(꿸 관) : 貫通(관통), 貫徹(관철)
慣(익숙할 관) : 慣習(관습)
實(열매 실, 실제 실) : 果實(과실), 實存(실존)

屈(굽힐 굴) : 屈服(굴복)
掘(팔 굴) : 採掘(채굴), 發掘(발굴)
窟(굴 굴) : 洞窟(동굴)

番(차례 번) : 當番(당번), 番號(번호)
蕃(무성할 번) : 蕃盛(번성)
審(살필 심) : 審査(심사), 審判(심판)
播(씨뿌릴 파) : 播種(파종), 傳播(전파)

渫(칠 설) : 浚渫(준설, 밑바닥에 멘 것을 파냄)
諜(염탐할 첩) : 間諜(간첩)
牒(편지 첩) : 請牒(청첩), 通牒(통첩)

葉(잎 엽) : 落葉(낙엽)

頌(칭송할 송) : 稱頌(칭송)
頒(반포할 반) : 頒布(반포)
領(다스릴 령) : 領土(영토)

官(벼슬 관) : 官吏(관리), 官廳(관청)
棺(관 관) : 入棺(입관)
館(집 관) : 旅館(여관), 公館(공관)
管(관리할 관) : 管理(관리)

求(구할 구) : 要求(요구), 追求(추구)
球(구슬 구) : 地球(지구)
救(구원할 구) : 救援(구원), 救濟(구제)

帥(장수 수, 거느릴 수) : 元帥(원수), 統帥權(통수권)
師(스승 사) : 恩師(은사)

朱(붉을 주) : 朱紅(주홍)
珠(구슬 주) : 眞珠(진주)
株(그루 주) : 株式(주식)
誅(벨 주) : 苛斂誅求(가렴주구)
殊(다를 수) : 特殊(특수)

飢(주릴 기) : 飢饉(기근), 飢餓(기아)
飯(밥 반) : 飯酒(반주)
飮(마실 음) : 過飮(과음)
飾(꾸밀 식) : 修飾(수식), 裝飾(장식)
飼(먹일 사) : 飼育(사육)

徑(지름길 경) : 捷徑(첩경)
經(경서 경, 겪을 경) : 經典(경전), 經驗(경험)
輕(가벼울 경, 깔볼 경) : 輕率(경솔), 輕蔑(경멸)

瑞(상서로울 서) : 瑞光(서광)
端(끝 단, 실마리 단) : 極端(극단), 端緒(단서)
喘(기침 천) : 喘息(천식)

憐(불쌍히 여길 련) : 憐憫(연민)
隣(이웃 린) : 隣接(인접), 善隣(선린)
燐(도깨비불 린) : 燐光(인광)
鱗(비늘 린) : 片鱗(편린, 작은 일부분)

味(맛 미) : 味覺(미각), 妙味(묘미)
昧(흐릴 매) : 曖昧(애매), 愚昧(우매)
妹(누이 매) : 男妹(남매)

俳(광대 배) : 俳優(배우)
徘(거닐 배) : 徘徊(배회)
排(물리칠 배) : 排斥(배척), 排擊(배격)
輩(무리 배) : 同年輩(동년배)

立(설 립) : 獨立(독립), 立證(입증)
位(자리 위) : 位置(위치)
拉(끌고 갈 랍) : 拉致(납치)
泣(울 읍) : 泣訴(읍소, 울면서 하소연함)

銳(날카로울 예) : 銳敏(예민), 尖銳(첨예)
鈍(둔할 둔) : 鈍感(둔감), 鈍濁(둔탁)

委(맡길 위) : 委任(위임), 委託(위탁)
倭(왜국 왜) : 倭風(왜풍, 일본의 풍속)
矮(난쟁이 왜) : 矮小(왜소)
萎(시들 위) : 萎縮(위축)

登(오를 등) : 登山(등산), 登錄(등록)
燈(등불 등) : 街路燈(가로등)

澄(맑을 징) : 淸澄(청징)
證(증거 증) : 證據(증거), 證憑(증빙)

音(소리 음) : 音樂(음악)
暗(어두울 암) : 暗澹(암담)
諳(욀 암) : 暗記(암기), 暗誦(암송)

雪(눈 설, 씻을 설) : 雪景(설경), 雪辱(설욕)
雲(구름 운) : 風雲(풍운), 雲集(운집)
雷(우뢰 뢰) : 雷聲(뇌성)
電(번개 전) : 電光石火(전광석화)
零(떨어질 령, 작을 령) : 零落(영락, 세력이 줄어듦) 零細民(영세민)

發(필 발) : 發達(발달), 發揮(발휘)
潑(활발할 발) : 活潑(활발)
廢(폐할 폐) : 廢棄(폐기), 廢墟(폐허)

獨(홀로 독) : 孤獨(고독), 獨裁(독재)
濁(흐릴 탁) : 混濁(혼탁)
觸(닿을 촉) : 觸覺(촉각)
燭(촛불 촉) : 華燭(화촉) cf) 화촉을 밝히다 : 결혼식을 올리다.

鬼(귀신 귀) : 鬼神(귀신), 鬼才(귀재)
傀(꼭두각시 괴) : 傀儡(괴뢰)
魂(넋 혼) : 魂魄(혼백)
魄(넋 백) : 魂飛魄散(혼비백산)
魅(호릴 매) : 魅力(매력), 魅惑(매혹)
魁(우두머리 괴) : 魁首(괴수)
蒐(모을 수) : 蒐輯(수집)

捕(잡을 포) : 逮捕(체포), 捕獲(포획)
浦(물가 포) : 浦口(포구)

逋(도망갈 포) : 稅金逋脫(세금포탈)
鋪(가게 포) : 店鋪(점포)
補(도울 보) : 補充(보충), 補藥(보약)

斬(벨 참, 매우 참) : 斬首(참수, 목을 벰), 斬新(참신, 매우 새로움)
漸(나아갈 점) : 漸進(점진)
慚(부끄러워할 참) : 慚愧(참괴, 부끄럽게 여김)
暫(잠깐 잠) : 暫時(잠시), 暫定(잠정)

谷(굴 곡) : 溪谷(계곡)
俗(풍속 속) : 風俗(풍속), 俗世(속세)
裕(넉넉할 유) : 富裕(부유), 餘裕(여유)

朝(아침 조, 왕조 조) : 朝刊(조간), 王朝(왕조)
潮(조수 조) : 潮流(조류)
嘲(조롱할 조) : 嘲弄(조롱)
廟(사당 묘) : 宗廟(종묘)

炎(불꽃 염) : 暴炎(폭염)
淡(묽을 담) : 弄談(농담)
談(말씀 담) : 談話(담화), 相談(상담)

合(합할 합) : 合倂(합병)
洽(윤택할 흡) : 洽足(흡족)
恰(흡사할 흡) : 恰似(흡사)
拾(주울 습) : 拾得(습득), 收拾(수습)
給(줄 급) : 供給(공급), 給與(급여)
答(대답할 답, 갚을 답) : 答辯(답변), 報答(보답)

某(아무 모) : 某種(모종)
謀(꾀할 모) : 謀略(모략), 圖謀(도모)
媒(중매 매) : 媒介體(매개체)
煤(그을음 매) : 煤煙(매연)

者(놈 자) : 筆者(필자)
緖(실마리 서) : 端緖(단서)
諸(모두 제) : 諸君(제군)
都(도읍 도) : 首都(수도)
暑(더울 서) : 避暑(피서)
署(관청 서, 서명할 서) : 官公署(관공서), 署名(서명)
著(뚜렷할 저, 지을 저) : 顯著(현저), 著述(저술)
奢(사치 사) : 奢侈(사치)

黃(누를 황) : 黃昏(황혼)
橫(가로 횡, 사나울 횡) : 縱橫(종횡), 橫暴(횡포)
廣(넓을 광) : 廣闊(광활), 廣告(광고)
擴(늘릴 확) : 擴大(확대)
鑛(쇳돌 광) : 鑛山(광산)

援(도울 원) : 援助(원조), 應援(응원)
緩(느슨할 완) : 緩和(완화)
煖(따뜻할 난) : 煖房(난방)

偏(치우칠 편) : 偏見(편견)
遍(두루 편) : 普遍的(보편적)
編(엮을 편) : 編成(편성), 編輯(편집)
篇(책 편) : 長篇(장편)

員(인원 원) : 構成員(구성원)
損(잃을 손) : 損傷(손상), 損失(손실)
賞(상줄 상) : 賞罰(상벌)
償(갚을 상) : 補償(보상)
圓(둥글 원) : 圓滿(원만), 圓熟(원숙)

能(능할 능) : 才能(재능), 能率(능률)
罷(파할 파) : 罷免(파면), 罷業(파업)

04. 모양이 비슷한 한자

態(모양 태) : 態度(태도), 狀態(상태)
熊(곰 웅) : 熊膽(웅담)

肖(닮을 초) : 肖像畵(초상화)
消(꺼질 소) : 消滅(소멸)
逍(노닐 소) : 逍風(소풍)
哨(보초 설 초) : 哨所(초소)
削(깎을 삭) : 削減(삭감)

旣(이미 기) : 旣得權(기득권)
漑(물 댈 개) : 灌漑施設(관개시설)
慨(분개할 개) : 慨歎(개탄)
槪(대개 개, 절개 개) : 槪要(개요), 節槪(절개)

識(알 식) : 知識(지식), 識見(식견)
職(직분 직) : 職責(직책), 職業(직업)
織(짤 직) : 組織(조직)
幟(기 치) : 旗幟(기치, 내세우는 주장)

直(곧을 직) : 直接(직접)
値(값 치) : 價値(가치)
植(심을 식) : 移植(이식)
殖(번식할 식) : 繁殖(번식)
置(둘 치) : 位置(위치), 放置(방치)

眞(참 진) : 眞理(진리), 眞實(진실)
愼(삼갈 신) : 愼重(신중)
塡(메울 전) : 充塡(충전)
鎭(진압할 진) : 鎭壓(진압)
顚(처음 전, 넘어질 전) : 顚末(전말), 顚覆(전복)

害(해칠 해) : 殺害(살해), 妨害(방해)
轄(다스릴 할) : 管轄(관할)
割(나눌 할) : 割當(할당), 割引(할인)

折(꺾을 절) : 挫折(좌절), 折衷(절충)
逝(갈 서) : 逝去(서거)
哲(밝을 철) : 明哲(명철), 哲學(철학)
誓(맹세할 서) : 誓約(서약), 宣誓(선서)

交(사귈 교) : 交流(교류), 交換(교환)
校(학교 교) : 校訓(교훈)
較(견줄 교) : 比較(비교)
狡(교활할 교) : 狡猾(교활)
郊(들 교) : 郊外(교외), 近郊(근교)
效(효험 효) : 效能(효능), 效果(효과)

券(문서 권) : 證券(증권), 旅券(여권)
卷(책 권) : 卷頭言(권두언)
倦(게으를 권) : 倦怠(권태)
捲(걷을 권) : 捲土重來(권토중래)
圈(우리 권) : 勢力圈(세력권)

列(벌일 렬) : 列擧(열거), 序列(서열)
例(법식 례) : 慣例(관례), 例外(예외)
烈(매울 렬) : 猛烈(맹렬), 烈士(열사)
裂(찢을 렬) : 破裂(파열), 分裂(분열)

則(법 칙) : 規則(규칙), 罰則(벌칙)
側(곁 측) : 側面(측면), 側近(측근)
惻(슬퍼할 측) : 惻隱(측은)
測(측량할 측) : 觀測(관측), 推測(추측)

壽(목숨 수) : 壽命(수명)
疇(무리 주) : 範疇(범주)
躊(머뭇거릴 주) : 躊躇(주저)
鑄(부어 만들 주) : 鑄造(주조)
濤(큰 물결 도) : 波濤(파도)

禱(빌 도) : 祈禱(기도)

章(글 장) : 文章(문장)
障(막힐 장) : 障壁(장벽), 障礙(장애)
彰(밝을 창) : 表彰(표창)

僑(객지에 살 교) : 僑胞(교포)
橋(다리 교) : 架橋(가교), 橋梁(교량)
矯(바로잡을 교) : 矯正(교정)
驕(교만할 교) : 驕慢(교만)
嬌(아리따울 교) : 嬌態(교태), 愛嬌(애교)

吉(길할 길) : 吉凶禍福(길흉화복)
結(맺을 결) : 結婚(결혼), 結果(결과)
詰(힐난할 힐) : 詰難(힐난, 트집을 잡아 따지고 듦)

海(바다 해) : 海洋(해양)
悔(뉘우칠 회) : 悔恨(회한)
侮(업신여길 모) : 侮辱(모욕)
梅(매화 매) : 梅花(매화)

街(거리 가) : 街路樹(가로수)
術(재주 술) : 技術(기술), 藝術(예술)
衝(부딪칠 충) : 衝突(충돌)
衡(평평할 형) : 均衡(균형)
衛(막을 위) : 防衛(방위)

噴(뿜을 분) : 噴水(분수)
憤(분할 분) : 憤慨(분개)
墳(무덤 분) : 墳墓(분묘)

權(권세 권) : 權限(권한), 權威(권위)
勸(권할 권) : 勸奬(권장)

觀(볼 관, 생각 관) : 觀察(관찰), 觀念(관념)
歡(기뻐할 환) : 歡迎(환영), 歡待(환대)

需(구할 수) : 需要(수요)
儒(선비 유) : 儒林(유림), 儒敎(유교)
懦(나약할 나) : 懦弱(나약)

包(쌀 포) : 包圍(포위), 包容(포용)
泡(물거품 포) : 水泡(수포)
抱(안을 포) : 抱負(포부), 懷抱(회포)
胞(태보 포) : 同胞(동포)
砲(대포 포) : 砲火(포화)
飽(배부를 포) : 飽和(포화, 가득 참)

昔(옛 석) : 今昔之感(금석지감)
借(빌 차) : 借款(차관), 借用(차용)
措(베풀 조) : 措置(조치)
惜(아낄 석) : 哀惜(애석), 惜別(석별)
錯(어긋날 착) : 錯誤(착오)

儉(검소할 검) : 儉素(검소)
檢(검사할 검) : 檢問(검문)
險(험할 험) : 險難(험난), 冒險(모험)
驗(시험할 험) : 試驗(시험), 經驗(경험)
劍(칼 검) : 劍術(검술)

祖(할아비 조) : 祖上(조상)
租(세금 조) : 租稅(조세)
組(짤 조) : 組織(조직)
粗(거칠 조) : 粗雜(조잡)
沮(막을 저) : 沮止(저지)
詛(저주할 저) : 詛呪(저주)

是(옳을 시) : 是非(시비), 是認(시인)

堤(방죽 제) : 堤防(제방)
提(내놓을 제) : 提供(제공)
題(표제 제) : 主題(주제), 命題(명제)

渾(세찰 혼) : 渾身(혼신)
運(돌 운, 운수 운) : 運動(운동), 運命(운명)
揮(휘두를 휘) : 指揮(지휘), 發揮(발휘)

膠(아교 교) : 膠着狀態(교착상태)
謬(그릇될 류) : 誤謬(오류)
戮(죽일 륙) : 殺戮(살육), 屠戮(도륙)

龍(용 룡) : 龍頭蛇尾(용두사미)
寵(사랑할 총) : 寵愛(총애)
籠(농 롱, 들어박힐 롱) : 籠絡(농락), 籠城(농성)
壟(언덕 롱) : 國政壟斷(국정농단)
聾(귀먹을 롱) : 聾啞(농아)
襲(엄습할 습, 인할 습) : 襲擊(습격), 世襲(세습)

醉(취할 취) : 心醉(심취), 陶醉(도취)
醒(깰 성) : 覺醒(각성)
酷(혹독할 혹) : 冷酷(냉혹)
醜(더러울 추) : 醜態(추태), 醜聞(추문)

申(납 신) : 申告(신고), 申請(신청)
伸(펼 신) : 伸張(신장)
神(귀신 신) : 神靈(신령), 精神(정신)
紳(큰 띠 신) : 紳士(신사)

豊(풍성할 풍) : 豊盛(풍성)
禮(예도 례) : 禮儀(예의), 禮節(예절)
體(몸 체) : 體系(체계), 體驗(체험)
艶(고울 염) : 妖艶(요염), 艶聞(염문)

古(예 고) : 古宮(고궁), 古風(고풍)
枯(마를 고) : 枯渴(고갈)
姑(시어미 고) : 姑婦(고부)
苦(괴로울 고) : 苦悶(고민)
固(굳을 고) : 固守(고수), 頑固(완고)

土(흙 토) : 鄕土(향토), 土着(토착)
士(선비 사) : 士農工商(사농공상)
仕(섬길 사) : 奉仕(봉사)

步(걸음 보) : 步道(보도), 步調(보조)
涉(건널 섭) : 交涉(교섭), 涉外(섭외)
頻(자주 빈) : 頻度(빈도), 頻繁(빈번)

皮(가죽 피) : 表皮(표피)
波(물결 파) : 波濤(파도), 風波(풍파)
披(펼 피) : 披瀝(피력)
被(입을 피) : 被害(피해), 被襲(피습)
破(깨뜨릴 파) : 破壞(파괴)
頗(치우칠 파) : 偏頗(편파)
疲(고달플 피) : 疲勞(피로)

亡(망할 망) : 亡國(망국), 死亡(사망)
忙(바쁠 망) : 忙中閑(망중한)
忘(잊을 망) : 忘却(망각)
妄(망령될 망) : 妄想(망상)
盲(소경 맹) : 色盲(색맹), 盲從(맹종)

監(볼 감) : 監督(감독), 監修(감수)
鑑(거울 감, 살필 감) : 龜鑑(귀감), 鑑賞(감상)
濫(넘칠 람) : 氾濫(범람), 濫用(남용)
覽(볼 람) : 觀覽(관람)

鄕(시골 향) : 故鄕(고향), 鄕愁(향수)

響(울릴 향) : 影響(영향)
饗(잔치할 향) : 饗宴(향연)

憂(근심 우) : 憂慮(우려), 憂愁(우수)
優(넉넉할 우) : 優勢(우세)
擾(요란할 요) : 騷擾(소요)

貞(곧을 정) : 貞操(정조), 貞淑(정숙)
負(짐질 부) : 負擔(부담), 負債(부채)
貢(바칠 공) : 朝貢(조공), 貢獻(공헌)

責(임무 책, 꾸짖을 책) : 責任(책임), 責望(책망)
債(빚 채) : 債務(채무), 債權(채권)
積(쌓을 적) : 積善(적선)
績(공 적) : 功績(공적)
蹟(자취 적) : 遺蹟(유적), 奇蹟(기적)
*跡, 迹과 같은 자.

疑(의심할 의) : 懷疑(회의)
擬(비길 의) : 模擬裁判(모의재판)
凝(엉길 응) : 凝固(응고)
礙(막을 애) : 障礙(장애), 拘礙(구애)

族(겨레 족) : 民族(민족), 族譜(족보)
旋(돌 선, 돌아올 선) : 旋風(선풍), 凱旋(개선)
施(베풀 시) : 施行(시행), 施設(시설)
旅(나그네 려) : 旅行(여행)
旗(기 기) : 國旗(국기)

僧(중 승) : 僧侶(승려)
增(더할 증) : 增大(증대)
憎(미워할 증) : 憎惡(증오)
贈(줄 증) : 贈與(증여), 寄贈(기증)
層(층 층) : 階層(계층)

堅(굳을 견) : 堅固(견고), 堅實(견실)
緊(팽팽할 긴) : 緊急(긴급), 緊張(긴장)
賢(어질 현) : 賢明(현명)

偶(우연 우, 허수아비 우) : 偶然(우연), 偶像(우상)
遇(만날 우, 대접할 우) : 遭遇(조우), 待遇(대우)
愚(어리석을 우) : 愚昧(우매)
寓(부칠 우) : 寓話(우화) ex) 이솝 우화.

唯(오직 유) : 唯一(유일)
惟(생각할 유) : 思惟(사유)
維(맬 유) : 維持(유지)
堆(쌓을 퇴) : 堆積(퇴적)
推(밀 추, 추측할 추) : 推薦(추천), 推測(추측)
稚(어릴 치) : 幼稚(유치)
雜(섞일 잡) : 雜念(잡념)

祭(제사 제) : 祭祀(제사)
際(사귈 제) : 交際(교제), 國際的(국제적)
察(살필 찰) : 觀察(관찰), 考察(고찰)

失(잃을 실) : 紛失(분실), 失敗(실패)
迭(바꿀 질) : 更迭(경질)
秩(차례 질) : 秩序(질서)
跌(넘어질 질) : 蹉跌(차질)

壞(무너질 괴) : 破壞(파괴), 崩壞(붕괴)
懷(품을 회) : 懷疑(회의), 懷抱(회포)

悅(기쁠 열) : 喜悅(희열)
說(말씀 설) : 說敎(설교), 說明(설명)
脫(벗을 탈) : 脫線(탈선), 脫退(탈퇴)

稅(세금 세) : 關稅(관세)

構(얽을 구) : 構成(구성), 構想(구상)
購(살 구) : 購買(구매), 購讀(구독)
講(강론할 강, 화해할 강) : 講義(강의), 講和(강화)

狀(형상 상) : 狀況(상황), 狀態(상태)
將(장수 장) : 將帥(장수)
壯(웅장할 장) : 壯觀(장관)
莊(장중할 장) : 莊嚴(장엄)
裝(꾸밀 장) : 裝飾(장식), 裝備(장비)

徐(천천히 할 서) : 徐行(서행)
除(덜 제) : 除去(제거), 削除(삭제)
途(길 도) : 前途洋洋(전도양양)
餘(남을 여) : 餘暇(여가), 餘波(여파)

支(지탱할 지) : 支援(지원)
枝(가지 지) : 枝葉(지엽, 사물의 중요하지 않은 부분)
技(재주 기) : 技術(기술)
妓(기생 기) : 妓生(기생)
岐(가닥 나뉠 기) : 岐路(기로), 分岐點(분기점)

決(정할 결) : 決定(결정)
抉(도려 낼 결) : 剔抉(척결)
訣(이별할 결, 비결 결) : 訣別(결별), 祕訣(비결)
缺(이지러질 결) : 缺點(결점)

漫(질펀할 만, 흩어질 만) : 漫談(만담), 散漫(산만)
慢(거만할 만, 게으를 만) : 倨慢(거만), 怠慢(태만)

蔓(퍼질 만) : 蔓延(만연)

主(주인 주) : 地主(지주)
住(살 주) : 住居(주거), 住民(주민)
注(정신 쏟을 주) : 注視(주시)
註(주 낼 주) : 註解書(주해서)
往(갈 왕) : 往來(왕래)

戀(사모할 련) : 戀慕(연모)
變(변할 변, 재앙 변) : 變節(변절), 變故(변고)
蠻(오랑캐 만) : 野蠻(야만), 蠻行(만행)
灣(물굽이 만) : 港灣(항만)

虎(범 호) : 龍虎相搏(용호상박)
虐(사나울 학) : 虐待(학대)
虔(삼갈 건) : 敬虔(경건)
虛(빌 허) : 虛無(허무), 虛慾(허욕)
處(곳 처, 처리할 처) : 處所(처소), 處理(처리)

投(던질 투) : 投票(투표), 投機(투기)
役(일 역) : 使役(사역), 役割(역할)
設(베풀 설) : 設立(설립), 設計(설계)

犬(개 견) : 忠犬(충견)
伏(엎드릴 복) : 伏兵(복병)
太(클 태) : 太古(태고), 太平(태평)
汰(씻을 태) : 沙汰(사태), 淘汰(도태)

貨(재화 화) : 財貨(재화), 貨幣(화폐)
貸(빌릴 대) : 貸借(대차), 賃貸(임대)
賃(품팔이 임) : 賃金(임금)

徒(무리 도) : 徒黨(도당), 暴徒(폭도)
徙(옮길 사) : 移徙(이사)

從(좇을 종) : 服從(복종)
縱(세로 종, 방자할 종) : 縱橫(종횡), 放縱(방종)
慫(권할 종) : 慫慂(종용)

靑(푸를 청) : 靑雲(청운), 靑春(청춘)
淸(맑을 청) : 淸潔(청결), 淸廉(청렴)
請(청할 청) : 請願(청원), 請託(청탁)
情(뜻 정) : 感情(감정)
精(마음 정, 깨끗할 정) : 精神(정신), 精華(정화)
猜(시기할 시) : 猜忌(시기)

今(이제 금) : 今時初聞(금시초문)
念(생각 념) : 念願(염원), 槪念(개념)
令(명령할 령) : 命令(명령)
冷(찰 랭) : 冷凍(냉동), 冷淡(냉담)

更(고칠 경) : 更新(경신)
硬(굳을 경) : 强硬策(강경책)
便(편할 편) : 便利(편리), 便宜(편의)

問(물을 문) : 問答(문답)
間(사이 간) : 間隔(간격), 間接(간접)
聞(들을 문) : 見聞(견문), 風聞(풍문)
開(열 개) : 開放(개방), 開拓(개척)
閉(닫을 폐) : 閉會(폐회), 閉鎖(폐쇄)
閑(한가할 한) : 閑暇(한가)
閥(문벌 벌) : 門閥(문벌), 財閥(재벌)
闊(넓을 활) : 廣闊(광활), 闊步(활보)

勞(수고로울 로, 위로할 로) : 勞動(노동),
    慰勞(위로)
榮(영화로울 영) : 榮華(영화)
營(경영할 영, 진영 영) : 經營(경영), 兵營(병영)

各(각각 각) : 各種(각종), 各自(각자)
格(격식 격) : 格式(격식), 品格(품격)
略(간략할 략, 노략질할 략) : 省略(생략),
    侵略(침략)
賂(뇌물 뢰) : 賂物(뇌물)
客(손 객) : 觀客(관객), 客觀(객관)
閣(누각 각, 내각 각) : 樓閣(누각), 閣僚(각료)

仰(우러를 앙) : 推仰(추앙), 信仰(신상)
抑(누를 억) : 抑壓(억압), 抑留(억류)
迎(맞을 영) : 迎賓(영빈), 歡迎(환영)

護(보호할 호) : 保護(보호)
穫(거둘 확) : 收穫(수확)
獲(얻을 획) : 獲得(획득)

布(베 포, 펼 포) : 布木(포목), 公布(공포)
怖(두려워 할 포) : 恐怖(공포)
希(바랄 희) : 希望(희망)
稀(드물 희) : 稀貴(희귀), 稀薄(희박)

倍(곱 배) : 倍加(배가)
培(북돋을 배) : 栽培(재배)
陪(도울 배) : 陪審員(배심원)
賠(배상할 배) : 損害賠償(손해배상)

書(글 서) : 書籍(서적)
晝(낮 주) : 晝耕夜讀(주경야독)
畵(그림 화) : 畵家(화가), 畵壇(화단)
劃(그을 획) : 區劃(구획)

差(어긋날 차) : 差別(차별)
羞(부끄러워할 수) : 羞恥(수치)

着(붙을 착, 시작할 착) : 着想(착상), 着工(착공)

俊(준걸 준) : 俊傑(준걸), 俊秀(준수)
峻(높을 준, 엄할 준) : 峻嶺(준령), 峻嚴(준엄)
竣(마칠 준) : 竣工(준공)
悛(고칠 전) : 改悛(개전)
唆(부추길 사, 넌지시 알릴 사) : 敎唆(교사),
　示唆(시사)

足(발 족, 넉넉할 족) : 手足(수족), 洽足(흡족)
促(재촉할 촉) : 促進(촉진)
捉(잡을 착) : 捕捉(포착)

弊(폐단 폐) : 弊端(폐단), 病弊(병폐)
幣(돈 폐) : 貨幣(화폐)
蔽(가릴 폐) : 掩蔽(엄폐)

化(화할 화) : 敎化(교화), 感化(감화)
花(꽃 화) : 花園(화원)
訛(거짓말 와) : 訛傳(와전)

復(회복할 복) : 復歸(복귀)
腹(배 복) : 腹痛(복통)
複(겹칠 복) : 重複(중복), 複雜(복잡)
覆(엎을 복) : 顚覆(전복)
履(밟을 리) : 履行(이행), 履歷書(이력서)

形(형상 형) : 地形(지형), 形式(형식)
刑(형벌 형) : 刑罰(형벌), 刑事(형사)
型(본보기 형) : 典型(전형)
荊(가시 형) : 荊棘(형극, 괴로움)

相(서로 상) : 相對(상대), 相續(상속)
想(생각할 상) : 回想(회상)

箱(상자 상) : 箱子(상자)
霜(서리 상, 세월 상) : 秋霜(추상, 엄격함),
　星霜(성상, 세월)

景(경치 경) : 景致(경치), 景觀(경관)
憬(동경할 경) : 憧憬(동경)
影(그림자 영) : 影響(영향)

坐(앉을 좌) : 坐禪(좌선)
挫(꺾을 좌) : 挫折(좌절)
座(자리 좌) : 座席(좌석), 座右銘(좌우명)

義(옳을 의, 뜻 의) : 正義(정의), 廣義(광의)
儀(거동 의) : 儀式(의식), 儀禮(의례)
議(의논할 의) : 論議(논의), 議題(의제)

單(홀 단) : 單一(단일), 簡單(간단)
禪(고요할 선) : 參禪(참선)
憚(꺼릴 탄) : 忌憚(기탄, 어렵게 여겨 꺼림)
彈(탄할 탄) : 指彈(지탄), 彈壓(탄압)
戰(싸울 전, 두려워 떨 전) : 戰術(전술),
　戰慄(전율)

倉(곳집 창) : 倉庫(창고)
槍(창 창) : 槍劍(창검)
創(비롯할 창) : 創造(창조)
蒼(푸를 창) : 蒼空(창공)

偉(위대할 위) : 偉人(위인)
違(어길 위) : 違反(위반), 非違(비위)
緯(씨 위) : 經緯(경위)
衛(호위할 위) : 防衛(방위)
圍(둘레 위) : 範圍(범위), 包圍(포위)

長(길 장) : 長短(장단)
帳(휘장 장) : 帳幕(장막)
張(베풀 장) : 擴張(확장), 誇張(과장)

老(늙을 로) : 元老(원로), 老熟(노숙)
孝(효도 효) : 孝誠(효성)
考(상고할 고) : 考察(고찰), 考慮(고려)

嘔(토할 구) : 嘔吐(구토)
嶇(험할 구) : 崎嶇(기구)
謳(노래할 구) : 謳歌(구가)
軀(몸 구) : 體軀(체구)
驅(몰 구) : 驅使(구사), 驅逐(구축)

揚(높일 양) : 止揚(지양), 讚揚(찬양)
陽(볕 양) : 太陽(태양), 陽地(양지)
場(마당 장) : 場所(장소)
暢(통할 창) : 和暢(화창), 暢達(창달)
湯(끓일 탕) : 湯藥(탕약)
蕩(방탕할 탕) : 放蕩(방탕)

分(나눌 분) : 分野(분야), 分別(분별)
扮(꾸밀 분) : 扮裝(분장)
粉(가루 분) : 粉末(분말), 粉碎(분쇄)
紛(어지러울 분) : 紛爭(분쟁), 紛亂(분란)

象(코끼리 상) : 象徵(상징)
像(형상 상) : 肖像(초상)
豫(미리 예) : 豫感(예감), 豫測(예측)

擢(뽑을 탁) : 拔擢(발탁)
濯(빨래할 탁) : 洗濯(세탁)
曜(요일 요) : 土曜日(토요일)
躍(뛸 약) : 躍動(약동), 躍進(약진)

勝(이길 승) : 勝利(승리), 勝敗(승패)
謄(베낄 등) : 謄本(등본)
騰(오를 등) : 騰落(등락)

限(한정 한) : 限界(한계), 限定(한정)
恨(한할 한) : 怨恨(원한), 恨歎(한탄)
退(물러날 퇴) : 退步(퇴보), 隱退(은퇴)
根(뿌리 근) : 根本(근본), 根據(근거)

般(일반 반) : 一般(일반), 全般(전반)
搬(운반할 반) : 運搬(운반), 搬出(반출)
盤(받침 반) : 基盤(기반), 盤石(반석)

興(일어날 흥) : 興亡(흥망)
輿(많을 여) : 輿論(여론)
與(줄 여, 참여할 여) : 授與(수여), 參與(참여)
舉(들 거) : 擧手(거수), 列擧(열거)
譽(기릴 예) : 名譽(명예)

佛(부처 불) : 佛敎(불교)
彿(비슷할 불) : 彷彿(방불)
拂(떨칠 불, 치를 불) : 拂拭(불식), 支拂(지불)
沸(끓을 비) : 沸騰(비등)

建(세울 건) : 建設(건설)
健(건강할 건) : 健康(건강), 健全(건전)
鍵(자물쇠 건) : 關鍵(관건)

喩(비유할 유) : 比喩(비유)
愉(즐거울 유) : 愉快(유쾌)
揄(희롱할 유) : 揶揄(야유)
輸(실어낼 수) : 輸出(수출)

低(낮을 저) : 低俗(저속), 低調(저조)
抵(막을 저) : 抵抗(저항)
邸(집 저) : 邸宅(저택)
底(밑 저) : 底力(저력), 徹底(철저)

方(모 방) : 方法(방법), 方向(방향)
彷(거닐 방) : 彷徨(방황)
防(막을 방) : 防禦(방어), 防備(방비)
訪(찾을 방) : 訪問(방문), 探訪(탐방)
妨(방해할 방) : 妨害(방해)
放(내칠 방) : 追放(추방)

羊(양 양) : 羊頭狗肉(양두구육)
洋(큰 바다 양, 서양 양) : 大洋(대양), 洋服(양복)
詳(자세할 상) : 詳細(상세)
祥(상서로울 상) : 祥瑞(상서)

舌(혀 설) : 毒舌家(독설가)
活(살 활) : 生活(생활), 活動(활동)
話(말할 화) : 對話(대화), 話題(화제)

週(돌 주) : 週期(주기)
稠(빽빽할 조) : 稠密(조밀)
調(고를 조) : 調停(조정), 調和(조화)
彫(새길 조) : 彫刻(조각)

暴(사나울 폭) : 暴徒(폭도), 暴露(폭로)
瀑(폭포 폭) : 瀑布(폭포)
爆(폭발할 폭) : 爆發(폭발)

卒(군사 졸, 마칠 졸) : 卒兵(졸병), 卒業(졸업)
悴(파리할 췌) : 憔悴(초췌)
碎(부술 쇄) : 粉碎(분쇄)
粹(순수할 수) : 純粹(순수)

萃(모을 췌) : 拔萃(발췌)

奉(받들 봉) : 奉仕(봉사), 奉養(봉양)
俸(봉급 봉) : 俸給(봉급)
棒(몽둥이 봉) : 棍棒(곤봉)

無(없을 무) : 無念無想(무념무상)
撫(어루만질 무) : 撫摩(무마)
蕪(거칠 무) : 荒蕪地(황무지)
舞(춤출 무) : 舞踊(무용), 亂舞(난무)

懺(뉘우칠 참) : 懺悔(참회)
殲(몰살할 섬) : 殲滅(섬멸)
纖(가늘 섬) : 纖細(섬세)
籤(제비 첨) : 抽籤(추첨)

反(반대할 반) : 反對(반대)
返(돌이킬 반) : 返還(반환)
版(인쇄 판) : 出版(출판)
販(팔 판) : 販賣(판매)

小(작을 소) : 小品(소품)
少(적을 소) : 少數(소수)
沙(모래 사) : 沙漠(사막)
妙(묘할 묘) : 妙味(묘미)
省(살필 성) : 省察(성찰)

水(물 수) : 水平線(수평선)
氷(얼음 빙) : 氷山(빙산), 氷點(빙점)
永(길 영) : 永久(영구), 永遠(영원)
泳(헤엄칠 영) : 水泳(수영)

05 중요한 한자어

[ㄱ]

改革(개혁) : (정치·사회제도 등을) 근본적으로 바꾸어 새롭게 함. (비) 혁신(革新), 혁파(革罷), 변혁(變革).

古稀(고희) : 두보의 곡강시(曲江詩) '人生七十古來稀'(사람의 나이 일흔은 예로부터 드문 일)에서 나온 말로 70세를 가리키는 말. =從心(종심).

光復(광복) : 빼앗긴 땅과 주권을 도로 찾음. cf) 광명(光明) : '앞날의 밝은 희망'을 비유하여 이르는 말. 해방(解放) : 구속이나 억압, 속박을 풀어 자유롭게 함.

共和制(공화제) : 국가의 의사가 다수의 국민에 의해 결정되는 정치 형태. cf) 군주제(君主制) : 세습의 군주를 국가의 원수로 하는 체제.

巨木(거목) : ① 매우 큰 나무. ② '큰 인물'을 비유하여 이르는 말. cf) 거두(巨頭) : 영향력이 크며 중요한 자리에 있는 사람. ex) 문학계의 거두.

講和(강화) : 전쟁 상태에 있던 나라들이 조약을 맺어 평화로운 상태로 되돌아가는 일. (비) 화친(和親). cf) 화해(和解) : 다툼을 그치고 안 좋은 감정을 풀어 없앰.

姑婦(고부) : 시어머니와 며느리. cf) 子婦(자부) : 며느리. 翁姑(옹고) : 시아버지와 시어머니. 翁壻(옹서) : 장인과 사위.

假說(가설) : 어떤 현상을 설명하기 위해 이용하는, 아직 증명되지 않은 이론. cf) 통설(通說) : 세상에 널리 알려지거나 인정되어 있는 학설.

旗幟(기치) : ① 군중(軍中)에서 쓰는 기. ② 어떤 일에 대한 분명한 태도. 또는 주의나 주장. ex) 평화통일의 기치를 내걸다.

傾倒(경도) : ① 기울어 넘어짐. ② 어떤 일에 열중하여 정신을 쏟음. 또는 인물이나 사상 따위에 열중함. ex) 실존주의에 경도되다.

江湖(강호) : ① 강과 호수. ②자연(自然). ③세상(世上).

曲學(곡학) : 바른 길에서 벗어난 학문. cf) 곡필(曲筆) : 사실을 그릇되게 씀.

高名(고명) : 상대편을 높이어 그의 이름을 이르는 말. cf) 高堂(고당) : '남의 부모'나 '남의 집'을 높여서 이르는 말.

可觀(가관) : ① 경치 따위가 볼만함. ex) 설악산 단풍이 가관이다. ② 하는 짓이 꼴불견임. ex) 잘난 체하는 꼴이 정말 가관이다. cf) 가당(可當) : 합당함. 걸맞음. ex) 가당찮은 변명만 늘어놓다.

價性比(가성비) : 가격 대비 성능의 비율. 어떤 품목이나 상품에 대해 정해진 시장 가격에서 기대할 수 있는 성능이나 효율의 정도를 말한다.

公聽會(공청회) : 국가나 공공단체가 중요 안건을 의결하기 전에 국민이나 이해관계자 및 전문가 등으로부터 공개 석상에서 의견을 듣는 제도. 또는 그런 모임.

麒麟兒(기린아) : 슬기와 재주가 남달리 뛰어난 젊은이.

苦肉策(고육책) : (자기 몸을 상해 가면서까지 짜내는 계책이라는 뜻으로) 어려운 상태를 벗어나기 위해 어쩔 수 없이 꾸미는 계책을 이르는 말.

口頭(구두) : 마주 대하여 입으로 하는 말. ex) 구두로 보고하다. cf) 口頭禪(구두선) : 실행이 따르지 않는 빈말.

開明(개명) : 사람의 지혜가 열리고 문화가 발달함. =개화(開化).

膠着(교착) : ① 단단히 달라붙음. ② 어떤 상태로 고정돼 좀처럼 변화가 없게 됨. ex) 회담이 교착 상태에 빠지다. cf) 梗塞(경색) : 사물이 잘 소통되지 않고 꽉 막힘. ex) 경색된 정국.

堅持(견지) : 어떤 견해나 입장 따위를 굳게 지킴. (비) 固守(고수). ex) 자기 주장을 끝까지 견지하다. cf) 見地(견지) : 어떤 사물을 판단하거나 관찰하는 입장. =관점(觀點). ex) 교육적 견지에서 바라보다.

乾坤(건곤) : 하늘과 땅을 아울러 이르는 말. =천지(天地).

闕位(궐위) : 어떤 직위나 관직 따위가 빔. 또는 그런 자리. cf) 闕席(궐석) : 출석하지 않음. =결석(缺席). ex) 궐석재판.

過負荷(과부하) : 일이 너무 많은 상태. ex) 동료가 퇴직하는 바람에 일에 과부하가 걸렸다.

國粹(국수) : 한 나라나 국민의 고유한 역사, 문화, 국민성 등에 나타난 우수성. cf) 정수(精髓) : 사물의 본질을 이루는 가장 중요한 부분. (비) 진수(眞髓). ex) 민족 문화의 정수.

季嫂(계수) : 아우의 아내. =弟嫂(제수). cf) 계씨(季氏) : 상대방의 아우를 높여 이르는 말.

鷄肋(계륵) : '닭의 갈비'라는 뜻으로, 별로 소용은 없으나 버리기에는 아까운 물건을 비유.

槿域(근역) : 무궁화나무가 많은 땅, 즉 우리나라를 일컫는 말. =靑丘(청구). 海東(해동).

開闢(개벽) : ① 세상이 처음 열림. ② 새로운 시대가 시작됨. ③ 천지가 어지럽게 뒤집힘.

戒嚴(계엄) : 전쟁이나 비상사태가 발생했을 때 군대로 어떤 지역을 경계하며, 사법·행정권을 계엄사령관이 관할하는 일. cf) 위수(衛戍) : 일정한 지역의 안전과 질서 유지를 위해 군대가 장기간 머무르면서 경비하는 일.

更張(경장) : ① 사물이 해이된 것을 고쳐 긴장하게 함. ② 정치적·사회적으로 낡은 제도를 고쳐 새롭게 함. ex) 갑오경장(甲午更張).

格言(격언) : 인생에 대한 교훈이나 경계가 되는 짧은 말. 속담이나 금언 따위. cf) 금언(金言) : 삶에 본보기가 될 만한 귀중한 내용을 담고 있는 짤막한 어구.

詭辯(궤변) : 이치에 맞지 않는 말을 이치에 맞는 것처럼 억지로 꾸며대는 말. ex) 궤변을 늘어놓다.

寄生(기생) : 스스로의 힘에 의하지 않고 남에게 기대 살아가는 일. cf) 妓生(기생) : 노래·춤 등으로 흥을 돋우는 일을 업으로 삼던 여자. 기녀(妓女).

驅逐(구축) : 어떤 세력(勢力)이나 해로운 것을 몰아냄. ex) 악화(惡貨)가 양화(良貨)를 구축하다. cf) 構築(구축) : 구조물 등을 쌓아 올려 만듦.

九秋(구추) : 가을철의 90일 동안을 이르는 말. =삼추(三秋). cf) 九春(구춘) : 봄철의 90일 동안.

群像(군상) : 떼를 지어 모여 있는 많은 사람. ex) 온갖 군상이 망라된 대하소설. cf) 표상(表象) : 대표적인 상징. 본보기.

金字塔(금자탑) : 후세에까지 빛날 훌륭한 업적을 이르는 말. ex) 금자탑을 세우다.

鬼才(귀재) : 세상에 드문 재능, 또는 그런 재능을 가진 사람. (비) 기재(奇才).

紀元(기원) : ① (역사상의) 햇수를 세는 기준이 되는 해. ex) 기원 이전은 '기원 전 몇 년'으로, 이후는 '서기(西紀) 몇 년'으로 셈. ② 나라를 세운 첫 해. ex) 단군 기원. ③ 새로운 출발이 되는 시점. ex) 인류 역사의 새로운 기원.

關鍵(관건) : ① 문빗장과 자물쇠. ② 문제를 해결하기 위해 꼭 있어야 하는 것. ex) 성공을 위한 관건.

公館(공관) : ① 공공의 건물. ② 정부 고위 관리의 저택. =관저(官邸). ex) 총리 공관. ③ 대사관·공사관·영사관 등을 통틀어 이르는 말. ex) 해외 공관.

客員(객원) : 어떤 일에 직접적인 책임이나 상관이 없이 참여하는 사람. 또는 손님으로 대우받으며 참여한 사람. cf) 객지(客地) : 자기 고장을 떠나 임시로 있는 곳.

國是(국시) : (국민 전체의 의사로 결정된) 국가 이념이나 국가 정책의 기본 방침. ex) 우리의 국시는 자유 민주주의다. cf) 국체(國體) : 주권이 누구에게 있느냐에 따라 구분되는 국가의 형태. 군주국, 공화국 등으로 나뉜다.

孤獨(고독) : ① 외롭고 쓸쓸함. ② 부모 없는 어린아이와 자식 없는 늙은이. cf) 고립(孤立) : ① 홀로 떨어져 있음. ② 남과 어울리지 못해 외톨이가 됨.

角逐(각축) : (서로 이기려고) 맞서 싸움. cf) 호각(互角) : 양쪽의 역량이 엇비슷함. 두각(頭角) : (머리의 끝이란 뜻에서) 재능이나 학식, 기술 따위가 남보다 특히 뛰어남. ex) 두각을 드러내다.

檄文(격문) : ① 세상 사람들을 선동하거나 의분을 고취시키려고 쓴 글. ② 급히 여러 사람에게 알리려고 여러 곳에 보내는 글. =격서(檄書). ex) 격문을 띄우다.

謳歌(구가) : (노래를 부른다는 뜻으로) 무엇을 즐겨 누리는 것을 비유적으로 이르는 말. ex) 자유를 구가하다. cf) 선구자(先驅者) : 일이나 사상에서 다른 사람보다 앞선 사람. 구사(驅使) : 말이나 수사법, 기교, 수단 따위를 자유자재로 다루어 씀. ex) 언어 구사 능력.

刮目(괄목) : (짐작했던 것보다 발전한 정도가 대단해) 눈을 비비고 다시 봄. ex) 괄목할 만한 성과를 거두다.

公僕(공복) : (국민에 대한 봉사자라는 뜻으로) '공무원'을 달리 이르는 말. cf) 충복(忠僕) : 윗사람을 충직하게 받들어 모시는 사람. (비) 심복(心腹).

關門(관문) : ① 국경이나 요새 등을 드나들 수 있는 길목. ex) 나라의 관문. ② 어떤 일을 하려면 반드시 거쳐야 하는 중요한 대목. ex) 어려운 관문을 통과하다. cf) 난관(難關) : ① 통과하기 어려운 관문. ② 해결하기 어려운 사태나 상황. (비) 역경(逆境).

謹愼(근신) : ① 언행을 삼가고 조심함. ② 처벌로서, 일정한 기간 동안 출근이나 등교, 집무 따위를 하지 않고 언행을 조심함. ex) 업무를 잘못해 근신 처분을 받다.

姑息(고식) : (근본적인 해결이 아닌) 일시적인 임시변통. ex) 고식지계(姑息之計).

軌跡(궤적) : ① 수레바퀴가 지나간 자국. ② 선인(先人)의 행적. ③ 자취. cf) 軌道(궤도) : ① 물체가 일정한 법칙에 따라 운행하는 경로. ex) 우주선이 궤도에 진입하다. ② 일이 정상적으로 진행돼 가는 방향. ex) 정상 궤도에 오르다.

官製(관제) : 정부에서 만드는 일. 또는 만든 그 물건. (반) 사제(私製). ex) 관제 데모.

傾倒(경도) : ① 기울어 넘어짐. ② 어떤 일이나 인물·사상 따위에 열중해 온 정신을 쏟음. (비) 경주(傾注). ex) 실존주의에 경도되다.

骨肉(골육) : ① 뼈와 살. ② 부모와 자식 또는 형제자매 등의 가까운 혈족. =혈육(血肉).

蓋然性(개연성) : 절대적으로 확실하지는 않으나 대개 그럴 것이라고 생각되는 성질. cf) 필연(必然) : 반드시 그렇게 됨.

官僚(관료) : 국가 기관에서 일을 하는 공무원. cf) 官僚主義(관료주의) : (관료가 국민에게 봉사해야 하는 본연의 자세를 떠나) 국민의 의사를 무시하고 권위적·독선적 태도를 취하는 것.

根幹(근간) : ① 뿌리와 줄기를 아울러 이르는 말. ② 사물의 바탕이나 중심이 되는 중요한 것.

舊臘(구랍) : 지난해의 마지막 달. cf) 제야(除夜) : 한 해의 마지막 날 밤.

杞憂(기우) : 앞일에 대한 쓸데없는 걱정. 옛날 중국의 기(杞)나라에 살던 한 사람이 하늘이 무너질까봐 침식을 잊고 걱정했다는 고사에서 온 말.

貴下(귀하) : ① 편지에서, 상대방을 높여 이름 다음에 붙여 쓰는 말. ② 상대방을 높여 이름 대신 부르는 말. cf) 귀중(貴中) : 편지나 물품을 받을 대상이 단체일 때 쓰는 말.

諫言(간언) : 윗사람에게 옳지 않은 일이나 잘못된 일을 고치도록 말함. cf) 조선 시대에는 사간원(司諫院)이라는 독립된 부서가 있어서 여기에 소속된 간관(諫官)들이 왕의 과오를 시정하도록 간언을 하였다.

潰滅(궤멸) : 조직이나 기구 등이 무너져서 완전히 없어짐. (비) 붕괴(崩壞). ex) 그 사건으로 보수 진영이 궤멸 상태에 빠졌다.

起承轉結(기승전결) : 한시(漢詩)를 구성하는 방식의 하나로, 기(起)는 시를 시작하는 부분, 승(承)은 이어받아 전개하는 부분, 전(轉)은 변화를 주고, 결(結)은 마무리하는 부분이다.

[ㄴ]

濫觴(남상) : 사물의 시초. 양자강과 같은 큰 강도 술잔을 띄울 만한 조그만 샘물에서 시작되었다는 말에서 유래.

納涼(납량) : 여름철에 더위를 피해 서늘함을 맛봄. ex) 납량 특집극.

壟斷(농단) : 이익이나 권리를 독차지함. 어떤 사람이 시장의 높은 곳에 올라가 사방을 둘러보고 물건을 사 모아 비싸게 팔아 이익을 독점하였다는 데서 유래. 〈맹자〉의 공손추(公孫丑)에 나오는 말이다. ex) 국정 농단. cf) 籠絡(농락) : 남을 속여 제 마음대로 놀리거나 이용함.

樂觀(낙관) : 앞날을 밝고 희망적으로 내다봄. (반) 비관(悲觀), cf) 달관(達觀) : 사소한 일에 얽매이지 않는 경지에 이르는 일. 달견(達見) : 사리에 밝거나 뛰어난 의견.

冷戰(냉전) : 직접적으로 무력을 사용하지 않고, 경제나 외교 따위를 수단으로 하는 국제적 대립.

錄取(녹취) : 음성 따위의 내용을 녹음함, 또는 녹음한 것을 글로 옮겨 기록함.

落穗(낙수) : (추수 뒤에 떨어져 있는 이삭처럼) 어떤 일의 뒷이야기를 비유적으로 이르는 말. cf) 낙수효과(落水效果) : (물이 위에서 아래로 떨어지듯이) 대기업이 성장하면 연관된 중

소기업이 성장하고 새로운 일자리가 많이 창출돼 서민 경제도 좋아지는 효과.

烙印(낙인) : ① 불에 달구어 찍는 쇠도장. ② 불명예스러운 평가나 판정을 비유. cf) 각인(刻印) : ① 도장을 새김. ② 뚜렷하게 기억돼 오래 잊히지 않음.

落馬(낙마) : 말에서 떨어짐. 흔히, 불의의 사고로 지위를 잃거나 선거에서 떨어지는 것을 비유. cf) 낙담(落膽) : 일이 뜻대로 되지 않아 기운이 풀림. 낙후(落後) : 어떤 기준에 이르지 못하고 뒤떨어짐.

老益壯(노익장) : 나이는 들었으나 기력은 더욱 좋아짐. ex) 노익장을 과시하다. cf) 노파심(老婆心) : 남의 일에 대해 지나치게 걱정하는 마음. ex) 노파심에서 타이르는 말.

[ㄷ]

當爲(당위) : 마땅히 그렇게 하거나 되어야 하는 것. ex) 당위성. 당위적 결과. cf) 타당(妥當) : 사리에 맞아 옳음. (비) 온당(穩當).

同盟(동맹) : 둘 이상의 개인이나 단체, 또는 국가가 공동의 목적을 위해 동일한 행동을 취하기로 한 약속이나 조직체. 또는 그런 관계를 맺음. cf) 맹방(盟邦) : 동맹을 맺은 나라. 맹약(盟約) : ① 굳게 맹세한 약속. ② 동맹국 사이의 조약.

棟梁(동량) : ① 기둥과 들보. ② 나라의 기둥이 될 만한 인물. ex) 장차 나라의 동량이 될 어린이들.

踏襲(답습) : 예로부터 해 오던 방식이나 수법을 좇아 그대로 행함. cf) 답보(踏步) : 일이 진행되지 않고 그대로 머물러 있음. ex) 답보 상태.

塗炭(도탄) : (진흙이나 숯불과 같은 데에 빠졌다는 뜻으로) 몹시 고통스러운 지경을 이르는 말. ex) 실정(失政)으로 국민들이 도탄에 빠졌다.

代案(대안) : 어떤 안(案)을 대신하는 안. ex) 대안을 제시하다. cf) 대책(對策) : (어떤 일에) 대처할 계획이나 수단. ex) 대책을 강구(講究)하다.

大長程(대장정) : 아주 먼 길을 감.

獨步(독보) : (어떤 분야에서) 남이 따를 수 없을 정도로 앞서 감. cf) 독특(獨特) : 특별히 다름.

都給(도급) : 당사자 가운데 한쪽이 어떤 일을 완성할 것을 약속하고, 상대편이 그 일의 결과에 대해서 일정한 보수를 지급하기로 하는 계약. (비) 청부(請負). cf) 하청(下請) : 도급 받은 일의 전부나 일부를 다시 제3자가 맡는 일.

大業(대업) : ① 큰 사업. ex) 남북통일의 대업. ② 나라를 세우는 일. cf) 대가(大家) : 학문이나 기예 등 전문 분야에 조예가 깊은 사람. =거장(巨匠). 위업(偉業) : 위대한 사업이나 업적.

大字報(대자보) : 주로 대학가나 단체에서 자신들의 주장이나 홍보를 위해 큰 글자로 써서 붙이는 게시물. 중국 인민이 자신의 견해를 주장하기 위하여 붙이는 대형의 게시물에서 유래한다.

大乘(대승) : 이타주의에 의해 널리 인간 전체의 구제를 주장하는 적극적인 불법(佛法). cf) 대승적(大乘的) : 사사로운 이익이나 작은 일에 얽매이지 않고 전체적인 관점에서 판단하고 행동하는 것. (비) 대국적(大局的). ex) 대승적 견지에서 정치를 하라.

團拜(단배) : 여러 사람이 한자리에 모여 절을 함. ex) 신년 단배식.

登龍門(등용문) : (잉어가 중국 황허강 상류의 급류인 용문을 오르면 용이 된다는 전설에서 유래한 것으로) 어려운 관문을 통과해 크게 출세하게 됨. 또는 그 관문을 이르는 말. cf) 등용(登用) : 인재를 골라 뽑아서 씀. (비) 기용(起用).

當身(당신) : ① 부부간에 서로 상대방을 가리키는 말. ② 맞서 싸울 때나 언쟁할 때 상대방을 얕잡아 가리키는 말. cf) 형씨(兄氏) : 잘 알지 못하는 사이에서, 상대를 조금 높여 이르는 2인칭 대명사. =노형(老兄).

道德(도덕) : 인간이 지켜야 할 도리나 바람직한 행동 규범. (비) 윤리(倫理). 도의(道義).

度外視(도외시) : 상관하지 않거나 무시함. ex) 그의 말을 도외시하다.

瀆職(독직) : 어떤 직책에 있는 사람이 그 직책을 더럽힘. 특히, 공무원이 그 지위나 직권을 남용해 뇌물을 받는 따위의 부정한 행위를 저지르는 것을 이른다. cf) 청렴(淸廉) : 마음이 깨끗하여 재물 욕심이 없음. 청백리(淸白吏) : 청렴한 관리.

茶飯事(다반사) : 차 마시는 일이나 밥 먹는 일과 같이, 일상에서 늘 일어나 대수롭지 않은 일. =항다반(恒茶飯).

[ㅁ]

明年(명년) : 내년. 이듬해. =익년(翌年). cf) 명일(明日) : 내일. 명후일(明後日) : 모레.

矛盾(모순) : 말이나 행동의 앞뒤가 서로 맞지 않음. 중국 초나라의 상인이 창과 방패를 팔면서 창은 어떤 방패로도 막지 못한다고 하고 방패는 어떤 창으로도 뚫지 못한다고 해, 앞뒤가 맞지 않은 말을 하였다는 데서 유래.

彌縫策(미봉책) : (꿰매어 깁는 계책이라는 뜻으로) 잘못된 일을 근본적으로 고치지 않고 임시적으로 모면하기 위한 계책(計策). cf) 봉합(縫合) : ① 외상(外傷)으로 갈라진 자리를 꿰매어 붙임. ② 이견이나 갈등 따위를 가라앉히는 것을 비유. ex) 당과 간의 갈등을 봉합하다.

免罪符(면죄부) : 책임이나 죄를 면죄해 주는 조치 따위를 이르는 말.

名分(명분) : ① 사람이 도덕적으로 지켜야 할 도리. ex) 대의명분. ② 표면상의 이유나 구실.

木鐸(목탁) : ① 염불할 때 치는 기구. ② 세상 사람을 깨우쳐 바르게 이끄는 사람이나 기관을 비유. ex) 참된 언론은 사회의 목탁이다.

民草(민초) : 일반 국민을 질긴 생명력을 가진 잡초에 비유해 이르는 말. cf) 서민(庶民) : ① 경제적으로 넉넉지 못한 생활을 하는 사람. ② 일반 사람.

牧歌(목가) : 전원생활을 주제로 한 서정적이고 소박한 시가(詩歌). ex) 목가적인 풍경.

門外漢(문외한) : (어떤 일에 대한) 전문적인 지식이 없거나 직접 관계가 없는 사람.

門中(문중) : 성(性)과 본(本)이 같은 집안. =종중(宗中). cf) 門閥(문벌) : 대대로 내려오는 그 집안의 사회적 신분이나 지위.

命名(명명) : (사람이나 물건 따위에) 이름을 지어 붙임.

網羅(망라) : (물고기를 잡는 그물과 날짐승을 잡는 그물이란 뜻에서) 널리 빠짐없이 모음. ex) 국내외 명작들을 망라한 문학 전집.

微誠(미성) : ① 조그마한 정성. ② (흔히 남에

게 물건을 보낼 때) 자신의 정성을 겸손하게 이르는 말. =微意(미의).

蜜月(밀월) : ① (꿀처럼 달콤한 달이라는 뜻으로) 결혼 직후의 달콤한 시기를 비유. ② 친밀한 관계를 비유. cf) 공생(共生) : 서로 도우며 함께 생활함.

亡命(망명) : ① 정치나 사상, 종교 등의 이유로 자기 나라에서 탄압이나 위협을 받는 사람이 다른 나라로 몸을 피함. ② 죽을죄를 지은 사람이 몰래 멀리 달아남.

名目(명목) : 겉으로 내세우는 형식상의 구실이나 근거. ex) 이 돈은 인건비 명목으로 나간다. cf) 면목(面目) : ① 남을 대할 만한 체면(體面). ex) 면목이 없다. ② 사람이나 사물의 겉모습. ex) 면목을 새롭게 하다. 명색(名色) : 실속 없이 허울만 좋은 이름.

幕後(막후) : 겉으로 드러나지 않은 뒤편. =배후(背後). ex) 막후에서 영향력을 행사하다. cf) 막료(幕僚) : 계획의 입안이나 시행 따위의 일을 보좌하는 사람. (비) 참모(參謀). 내막(內幕) : 겉으로 드러나지 않은 일의 사정이나 실상.

馬脚(마각) : (말의 다리라는 뜻으로) 숨기고 있던 일이나 본래 모습을 비유. cf) 失脚(실각) : 세력을 잃고 지위에서 물러남. ex) 추문으로 실각하다.

母胎(모태) : ① 어미의 태 안. ② 사물의 발생 ③ 발전의 근거가 되는 토대를 비유적으로 이르는 말.

貿易(무역) : 나라와 나라 사이에 물품을 사고파는 일. (비) 교역(交易). 통상(通商).

未曾有(미증유) : 아직까지 한 번도 본 적이 없음. =전대미문(前代未聞). ex) 미증유의 사건.

物望(물망) : 여러 사람이 인정하거나 우러러보는 명망(名望). ex) 총리 물망에 오른 사람.

[ㅂ]

鼻祖(비조) : ① 한 겨레나 가계의 맨 처음이 되는 조상. (비) 시조(始祖). ② 어떤 학문이나 기술 따위를 가장 먼저 시작한 사람.

反芻(반추) : ① 되새김질. ② 지나간 일을 되풀이하여 기억하고 음미함. ex) 그가 남긴 말을 반추해 보다.

分數(분수) : ① 자기 신분에 맞는 한도. ex) 분수에 넘치는 사치. ② 사물을 분별하는 지혜. ex) 분수가 없는 사람. cf) 과분(過分) : 분수에 넘침.

伏魔殿(복마전) : (마귀가 숨어 있는 곳이라는 뜻으로) 나쁜 일을 꾀하는 무리들이 모이거나 활동하는 곳을 비유적으로 이르는 말.

分水嶺(분수령) : ① 경계가 되는 산마루나 산맥. ② 일이 결정되는 고비나 전환점을 비유하는 말. ex) 인생의 중요한 분수령이 되다.

本末(본말) : ① 사물의 근간이 되는 부분과 지엽적인 부분. ② 일의 처음과 끝. ex) 본말이 전도되다. cf) 전말(顚末) : 어떤 일이나 사건이 진행되어 온 처음부터 끝까지 경위. ex) 사건의 전말이 드러나다.

浮動層(부동층) : 선거나 투표 따위에서, 어느 쪽을 선택할지 결정하지 못했거나 바꿀 생각이 있는 계층.

伯仲(백중) : ① 맏이와 둘째를 아울러 이르는 말. ② 재주나 기술 따위가 서로 비슷하여 낫고 못함이 없음. 또는 그런 형세. cf) 비견(比肩) : (어깨를 나란히 한다는 뜻으로) 낫고 못함이 없이 서로 비슷함. ex) 그와 비견할 만한 사람이 없다.

備忘錄(비망록) : 어떤 사실을 잊지 않으려고 적어 둔 기록. =불망기(不忘記).

白眼視(백안시) : 남을 업신여기거나 무시하는 태도로 흘겨봄. 중국 진나라 때 완적(阮籍)이라는 사람이 반갑지 않은 손님은 백안(白眼)으로 대하고, 반가운 손님은 청안(靑眼)으로 대한 데서 유래한다. (반) 청안시(靑眼視). cf) 주안(主眼) : 주된 목표. 중요한 점.

白日下(백일하) : 세상 사람이 다 알도록 뚜렷하게. ex) 부정이 백일하에 드러나다. cf) 백주(白晝) : 환하게 밝은 낮. 대낮.

焚蕩(분탕) : ① 몹시 시끄럽거나 소동을 일으킴. ex) 분탕질을 하다. ② 집안의 재산을 다 없애 버림. ③ 남의 물건 따위를 뺏거나 약탈함을 비유적으로 이르는 말.

發芽(발아) : ① 씨앗에서 싹이 나옴. ② 어떤 사물이나 사태, 사상 등이 생겨남을 비유적으로 이르는 말. (비) 맹아(萌芽).

反骨(반골) : 권세나 세상풍조 따위에 타협하지 않고 저항하는 기질. 또는 그런 기질을 가진 사람. cf) 노골(露骨) : 숨김없이 모두 있는 그대로 드러냄.

不文律(불문율) : 문서나 글 따위에 명시되어 있지 않지만 사회 구성원들이 지켜야 할 질서나 행동 규율, 즉 따로 규정되어 있지 않더라도 스스로 지켜야 할 행동을 뜻한다. =불문법(不文法). ex) 타인에 대한 배려는 민주사회에서 불문율이다. cf) 성문율(成文律) : 문자로 적어 표현하고, 문서의 형식을 갖춘 법. =성문법(成文法).

拂下(불하) : 국가나 공공 단체의 재산을 민간에 팔아넘김.

堡壘(보루) : ① 적의 침입을 막기 위해 튼튼하게 쌓은 구축물. ② '지켜야 할 대상'을 비유. ex) 민주주의의 보루. cf) 수호(守護) : 지키고 보호함.

普遍(보편) : 모든 것에 두루 미치거나 공통되는 것. (반) 特殊(특수).

背水陣(배수진) : (물을 등지고 진을 친다는 뜻으로) 어떤 일을 성취하기 위해 더 이상 물러설 수 없음을 비유적으로 이르는 말. cf) 진영(陣營) : ① 군대가 진을 치고 있는 곳. ② 정치, 경제, 사회적으로 서로 대립하는 세력의 어느 한쪽. ex) 진보 진영과 보수 진영.

白書(백서) : 정부가 정치, 외교, 경제 등 각 분야에 대해 현상을 분석하고 장래의 정책을 수립하기 위해 발표하는 보고서. cf) 교서(敎書) : ① 대통령이 정치나 행정에 관한 의견을 적어 국회나 국민에게 보내는 문서. ② 예전에, 임금이 내리는 명령의 내용이 적힌 문서를 이르던 말. =교지(敎旨).

傍系(방계) : ① 시조(始祖)가 같은 혈족 가운데 직계에서 갈라져 나온 계통. ex) 방계 혈통. ② 어떤 분야에서 주류를 벗어나 있는 것. ex) 건설 회사의 방계 조직.

傍點(방점) : 글 가운데에서 보는 사람의 주의를 끌기 위해 글자 옆이나 위에 찍는 점. ex) 그 글의 방점은 계층 간의 평등 실천이다. cf) 낙점(落點) : 여러 후보 중 마땅한 대상을 고름.

方言(방언) : 사투리.

方便(방편) : (불교에서, 보살이 중생을 구제하기 위한 편의적인 수단이라는 뜻으로) 그때그때의 형편에 따라 일을 쉽게 처리할 수 있는 수단과 방법을 이르는 말. cf) 방법(方法) : 목적을 이루기 위한 수단(手段). (비) 방도(方

道). 방침(方針) : 일을 처리해 나가는 계획과 방향(方向)을 이르는 말. ex) 교육 방침을 따르다.

鳳凰(봉황) : 중국의 전설에 나오는, 상서로움을 상징하는 상상의 새. 기린, 거북, 용과 함께 사령(四靈) 또는 사서(四瑞)로 불린다. = 봉황새. cf) 봉황은 천자(天子, 황제)의 상징으로 여겨져, 궁궐 곳곳에 봉황의 무늬를 장식했다.

不可分(불가분) : 나눌 수 없음. ex) 불가분의 관계. cf) 불가피(不可避) : 피할 수 없음. 불가항력(不可抗力) : 사람의 힘으로는 어쩔 수 없는 현상이나 상태.

封建(봉건) : 군주가 직접 관할하는 땅 이외의 땅을 제후에게 나누어 주고, 그 땅을 다스리게 하던 일. cf) 封建制(봉건제) : 군주와 제후 사이의 주종관계를 바탕으로 확립된 정치 제도. 封建的(봉건적) : 신분이나 지위 등 상하관계의 질서만을 중히 여기어, 개인의 자유와 권리를 존중하지 않는 사고방식.

聘父(빙부) : 다른 사람의 장인을 이르는 말. cf) 장인(丈人) : 아내의 아버지.

反響(반향) : ① 음파가 물체에 부딪혀 다시 들려오는 현상. ② 어떤 일에 대한 반응으로 나타나는 현상이나 의견. ex) 큰 반향을 불러일으키다. cf) 영향(影響) : 어떤 사물의 효과나 작용이 다른 것에 미치는 일. ex) 영향을 미치다.

變曲點(변곡점) : ① 굴곡의 방향이 바뀌는 자리를 나타내는 곡선 위의 점. ② 큰 변화나 변혁의 전환점을 일컫는 말. (비) 전환점(轉換點).

白衣(백의) : ① 흰 빛깔의 옷. ex) 백의민족(白衣民族). ② 벼슬이 없는 선비를 비유적으로 이르는 말. ex) 백의종군(白衣從軍).

伏線(복선) : ① 만일의 경우에 대비해 남모르게 미리 꾸며 놓은 일. ex) 나중에 거절하기 위해 복선을 깔아 두다. ② 소설이나 희곡 따위에서 앞으로 일어날 사건을 미리 독자에게 암시하는 것.

粉飾(분식) : ① 내용이 없이 겉만 좋게 꾸밈. ② 실제보다 좋게 보이려고 사실을 숨기고 거짓으로 꾸밈. ex) 분식회계(粉飾會計)로 처벌을 받다.

頒布(반포) : (국가에서 공적인 일을) 세상에 널리 퍼뜨려 모두 알게 함. (비) 선포(宣布). ex) 법령을 반포하다. cf) 유포(流布) : 세상에 널리 퍼지거나 퍼뜨림. ex) 유언비어를 유포하다.

飛躍(비약) : ① 높이 뛰어오름. ② 급격히 발전하거나 향상됨. cf) 도약(跳躍) : 더 높은 단계로 발전하는 것을 비유. 약진(躍進) : 매우 빠르게 발전하거나 진보함.

[ㅅ]

善隣(선린) : 이웃하고 있는 지역 또는 나라와 사이좋게 지냄. (비) 교린(交隣). ex) 두 나라는 선린 우호 관계에 있다.

事大(사대) : 작고 약한 나라가 크고 강한 나라를 섬김. cf) 사대주의(事大主義) : 자주성 없이, 세력이 강대한 자에게 붙어서 자기의 존립을 유지하려는 경향.

疏明(소명) : ① 까닭이나 이유를 밝혀 설명함. ② 재판에서 당사자 주장이 사실인 것 같다는 생각을 법관으로 하여금 가지게 함. ex) 소명 자료를 제출하다. cf) 성명(聲明) : 어떤 일에 대한 자기의 입장이나 견해 따위를 공개적으로 발표함. 또는 그 입장이나 견해.

失脚(실각) : ① 발을 헛디딤. = 실족(失足). ② 실패하여 권력이나 지위를 잃게 됨. ex) 총리는 정치 혼란에 대한 책임으로 실각되었다.

遡及(소급) : 지나간 일에까지 거슬러 올라가 효력을 미침.

小確幸(소확행) : 일상에서 느낄 수 있는 작지만 확실하게 실현 가능한 행복. 또는 그러한 행복을 추구하는 삶의 경향을 말한다.

收斂(수렴) : ① 여럿으로 나뉘어 있는 의견이나 사상 따위를 하나로 모아 정리함. ex) 각계의 의견을 수렴하다. ② 돈이나 물건 따위를 거두어들임. cf) 수습(收拾) : 어수선한 사태나 산란한 마음을 가라앉혀 바로잡음.

諡號(시호) : 예전에, 임금이나 정승 등이 죽은 뒤에 그들의 공덕을 칭송하여 주던 이름.

散花(산화) : (꽃처럼 떨어진다는 뜻으로) 어떤 대상이나 목적을 위해 목숨을 바침. ex) 조국을 위해 전쟁터에서 산화하다. cf) 순국(殉國) : 나라를 위해 목숨을 바침.

査證(사증) : 외국인에 대해 입국을 허가하는 증명. =비자(visa). cf) 여권(旅券) : 외국을 여행하는 사람의 신분이나 국적을 증명하고 상대국에 보호를 의뢰하는 여행 승인 증명서.

馴致(순치) : ① 짐승 따위를 잘 따르게 하거나 부리기 좋게 길들임. ② 점차 어떤 목표로 하는 상태에 이르게 함.

脣齒(순치) : ① 입술과 이. ② 입술과 이처럼 서로 밀접한 관계에 있는 것을 비유.

辛酸(신산) : (음식의 맛이 맵고 신 것처럼) 살아가는 일이 힘들고 고생스러움을 비유적으로 이르는 말.

素地(소지) : 본래의 바탕. 또는 어떤 결과를 낳게 되는 빌미. ex) 분쟁의 소지가 남아있다. cf) 여지(餘地) : 어떤 일이 일어날 가능성이나 희망. ex) 개선의 여지가 있다.

蛇足(사족) : (뱀을 다 그리고 나서 있지도 아니한 발을 덧붙여 그려 넣는다는 뜻으로) 쓸데없는 짓을 하여 도리어 잘못되게 함을 이르는 말.

禪位(선위) : 임금의 자리를 물려줌. =선양(禪讓). 양위(讓位).

逝去(서거) : 죽어서 세상을 떠남. =사망(死亡). 승천(昇天). 귀천(歸天).

十長生(십장생) : 오래 살고 죽지 않는다는 열 가지 물상. 해·산·물·돌·구름·소나무·불로초·거북·학·사슴을 가리킴.

疏開(소개) : ① 공습·화재 등에 대비하여 주민이나 시설 따위를 분산시킴. ② 제각기 일정한 거리를 두고 흩어지게 하다.

獅子吼(사자후) : 사자처럼 우렁차게 부르짖으며 열변을 토함. ex) 개혁을 역설하던 그분의 사자후가 아직도 귀에 쟁쟁하다.

四書五經(사서오경) : 사서(四書)와 오경(五經). 사서는 유교의 기본 경전인 논어(論語)·맹자(孟子)·대학(大學)·중용(中庸)을 가리키며, 오경은 시경(詩經)·서경(書經)·역경(易經)·예기(禮記)·춘추(春秋)를 일컫는다.

三綱五倫(삼강오륜) : 유교의 도덕사상에서 기본이 되는 3가지의 강령(綱領)과 5가지의 인륜(人倫).
삼강은 군위신강(君爲臣綱)·부위자강(父爲子綱)·부위부강(夫爲婦綱)이며, 이는 임금과 신하, 부모와 자식, 남편과 아내 사이에 마땅히 지켜야 할 도리를 말한다.
오륜은 군신유의(君臣有義, 임금과 신하 사이에는 의리가 있어야 함)·부자유친(父子

有親, 부모와 자식 사이에는 친함이 있어야 함)·부부유별(夫婦有別, 부부 사이에는 구별이 있어야 함)·장유유서(長幼有序, 어른과 아이 사이에는 차례가 있어야 함)·붕우유신(朋友有信, 친구 사이에는 믿음이 있어야 함)을 가리킨다.

世俗五戒(세속오계) : 신라 진평왕 때의 원광법사가 말한 다섯 가지의 계율. 사군이충(事君以忠)·사친이효(事親以孝)·교우이신(交友以信)·임전무퇴(臨戰無退)·살생유택(殺生有擇)을 지칭한다.

社稷(사직) : 나라나 조정을 비유적으로 이르는 말. 옛날 나라에서 제사 지내던 토지의 신인 사(社)와 곡식의 신인 직(稷)에서 온 말. cf) 종묘(宗廟) : 조선시대에 역대 왕과 왕비의 위패(죽은 사람의 이름을 적은 나무패)를 모시던 사당(祠堂, 조상의 신주를 모셔 놓은 집).

死角(사각) : ① 어느 각도에서도 보이지 않는 범위. ② 관심이나 영향이 미치지 못하는 범위를 비유하는 말. cf) 사각지대(死角地帶) : 관심이나 영향이 미치지 못하는 구역.

食言(식언) : 약속한 말을 지키지 아니함.

私淑(사숙) : 존경하는 사람에게 직접 가르침을 받을 수는 없으나 그 사람의 인격이나 학문을 본으로 삼고 배움. cf) 사표(師表) : 학식과 인격이 높아 세상 사람의 모범이 되는 일. 또는 그런 사람. 사사(師事) : 스승으로 섬겨 가르침을 받음. ex) 그로부터 서예를 사사하다. 사형(師兄) : ① 나이나 학식이 자기보다 높은 사람을 존중하여 이르는 말. ② 불교에서, 한 스승 밑에서 불법을 배운 선배를 일컫는 말.

手下(수하) : ① (나이나 항렬·지위 따위가) 자기보다 아래인 사람. =손아래. ② 부하.

射倖(사행) : 요행(僥倖)을 노림. ex) 사행산업 (경마·카지노 등).

敍勳(서훈) : 나라를 위해 세운 공로에 대하여 등급에 따라 훈장을 내림. cf) 추서(追敍) : 죽은 뒤에 직급을 올리거나 훈장 따위를 줌. 보훈(報勳) : 국가를 위해 희생당하거나 공훈을 세운 사람 또는 그 유족에게 국가가 적절한 보상을 함. 보은(報恩) : 은혜를 갚음. (비) 보답(報答).

心琴(심금) : 외부의 자극에 미묘하게 움직이거나 감동하는 마음을 '거문고(琴)'에 비유하여 이르는 말. ex) 심금을 울리다.

手決(수결) : 예전에, 자기 성명이나 직함 아래 도장 대신 쓰던 일정한 글자. (비) 서명(署名).

三族(삼족) : ① 부모, 형제, 처자를 통틀어 이르는 말. ② 아버지, 아들, 손자를 통틀어 이르는 말. ③ 친족과 외족과 처족을 통틀어 이르는 말. cf) 왕조 시대에는 역모자의 삼족을 멸하는 멸문지화(滅門之禍)가 있었음.

收支(수지) : ① 수입과 지출. ② 거래에서 얻은 이익(利益).

聖戰(성전) : 거룩한 사명을 띤 전쟁. 종교적 이념에 의해 수행하는 전쟁. (흔히 전쟁을 합리화하는 데 쓰임.) cf) 순례(巡禮) : (종교상의 성지 등을) 차례로 찾아다니며 참배(參拜)함. 순방(巡訪) : 나라나 도시 따위를 차례로 돌아가며 방문함.

斜陽(사양) : ① 서쪽으로 기울어진 해. ② 새로운 것에 밀려 점점 몰락해 감을 비유적으로 이르는 말. ex) 사양길에 접어들다. cf) 辭讓(사양) : 겸손하여 받지 아니하거나 응하지 아니함. 또는 남에게 양보함. (비) 겸양(謙讓).

四神(사신) : 천지의 사방을 맡아 다스린다는 신. 동쪽의 청룡(靑龍), 서쪽의 백호(白虎),

남쪽의 주작(朱雀), 북쪽의 현무(玄武).

施策(시책) : (국가나 행정기관 따위가) 어떤 계획을 실행에 옮김. 또는 그 계획. cf) 시정(施政) : 정부가 정치를 행함. ex) 시정 방침. 시행(施行) : 실제로 행함.

攝政(섭정) : 군주가 직접 통치할 수 없을 때에 군주를 대신하여 나라를 다스림. 또는 그런 사람.

攝理(섭리) : 자연계를 지배하고 있는 원리와 법칙. ex) 자연의 섭리는 오묘하다. cf) 진리(眞理) : 참된 이치. 또는 참된 도리. ex) 만고 불변의 진리.

小康(소강) : ① 병세가 조금 좋아짐. ② 혼란이나 분란이 그치고 조금 잠잠해짐. ex) 소강 상태.

四柱(사주) : 사람이 태어난 연·월·일·시의 네 가지 간지(干支). 또는 이에 근거해 사람의 길흉화복을 점치는 일.

産婆役(산파역) : ① 아이를 낳을 때 아이를 받고 산모를 돌보는 일을 하는 사람. ② 어떤 일을 잘 주선해 이루어지게 하는 역할. 또는 그런 역할을 하는 사람. (준) 산파(産婆). cf) 산실(産室) : 어떤 일을 꾸미거나 이루어 내는 곳. ex) 독립운동의 산실.

西方淨土(서방정토) : 불교에서, 서쪽 끝에 있다고 하는 극락세계. = 서방세계(西方世界). 극락정토(極樂淨土).

書房(서방) : ① 남편. ② 성(姓) 뒤에 붙여, 사위나 매제(妹弟), 아래 동서(同壻) 등을 일컫는 말.

小我(소아) : ① 우주의 절대적인 실체에 대비되는 개인적 존재 또는 사회·국가·세계보다는 자신을 위하는 존재의 의미로 사용되며, 대아(大我)는 우주적 존재 또는 사회·국가·세계를 위하는 공적(公的) 존재를 일컫는다. ② 불교에서, 개인적인 감정이나 욕망 따위에 사로잡힌 나를 이르는 말. cf) 자아(自我) : 사고, 감정, 의지, 행위 등의 작용을 주관하며 통일하는 주체. 소아병적(小兒病的) : 생각이나 행동이 유치하고 극단적인 성향인 것.

身柄(신병) : 구금이나 보호의 대상이 되는 사람의 몸. ex) 신병 확보. cf) 신명(身命) : 몸과 목숨을 아울러 이르는 말. ex) 신명을 바쳐 일하다.

抒情(서정) : 주로 예술 작품에서, 자기가 느끼거나 겪은 감정이나 정서를 나타냄. cf) 서사(敍事) : 어떤 사실이나 사건을 있는 그대로 적음.

細胞(세포) : ① 생물체를 구성하는 최소 단위. ② 정당이나 단체의 기반이 되는 조직. 흔히 공산당의 말단 조직을 뜻한다.

世襲(세습) : (신분·작위·재산 등을) 대를 이어 물려주거나 받는 일. ex) 세습 왕조. 권력 세습.

聖骨(성골) : 신라시대 때, 골품(骨品)의 첫째 등급으로, 부모가 모두 왕족인 사람. (요즘은 주로 권력자의 최고 측근인 사람을 비유.) cf) 진골(眞骨) : 골품의 둘째 등급으로, 부모 중 어느 한쪽이 왕족인 사람. (권력자의 최측근보다는 다소 위상이 떨어지는 사람을 비유.)

聖域(성역) : ① 신성한 지역, 특히 종교상 신성시되는 지역. ② 함부로 침범할 수 없는 구역이나 문제 삼아서는 안되는 사항·인물·단체를 비유. cf) 소도(蘇塗) : 삼한 때 하늘에 제사 지내던 성지(聖地). 죄인이 이곳으로 달아나더라도 잡아가지 못했다. (요즘도 반체제 인사가 공권력이 미치기 힘든 종교시설 등에 숨으면 '소도'라는 말을 동원해 공격하곤 한다.)

生態系(생태계) : 일정한 지역의 생물 공동체와 무기적 환경이 상호의존 관계를 유지하면서 균형과 조화를 이루는 자연체계. cf) 서식(棲息) : 동물이 어떤 곳에 깃들여 삶.

市井(시정) : 중국의 상대(上代)에 우물이 있는 곳에 사람들이 모여 살았다는 데서 나온 말로, 인가가 많은 곳을 이름. (비) 항간(巷間).

賞與(상여) : ① 상으로 돈이나 물건 따위를 줌. ② 회사 같은 데서 급료와는 별도로 돈을 줌. cf) 상여금(賞與金) : 상여로 주는 돈. 보너스.

洗腦(세뇌) : 어떤 사상이나 주의를 주입시켜 본래 가지고 있던 생각이나 행동을 개조하는 일. ex) 세뇌 교육.

碩學(석학) : 학식이 높고 학문적 업적이 뛰어난 학자. ex) 그는 물리학 분야의 대표적인 석학이다. cf) 석좌교수(碩座教授) : 기업이나 개인이 기부한 기금으로 연구 활동을 하도록 대학에서 지정한 교수. 상아탑(象牙塔) : 대학이나 대학의 연구실을 비유하는 말.

試金石(시금석) : 사물의 가치나 사람의 능력을 판단하는 기준이 될 만한 것을 비유적으로 이르는 말.

隨意契約(수의계약) : 경쟁이나 입찰에 따르지 않고, 일방적으로 상대를 골라 맺는 계약. cf) 경쟁입찰(競爭入札) : 여러 입찰자 가운데 가장 좋은 조건을 제시한 사람에게 낙찰(落札)되는 것.

森羅萬象(삼라만상) : 우주에 있는 모든 사물과 온갖 현상.

四半世紀(사반세기) : 한 세기의 4분의 1, 즉 25년. cf) 반세기(半世紀) : 50년.

召還(소환) : 본국에서 외국에 파견한 외교 사절이나 영사 등을 불러들이는 일. ex) 대사를 본국으로 소환하다. cf) 召喚(소환) : 법원이 피고인·증인 등에 대해 어디로 오라고 명령하는 일.

似而非(사이비) : 겉으로 같아 보이나 실제로는 전혀 다름. 또는 그런 것. ex) 사이비 종교. cf) 유언비어(流言蜚語) : 아무 근거 없이 떠도는 말. 뜬소문.

席卷(석권) : (돗자리를 말아 가듯이) 빠른 기세로 영토를 휩쓸거나 세력 범위를 넓히는 것을 이르는 말. ex) 신제품으로 시장을 석권하다.

涉獵(섭렵) : (물을 건너 찾아다닌다는 뜻으로) 많은 책을 읽거나 여기저기 찾아다니며 경험함을 이르는 말.

宿主(숙주) : ① 기생(寄生) 생물이 기생의 대상으로 삼는 동물이나 식물. ② 전적으로 기대어 이익을 취하는 대상을 비유적으로 이르는 말. (주로 부정적 의미의 정치·사회 현상의 원인이 되는 것을 비유하기도 한다.)

昇華(승화) : ① 고체에 열을 가하면 액체가 되는 일 없이 곧바로 기체로 변하는 현상. ② 사물이나 현상이 더 높은 수준으로 발전하는 일. ex) 고귀한 사상으로 승화되다.

世子(세자) : 왕위를 이을 왕자. =동궁(東宮). cf) 원자(元子) : (아직 세자에 책봉되지 않은) 임금의 맏아들. 전하(殿下) : 왕을 높여 이르던 말. 저하(邸下) : 세자를 높여 이르던 말.

士禍(사화) : 조선시대에 사림(士林, 유교를 신봉하는 학파) 출신의 관리 및 선비들이 당파 싸움으로 반대파에게 참혹한 화를 입은 일. 무오사화, 갑자사화, 기묘사화, 을사사화가 있었다. cf) 반정(反正) : 옳지 못한 임금을 폐위하고 새 임금을 세워 나라를 바로잡는 일. 조선시대에 연산군을 몰아낸 중종반정과 광

해군을 몰아낸 인조반정이 있었다. 붕당(朋黨) : 조선시대에 이념과 이해관계에 따라 결합한 사림의 집단을 이르던 말. # 위의 말들은 역사 드라마에 자주 등장하니 유의할 필요가 있다.

時辰(시진) : 예전에 시간을 세던 단위로, 2시간 정도를 가리키는 말이다.

修羅場(수라장) : (아수라왕이 제석천과 싸운 마당이라는 뜻으로) 모진 싸움으로 큰 혼란에 빠진 곳. 또는 그런 상태. =아수라장(阿修羅場).

修辭(수사) : 말이나 글을 다듬고 꾸며서 보다 아름답고 정연하게 하는 일. 또는 그런 기술. cf) 搜査(수사) : 찾아서 조사함. ex) 사건을 수사하다.

[ㅇ]

牙城(아성) : ① 성곽의 중심부. ② 아주 중요한 근거지를 비유적으로 이르는 말. ex) 극우세력의 아성을 무너뜨리다. cf) 亞聖(아성) : ① 성인(聖人) 다음 가는 현인. ② 유교에서 공자 다음가는 성인(聖人)이라고 하여 '맹자'를 이르는 말.

亞流(아류) : 문학, 예술, 학문 등에서 독창성이 없이 뛰어난 것을 모방함. 또는 그런 사람. ex) 아류작이 난무하다.

輿論(여론) : 사회 대중의 공통된 의견. =세론(世論). cf) 여당(與黨) : 현재 정권을 잡고 있는 정당. (반) 야당(野黨).

原初(원초) : 일이나 현상이 비롯되는 맨 처음. ex) 원초적인 본능. cf) 원시(原始) : 문명 이전의 자연 그대로인 상태.

理想鄕(이상향) : 인간이 생각할 수 있는 최선의 상태를 갖춘 완전한 사회.

遺憾(유감) : 마음에 차지 않아 못마땅하고 섭섭한 느낌. ex) 비록 졌지만 유감없이 싸운 경기였다. cf) '유감을 표하다'란 말은 완곡한 사과의 뜻을 포함하고 있음.

立案(입안) : 정책이나 계획 따위를 실행할 안건을 마련함. cf) 안건(案件) : 토의하거나 연구해야 할 일. 사안(事案) : 법률적으로 문제가 있는 안건. 상정(上程) : (안건을) 회의에 내놓음. ex) 법률안을 국회에 상정하다.

類推解釋(유추해석) : 어떤 사항에 관해 직접 규정한 법규가 없을 경우 그것과 비슷한 사항을 규정하는 법규를 끌어다 쓰는 것. cf) 유권해석(有權解釋) : 국가기관이 공식적으로 하는 구속력 있는 법해석. ex) 법무부에 유권해석을 의뢰하다.

壓卷(압권) : (책이나 예술 작품 따위에서) 가장 뛰어난 부분. 또는 여럿 중에서 가장 뛰어난 것. cf) 백미(白眉) : (흰 눈썹이라는 뜻으로) 여럿 중에서 가장 뛰어난 사람이나 사물을 비유적으로 이르는 말. (비) 발군(拔群).

偶像(우상) : ① 나무, 돌, 쇠붙이 따위로 만든 사람이나 신의 형상. ② 신처럼 숭배의 대상이 되는 물건이나 사람. cf) 숭배(崇拜) : ① (어떤 사람을) 받들어 모심. (비) 공경(恭敬). ② 종교적 대상을 우러러 받듦.

領域(영역) : ① 관계되는 분야나 범위. (비) 부문(部門). 분야(分野). ② 한 나라의 주권이 미치는 범위. 영토(領土), 영해(領海), 영공(領空)으로 구성된다.

黎明(여명) : ① 희미하게 날이 밝아 오는 빛. 또는 그 무렵. ② 희망의 빛. ex) 창밖에는 어느덧 여명이 밝아 오고 있었다.

捻出(염출) : ① 애써서 생각을 짜냄. ② 필요한 비용 따위를 걷거나 모음. (비) 갹출(醵出).

蔭敍(음서) : 고려·조선시대에 나라에 공을 세우거나 지위가 높은 관리의 자손을 과거를 치르지 않고 관리로 채용하던 일. (일부 대기업에서 직원 채용 시 전·현직 임직원 자녀에게 가산점을 주는 것을 언론에서 '현대판 음서제'라고 비판함.)

玉碎(옥쇄) : (옥처럼 아름답게 부서진다는 뜻으로) 크고 올바른 일을 위해 명예를 지키며 깨끗이 죽는 것을 비유적으로 이르는 말. cf) 와전(瓦全) : 옥(玉)이 못 되고 기와가 되어 안전하게 남는다는 뜻으로, 아무 하는 것 없이 목숨만 이어 감을 비유적으로 이르는 말.

瓦解(와해) : (기와가 깨진다는 뜻으로) 조직이나 기능 따위가 무너져 흩어짐.

玉石(옥석) : (옥과 돌이라는 뜻으로) 좋은 것과 나쁜 것을 비유적으로 이르는 말. ex) 옥석을 가리다.

渦中(와중) : (물이 소용돌이치는 가운데라는 뜻으로) 일이나 사건 따위가 시끄럽고 복잡하게 벌어지는 가운데. ex) 전란의 와중에 가족을 잃었다.

六合(육합) : 천지(天地, 하늘과 땅)와 사방(四方, 동서남북)을 가리키는 말. (때로는 우주 전체를 비유하기도 한다.)

令夫人(영부인) : 남의 부인을 높여 이르는 말. =令室(영실). cf) 여사(女史) : 결혼한 여자를 높여 이르는 말. 영식(令息) : 남의 아들의 높임말. 영애(令愛) : 남의 딸의 높임말.

獵官(엽관) : 온갖 방법으로 서로 관직을 얻으려고 경쟁함. cf) 엽관제(獵官制) : 선거에서 승리한 정당이 선거 운동원과 적극적인 지지자를 관직에 임명하거나 다른 혜택을 주는 관행. 엽기(獵奇) : 비정상적이고 괴이한 일이나 사물에 흥미를 느끼고 찾아다님. ex) 엽기적 행각.

御用(어용) : (예전에 임금이 쓰는 것을 이르던 말로) 자신의 이익을 위해 권력자나 권력기관에 영합하여 줏대 없이 행동하는 것을 이르는 말. ex) 어용 언론.

維歲次(유세차) : '이해의 차례는'이라는 뜻으로, 제문(祭文)의 첫머리에 관용적으로 쓰는 말. cf) 상향(尙饗) : '비록 적지만 차린 제물을 받으옵소서'라는 뜻으로, 제문의 끝에 쓰는 말.

炎凉(염량) : ① 더위와 서늘함. ② 융성함과 쇠퇴함. cf) 염량세태(炎凉世態) : 권세가 있을 때는 아부하고, 몰락하면 푸대접하는 세상인심을 비유적으로 이르는 말.

連坐(연좌) : ① 일가친척의 범죄 때문에 죄 없이 처벌을 당하거나 불이익을 받음. ex) 연좌제는 폐지되었다. ② 여러 사람이 연이어 붙어 앉음. ex) 연좌 농성. cf) 연루(連累) : 남이 저지른 범죄에 연관됨.

有故(유고) : 특별한 사정이나 사고가 있음. (반) 무고(無故). cf) 사고(事故) : 뜻밖에 일어난 불행한 일. ex) 교통 사고. 사건(事件) : 사회적으로 문제를 일으키거나 주목을 받을 만한 일. ex) 폭행 사건.

永劫(영겁) : 영원(永遠)한 세월(歲月). 영원한 시간. (비) 만겁(萬劫). cf) 찰나(刹那) : 매우 짧은 동안. =순간(瞬間). 촌각(寸刻). 경각(頃刻).

維新(유신) : 낡은 제도나 체제를 고쳐 새롭게 함. (비) 쇄신(刷新). ex) 유신을 빙자한 폭거.

逆鱗(역린) : (용의 턱밑에 거꾸로 난 비늘을 건드리면 반드시 죽는다는 전설에서 나온 말로)

'임금의 분노'를 비유적으로 이르는 말.

入閣(입각) : 내각의 한 사람이 됨. cf) 내각(內閣) : 국무위원(행정부의 장관)으로 조직되어 국가의 행정을 담당하는 기관. 하마평(下馬評) : 관직에 임명될 후보자나 인사이동에 대해 세상에 떠도는 소문이나 평판. ex) 총리 후보들에 대한 하마평이 무성하다.

連判(연판) : 하나의 문서에 두 사람 이상이 연명(連名)으로 도장을 찍음. cf) 연판장(連判狀) : 여러 사람의 의사를 나타내기 위해 연명으로 작성한 문서. 보통 자신의 이름을 적고 도장이나 지장을 찍는 것이 일반적이다.

兩立(양립) : ① 두 가지가 동시에 성립됨. ex) 경쟁과 단결은 양립되기 어렵다. ② 두 세력이 굽힘 없이 서로 맞섬. ex) 진보와 보수의 양립. cf) 이율배반(二律背反) : 서로 모순되어 양립할 수 없는 두 명제(命題)가 동등한 타당성을 가지고 주장되는 일.

愚民(우민) : 어리석은 백성. cf) 우민정책(愚民政策) : 지배층이 안정적인 권력을 유지하기 위해 국민들에게 정치적 관심을 갖지 않게 하거나 비판정신을 흐리게 하는 정책.

演繹(연역) : 논리적으로 필연적인 원리에 따라 주어진 전제로부터 결론을 이끌어 내는 일. cf) 귀납(歸納) : (연역과 반대되는 개념으로) 개별적인 특수한 사실을 종합해 일반적인 원리를 이끌어 내는 방식.

里程標(이정표) : ① 도로상에서 어느 곳까지의 거리 및 방향을 알려 주는 표지. ② 어떤 일이나 목적의 기준. ex) 이정표를 세우다. cf) 여정(旅程) : 여행의 과정이나 일정.

令監(영감) : ① 나이 든 남편을 일컫는 말. ② 나이가 많은 사람을 대접해 이르는 말. ③ 지난날 군수, 국회의원, 관검사 등 지체 있는 사람을 높여 이르던 말.

逸話(일화) : (어떤 사건이나 인물에 관련된) 아직 세상에 알려지지 않은 흥미로운 이야기. 에피소드. cf) 우화(寓話) : 인격화한 동식물이나 기타 사물을 주인공으로 하여 그들의 행동 속에 풍자와 교훈의 뜻을 나타내는 이야기. '이솝 이야기' 따위가 여기에 속한다.

有數(유수) : ① 손꼽을 만큼 두드러지거나 훌륭함. ex) 국내 유수의 대학. ② 정해진 운수나 순서가 있음. ex) 흥망이 유수하니 만월대도 추초로다.

由緖(유서) : 예로부터 전해 내려오는 까닭과 내력. ex) 유서 깊은 곳. cf) 유구(悠久) : 아득하게 오래됨. ex) 유구한 역사.

猶豫(유예) : 일을 실행하는 데 날짜나 시간을 미루거나 늦춤. (비) 유보(留保). 보류(保留). ex) 핵실험을 유예하다.

陰陽(음양) : 음(陰)과 양(陽). 만물의 근원이 되는 상반된 성질을 가진 것. (해와 달, 남성과 여성, 낮과 밤, 물과 불 따위.) cf) 오행(五行) : 우주 만물을 이루는 5가지 원소인 금(金)·목(木)·수(水)·화(火)·토(土)를 이르는 말. 음양오행설([陰陽五行說]) : 우주나 인간 사회의 현상을 음양과 오행에 따라 해석하는 이론.

入養(입양) : ① 양자(養子)로 들어가거나 양자를 들임. ② 양친과 양자가 법률적으로 친부모와 친자식의 관계를 맺는 일.

立身(입신) : 명예나 부, 확고한 지위 등을 얻어 사회적으로 인정받고 높이 됨. (비) 출세(出世). cf) 입신양명(立身揚名) : 입신하여 이름을 세상에 알림.

立地(입지) : ① 동식물이 생육하는 일정한 장소의 환경. ② 인간이 사회·경제 활동을 하는 과정에서 처한 환경. ex) 입지가 강화되다.
人氣(인기) : 어떤 대상에 쏠리는 많은 사람들의 관심이나 호감. ex) 인기를 끌다. cf) 호감(好感) : 좋게 여기는 감정. 호평(好評) : 좋게 평가함. 또는 그런 평가. (반) 악평(惡評).
諒解覺書(양해각서, MOU) : 정식 계약을 체결하기 전에 당사자 간 합의한 내용을 기록한 문서. (법적 구속력이 없어 파기해도 무방하다.) cf) 각서(覺書) : 약속을 지키겠다는 내용을 적은 문서.
臨界點(임계점) : 물질의 구조와 성질이 다른 상태로 바뀔 때의 온도와 압력. (흔히, 사람의 감정이나 사물의 상태가 최고조에 다다른 것을 비유.)
餘震(여진) : ① 큰 지진에 일어난 다음에 일어나는 작은 지진. ② 어떤 사건이나 현상이 끝난 뒤에 미치는 영향을 비유적으로 이르는 말. cf) 진앙지(震央地) ; 사건이나 소동을 야기한 근원을 비유적으로 이르는 말. =진원지(震源地).
潤色(윤색) : ① 색채나 광택을 가하여 번들거리게 함. ② 어떤 사실을 본래 내용보다 과장되게 꾸미거나 미화함을 비유적으로 이르는 말. cf) 퇴색(退色) : ① 빛이 바램. ② 몰락해 존재가 희미해지거나 볼품없이 되는 것을 비유. 원색(原色) : ① 본래의 빛깔. ② 노골적인 경향을 띠는 것을 비유. ex) 정적을 원색적으로 비난하다.
輪廻(윤회) : (수레바퀴가 끝없이 돌듯이) 사람은 죽어도 다시 태어나 생이 계속 반복된다고 믿는 불교사상.
一元化(일원화) : 여러 기구나 조직 등이 하나의 체계로 됨. cf) 이원화(二元化) : 기구, 조직, 문제 따위를 둘이 됨.

廉恥(염치) : 체면을 생각하거나 부끄러움을 아는 마음.
耳目(이목) : ① 귀와 눈. ② 다른 사람의 관심이나 시선. ex) 남의 이목을 끌다. cf) 주목(注目) : 관심을 가지고 주의 깊게 보거나 살핌.
易姓革命(역성혁명) : ① 왕조가 바뀌는 일. ② (중국에 있었던 유교 정치사상의 하나로) 왕이 부덕하여 민심을 잃으면 덕이 있는 다른 사람이 천명을 받아 새로운 왕조를 세워도 된다고 하는 사상.
唯物論(유물론) : 만물의 근원을 물질로 보고, 모든 정신 현상도 물질의 작용이나 산물이라고 보는 이론. (반) 유심론(唯心論).

[ㅈ]

字(자) : (본이름을 함부로 부르지 않던 시대에) 장가든 뒤 본이름 대신 부르던 이름. ex) 이순신의 자는 여해(汝諧). cf) 아호(雅號) : (문인·화가·학자 등이) 본이름 외에 따로 지어 부르는 이름. (준) 호(號).
自畫像(자화상) : ① 화가 자신이 스스로 그린 자기의 초상화. ② 자신의 현재 위상이나 처지를 비유하는 말.
長足(장족) : (빠른 걸음이라는 뜻으로) 진행이나 발전 속도가 매우 빠른 것을 비유하는 말. ex) 장족의 발전을 이루다. cf) 발족(發足) : 어떤 조직체가 새로 만들어져 활동을 시작함. 수족(手足) : ① 손과 발. ② 손발처럼 마음대로 부리는 사람을 비유.
正室(정실) : (첩에 대하여) 본래의 아내를 이르는 말. =적실(嫡室). 본처(本妻). cf) 적자(嫡子) : ① 정실의 몸에서 태어난 아들. (반) 서자(庶子). ② 정통을 이어받은 사람 또는 사물을 이르는 말. 적통(嫡統) : 적자 자손의 계통.

長蛇陣(장사진) : 많은 사람이 줄을 지어 길게 늘어선 모양을 이르는 말. cf) 장광설(長廣舌) : ① 길고 줄기차게 이어지는 말솜씨. ② 쓸데없이 장황하게 늘어놓는 말.

爵位(작위) : 다섯 등급의 작(爵)에 속하는 제후나 귀족의 지위. (공작·후작·백작·자작·남작 따위.)

鳥瞰(조감) : (새가 높은 하늘에서 아래를 내려다보는 것처럼) 전체적인 모습을 한눈에 관찰함. ex) 조감도(鳥瞰圖). cf) 조망(眺望) : 널리 바라봄. 또는 바라다보이는 경치. ex) 조망이 좋은 곳.

正體性(정체성) : 어떤 존재가 본질적으로 가지고 있는 특성. ex) 정체성 확립. 한민족의 참된 정체성.

贈與(증여) : 재산을 아무런 대가나 보상 없이 다른 사람에게 넘겨주는 행위. cf) 상속(相續) : 재산·권리·의무 등을 물려받는 일. 양도(讓渡) : 재산이나 물건, 권리나 법률상의 지위 따위를 남에게 넘겨줌. (반) 양수(讓受).

政黨(정당) : 정치적인 이념이나 정책이 같은 사람들이 정권을 잡고 정치적 이상을 실현하기 위해 조직한 단체. cf) 도당(徒黨) : 불순한 사람들이 떼를 지어 이룬 무리.

持分(지분) : 재산이나 권리 등에 관해 일정한 비율에 따라 개별적으로 배분된 몫. 또는 행사하는 비율. ex) 김 회장은 회사 지분의 30 퍼센트를 자녀에게 양도했다.

走馬燈(주마등) : 무엇이 빨리 지나감을 비유적으로 이르는 말. ex) 주마등 같은 인생.

知己(지기) : 마음이 통하는 친구. cf) 지인(知人) : 아는 사람.

提請(제청) : 어떤 안건을 제시하여 결정해 줄 것을 요청함. ex) 총리 임명 동의안을 제청하다. cf) 재청(再請) : 회의할 때, 다른 사람이 제안한 안건을 찬성하는 뜻으로 거듭 청함.

정족수(定足數) : 모임이나 단체에서 어떤 결정을 내릴 수 있는 최소한의 인원수.

持論(지론) : 늘 지니고 있거나 전부터 주장해 온 견해나 이론. ex) 자유보다 평등이 더 중요하다는 것이 그의 지론이었다. cf) 지병(持病) : 오랫동안 낫지 않는 병. =고질(痼疾).

裁斷(재단) : ① 옳고 그름을 헤아려서 결정하거나 판정함. (비) 재결(裁決). ex) 그 사안을 함부로 재단하지 마라. ② 옷감이나 재목 따위를 치수에 맞게 재거나 자르는 일.

裁可(재가) : 결재권을 가진 사람이나 단체가 안건을 허락하여 승인함. ex) 대통령의 재가를 받다. cf) 재의(再議) : 이미 결정된 사항을 동일한 기관이 다시 심의하거나 의결함. ex) 재의를 요구하다.

再燃(재연) : ① (꺼져 가던 불이) 다시 일어남. ② (잠잠해진 일이) 다시 문제가 되어 시끄러워짐. ex) 논쟁이 재연되다. cf) 재현(再現) : 사물이나 현상 따위가 다시 나타남. ex) 사고 당시의 상황을 재현하다.

弔鐘(조종) : ① 죽은 사람을 애도하기 위해 치는 종. ② 사물의 마지막을 비유적으로 이르는 말. ex) 권위주의의 조종을 울리다. cf) 경종(警鐘) : ① 위급한 일을 알리는 종. ② 잘못할 수 있거나 위험해질 수 있는 일에 대해 미리 경고하여 주는 주의나 충고.

條約(조약) : (국제상의 권리와 의무에 관한) 문서로 된 국가 간의 합의. cf) 조례(條例) : 지방자치단체가 어떤 사무에 관해 법령의 범위 내에서 지방의회의 의결을 거쳐 제정한 규정.

左翼(좌익) : ① 왼쪽 날개. ② 급진적이고 사회주의적인 사상. 또는 그런 사상을 지닌 사람. =좌파(左派). cf) 우익(右翼) : ② 오른쪽 날개. ② 보수적이고 국수주의적인 사상. 또는 그런 사상을 지닌 사람. =우파(右派). 좌경화(左傾化) : 좌익 사상으로 기울어짐. (반) 우경화(右傾化).

左遷(좌천) : (어떤 사람을) 지금보다 낮은 지위나 직위로 옮김. 예전에 중국에서 오른쪽을 숭상하고 왼쪽을 멸시했던 데서 유래한다. (반) 승진(昇進). 영전(榮轉). cf) 경질(更迭) : 어떤 직위에 있는 사람을 다른 사람으로 바꿈.

財團(재단) : 일정한 목적을 위해 출연한 재산을 개인 소유로 하지 않고 독립된 것으로 운영하기 위하여 법률적으로 구성된 법인. 비영리 법인만 인정되며 학교 법인, 종교 법인 따위가 있다. =재단법인([財團法人). cf) 사단(社團) : 여러 사람이 공통된 목적을 위해 사회에서 하나의 단일체로서 활동하도록 세운 단체. =사단법인(社團法人).

법인(法人) : 자연인(自然人, 사회나 문화에 속박되지 않은 있는 그대로의 인간) 이외의 법률상 권리, 의무의 주체가 될 수 있는 집단이나 단체.

殿堂(전당) : ① 크고 화려한 집. ② (어떤 분야에서) 가장 권위 있는 기관을 비유적으로 이르는 말. ex) 예술의 전당.

正鵠(정곡) : ① 과녁의 중심점. ② 가장 중요한 요점 또는 핵심을 비유하는 말. (비) 핵심(核心). ex) 정곡을 찌르다.

專制(전제) : 국가의 권력을 개인이 장악하고 자신의 의사대로 모든 일을 처리함. (비) 독재(獨裁). 전횡(專橫).

顚倒(전도) : ① 엎어져 넘어짐. ② 차례, 위치, 가치관 따위가 뒤바뀌어 원래와 달리 거꾸로 됨. ex) 주객이 전도되다. cf) 전복(顚覆) : ① 차나 배 따위가 뒤집힘. ② 정권이나 체제 따위를 무너지게 함 ex) 체제의 전복을 기도하는 불순 세력.

潛龍(잠룡) : (하늘에 오르지 못하고 물속에 숨어 있는 용이라는 뜻으로) 아직 기회를 얻지 못해 묻혀 있는 영웅을 비유하는 말. 언론에서는 잠재적인 '대권주자(大權走者)'를 비유하기도 한다. cf) 복룡(伏龍) : (숨어 있는 용이라는 뜻으로) 세상에 잘 알려지지 않은 인재. 또는 은거하여 세상에 나오지 않는 인재를 이르는 말. 대권(大權) : 국가의 원수가 국가를 통치하는 헌법상의 권한. 흔히 대통령을 비유하기도 한다.

周遊(주유) : 여러 곳을 두루 돌아다니면서 구경하며 즐김. (비) 유람(遊覽). 관광(觀光).

至親(지친) : (더할 수 없이 가까운 친족이라는 뜻으로) 부모와 자녀 사이 또는 형과 아우 사이를 이르는 말.

中華(중화) : (세계 문명의 중심이라는 뜻으로) 중국 사람들이 자기 나라를 이르는 말. 중(中)은 중앙, 화(華)는 문화를 의미한다.

中庸(중용) : 지나치거나 모자라지 않고 한쪽으로 치우치지도 아니함. (비) 중도(中道).

枝葉(지엽) : ① 식물의 가지와 잎. ② 사물이나 사건 따위에서 본질적인 것이 아닌 부차적인 부분을 비유. ex) 지엽적인 문제에 얽매이지 마라.

注釋(주석) : (주를 달아) 본문의 뜻을 알기 쉽게 풀이함. 또는 그런 글. =주해(注解). ex) 어려운 부분에는 주석을 붙여서 부연 설명을

05. 중요한 한자어

해라. cf) 해석(解釋) : 어떤 현상이나 행동, 글 따위의 의미를 이해(理解)하거나 판단함.

朝貢(조공) : 왕조 때, 속국이 종주국에 때마다 예물을 바치던 일. 또는 그 예물.

椄木(접목) : ① 나무를 접붙임. ② 둘 이상의 다른 현상 따위를 알맞게 조화시킴을 비유하는 말.

拙速(졸속) : 일을 지나치게 빨리 서둘러서 어설프고 서투름. ex) 이번 행사는 졸속으로 진행돼 평가가 나쁘다. cf) 拙作(졸작) : ① 보잘 것없는 작품. ② '자기의 작품'을 겸손하게 이르는 말.

在野(재야) : ① (초야에 파묻혀 있다는 뜻으로) 공직에 나아가지 않고 민간에 있음. ex) 재야의 인사를 영입하다. ② 야당의 입장에 있거나 제도권 정당에 속하지 않음. cf) 야인(野人) : ① 시골 사람. ② 아무 곳에도 소속되지 않은 채 지내는 사람. 하야(下野) : (시골로 내려간다는 뜻으로) 정계나 관직에서 물러남을 이르는 말.

呪術(주술) : 초자연적인 존재나 신비적인 힘을 빌려 재앙을 물러가게 하거나 앞으로 다가올 일을 점치는 행위. cf) 사술(邪術) : 요사스러운 술법이나 술책.

精進(정진) : ① 정성을 다해 노력함. 마음을 가다듬음. ex) 맡을 일에 정진하라. ② 불교에서, 잡념을 버리고 불법을 깨우치기 위해 수행에 힘씀.

情實(정실) : 사사로운 정이나 관계에 이끌리는 일. ex) 정실 인사(人事).

懲戒(징계) : 부정이나 부당한 행위에 대해 제재를 가함. 면직(免職)·정직(停職)·감봉(減俸)·견책(譴責) 등이 있음. (비) 징벌(懲罰). cf) 견책(譴責) : 잘못을 꾸짖고 나무람.

從犯(종범) : 다른 사람이 범죄를 저지르는 것을 도와준 죄. 또는 그 사람. cf) 정범(正犯) : 실제로 범죄 행위를 저지른 사람. 공동정범(共同正犯) : 둘 이상이 공동으로 저지르는 범죄.

徵收(징수) : (국가나 지방자치단체가) 세금이나 수수료 등을 국민에게서 거두어들임. cf) 징발(徵發) : 국가에서 특별한 일에 필요한 사람이나 물자를 강제로 모으거나 거두어들임. 추징(追徵) : (세금 따위의) 부족한 것을 추가로 징수함.

積弊(적폐) : 오랫동안 쌓여 온 폐단(弊端). ex) 적폐 청산.

典型(전형) : 모범이 돼 본보기로 삼을 만한 사물이나 사람. (비) 전범(典範). 모범(模範). ex) 그는 참다운 군인의 전형이다. cf) 銓衡(전형) : 사람의 됨됨이나 재능 따위를 가려서 뽑음. ex) 서류 전형.

雌雄(자웅) : ① 암컷과 수컷. ② 승부·우열·강약 따위를 비유적으로 이르는 말. ex) 자웅을 겨루다. cf) 영웅(英雄) : 지혜와 용맹이 뛰어난 인물.

主席(주석) : ① 주가 되는 자리. ② 국가나 정부, 정당 등을 대표하는 최고 직위. 또는 그 직위에 있는 사람. ex) 상해 임시정부를 대표하는 사람은 김구 주석이다.

至尊(지존) : ① '어떤 분야의 최고'를 비유하여 이르는 말. ② '임금'을 높여 이르는 말.

前轍(전철) : (앞에 지나간 수레바퀴의 자국이라는 뜻으로) 이전 사람의 그릇된 일이나 행동의 자취를 이르는 말. ex) 과욕으로 몰락한 그의 전철을 되풀이하지 마라.

座右銘(좌우명) : 늘 가까이 적어 두고, 가르침이나 생활의 지침으로 삼는 말이나 문구.

陣營(진영) : ① 군대가 진을 치고 있는 곳. =군영(軍營). ② 정치, 경제, 사회적으로 서로 대립하는 각각의 세력. (보수와 진보, 여당과 야당을 진영 개념으로 간주해 '보수 진영' '진보 진영'라는 말이 자주 등장한다.)

中堅(중견) : 영향력이 있거나 중심이 되는 사람이나 단체. (비) 중진(重鎭). cf) 그 회사는 중견 기업 반열에 들어섰다.

桎梏(질곡) : (족쇄와 수갑이라는 뜻으로) 지나친 속박으로 자유를 가질 수 없는 상태를 비유. ex) 질곡의 세월을 견디다. cf) 족쇄(足鎖) : ① 지난날, 죄인의 발목에 채우던 쇠사슬. ② 자유를 제한하는 것을 비유적으로 이르는 말.

宗孫(종손) : 종가의 대를 이을 자손(子孫, 자식과 손자). (비) 장손(長孫). cf) 종가(宗家) : 한 문중에서 맏아들로만 이어 온 큰집.

衆愚政治(중우정치) : 이성보다 일시적 충동에 의해 좌우되는 어리석은 대중들의 정치. 고대 그리스 민주 정치의 타락한 형태를 이르던 말로, 민주 정치를 멸시하는 뜻으로 쓰인다.

[ㅊ]

尖端(첨단) : ① 물체의 뾰족한 끝. ② 유행이나 사조(思潮, 사상의 흐름), 기술 따위의 시대적인 변화에서 가장 앞서 나감. ex) 첨단 시설. cf) 첨예(尖銳) : (대립이나 갈등 따위가) 날카롭고 치열함. ex) 이해관계가 첨예하게 대립하다.

聽聞會(청문회) : 어떤 문제에 대해 내용을 듣고 물어보는 모임. 주로 국가 기관에서 입법 및 행정상의 결정을 내리기 전에 이해관계자나 제삼자의 의견을 듣기 위해 연다. cf) 인사청문회(人事聽聞會) : 대통령이 정부의 요직에 고위 공직자를 임명하고자 할 때, 국회가 행하는 인사에 관한 청문회. 그 후보자가 공직자로서의 자질과 능력을 갖추고 있는지를 검증한다.

追伸(추신) : 주로 편지글에서, 사연을 다 쓰고 난 뒤에 덧붙이는 말. cf) 배상(拜上) : ('삼가 올림'이라는 뜻으로) 남에게 쓰는 글에서 자기 이름 뒤에 붙이는 말. 친전(親展) : (받은 이가 손수 펴 보기를 바란다는 뜻으로) 편지의 겉봉에 쓰는 말.

焦眉(초미) : (눈썹에 불이 붙었다는 뜻으로) '매우 위급함'을 비유하는 말. ex) 초미의 관심사.

寸志(촌지) : (마음이 담긴 작은 선물이라는 뜻으로) 어떤 사람에게 잘 부탁한다는 취지로 건네는 약간의 돈. cf) 촌평(寸評) : 매우 짧은 비평. 촌극(寸劇) : ① 아주 짧은 연극. ② 사람들의 이목을 끄는 우발적이고 우스꽝스러운 일을 비유.

秋毫(추호) : (가을에 짐승의 털이 가늘어지는 데서 온 말로) '매우 적음'을 비유적으로 이르는 말. ex) 추호의 뉘우침도 없다. cf) 추상(秋霜) : ① 가을의 찬 서리. ② 매우 엄격한 태도나 엄한 형벌을 비유. ex) 추상 같이 꾸짖다.

穿鑿(천착) : ① 구멍을 뚫음. ② 어떤 원인이나 내용 등을 깊이 알려고 하거나 연구함. ex) 새로운 학문에 천착하다.

千秋萬歲(천추만세) : ① 아주 오랜 세월. =천추(千秋). 천만세(千萬世). ② 장수를 기원하는 말. cf) 천명(天命) : ① 타고난 수명. =천수(天壽). ② 타고난 운명. ③ 하늘의 명령.

春秋(춘추) : ① 봄과 가을. ② 어른의 나이를

높여 이르는 말. =연세(年歲).

靑寫眞(청사진) : 미래에 대한 희망적인 계획이나 구상을 비유하는 말. ex) 미래 도시의 청사진을 제시하다. cf) 청신호(靑信號) : 앞일이 순조롭게 진행될 것 같은 징조를 비유. (반) 적신호(赤信號).

處士(처사) : ① 벼슬을 하지 않고 초야에 묻혀 살던 선비. =거사(居士). ② 불교에서, 출가하지 않은 사람으로서 법명(法名, 승려에게 주어지는 이름)을 가진 남자. cf) 집사(執事) : 주인집에 고용되어 그 집일을 맡아보는 사람.

致富(치부) : 재물을 모아 부자가 됨. ex) 부동산으로 치부하는 사회는 정상이 아니다. cf) 恥部(치부) : 남에게 숨기고 싶은 부끄러운 부분. ex) 민족성의 치부를 백일하(白日下, 모든 사람들이 알도록 분명함)에 드러내다.

親權(친권) : 부모가 미성년인 자녀에 대해 가지는 신분상, 재산상의 권리와 의무를 통틀어 이르는 말.

觸媒(촉매) : 어떤 일을 유도하거나 변화시키는 것 따위를 비유하는 말. ex) 그는 구성원 화합에 촉매 역할을 한다. cf) 도화선(導火線) : 사건이 일어나게 된 직접적인 원인.

出師表(출사표) : 중국 촉나라의 재상 제갈량이 출병(出兵)하면서 왕에게 올린 글에서 비롯된 것으로, '출병할 때 그 뜻을 적어서 왕에게 올리는 글'을 일컫는다. cf) 요즘은 경기나 선거 등에 나서는 각오를 세상에 알린다는 의미로 자주 쓰인다. ex) 그는 총선에 출사표를 던졌다.

鐵拳(철권) : (쇠뭉치같이 단단한 주먹이라는 뜻으로) 부정적인 의미의 폭력을 비유적으로 이르는 말. ex) 철권 통치.

哲學(철학) : ① 인간과 세계에 대한 근본 원리와 삶의 본질 따위를 연구하는 학문. ② 자신의 경험에서 얻은 인생관, 세계관, 신조 따위를 이르는 말. ex) 누구나 살아가는 철학이 있기 마련이다.

靑史(청사) : (종이가 발명되기 이전에 대나무에 사실을 기록했다는 데서 온 말로) 역사상의 기록을 이르는 말. cf) 靑雲(청운) : ① 푸른 구름. ② 높은 지위나 벼슬을 비유적으로 이르는 말. ex) 그는 청운의 꿈을 안고 상경했다.

[ㅋ]

快擲(쾌척) : 돈이나 물품을 필요한 데에 선뜻 내줌.
ex) 수재 의연금으로 거액을 쾌척하다.

[ㅌ]

彈劾(탄핵) : 소추가 곤란한 대통령, 장관, 법관 등의 고위 공무원이 저지른 위법 행위에 대해 국회에서 소추하여 처벌하거나 파면함. cf) 소추(訴追) : ① 탄핵을 발의해 파면을 요구하는 일. ② 검사가 형사사건에 공소를 제기하는 일. 지탄(指彈) : 잘못을 지적하여 비난함. ex) 지탄의 대상.

蕩減(탕감) : 세금이나 빚 따위를 없애거나 덜어 줌. ex) 조세 탕감. 농민 부채 탕감. cf) 탕평(蕩平) : 어느 쪽에도 치우침이 없이 공평함. ex) 탕평책을 쓰다.

投影(투영) : ① 어떤 물체의 그림자를 비춤. ②

어떤 일을 다른 대상에 반영해 나타냄을 비유. ex) 작가의 역사 의식이 투영된 작품. cf) 반영(反映) : 다른 것의 영향을 받아 어떤 현상이 나타남. ex) 민의를 반영시키다. 퇴영(退嬰) : ① 뒤로 물러나서 움직이지 않음. ② 활기나 진취적 기상이 없게 됨. ex) 요즘은 역행과 퇴영의 시대다.

通牒(통첩) : ① 문서로 알림. 또는 그 문서. ex) 최후 통첩. ② 국제법상, 자기 나라의 태도나 정책 따위를 상대국에게 문서로 하는 일방적 의사 표시. cf) 이첩(移牒) : 받은 공문이나 통첩 따위를 다른 곳으로 보냄.

太初(태초) : 하늘과 땅이 생겨난 맨 처음. =창초(創初). cf) 태고(太古) : 아주 오랜 옛날. ex) 태고의 신비.

泰斗(태두) : 세상 사람으로부터 존경을 받거나 어느 분야에서 권위 있는 사람.

通過儀禮(통과의례) : ① 출생, 성년, 결혼, 사망 따위와 같이 사람의 일생 동안 겪어야 할 의식을 통틀어 이르는 말. ② 어떤 일을 하기 위해 꼭 거쳐야 하는 것. ex) 사춘기는 성인이 되기 위한 통과의례다.

[ㅍ]

跛行(파행) : ① 절뚝거리며 걸음. ② 어떤 일이 순조롭지 않게 진행되는 것을 비유. ex) 파행이 거듭되는 국회.

覇權(패권) : ① 우두머리나 승자의 권력. ② 국제 정치에서 군사적 힘이나 경제력으로 다른 나라를 지배하고 자국의 세력을 넓히는 기세. cf) 패권주의(覇權主義) : 강대한 군사력으로 세계를 지배하려는 강대국의 제국주의적 정책. 패기(霸氣) : 어떤 어려운 일이라도 해내겠다는 의욕과 자신감. 제패(制霸) ; 어떤 분야에서 다른 것을 억눌러 주도적인 위치를 차지함.

覇道(패도) : 인의(仁義)를 무시하고 무력이나 권모 술수로 나라를 다스리는 일. cf) 王道(왕도) : 인덕(仁德)을 근본으로 나라를 다스리는 도리. 유학(儒學)에서 이상으로 하는 정치사상이다.

風靡(풍미) : (초목이 바람에 쓸리듯) 어떤 현상이나 사조(思潮) 따위가 널리 사회에 퍼지는 것을 이르는 말. ex) 일세(一世)를 풍미하다.

廢族(폐족) : 조상이 큰 죄를 짓고 죽어서 그 자손이 벼슬을 할 수 없는 족속. 요즘 정치권에서 '몰락한 사람이나 세력'을 비유할 때 쓰인다. cf) 멸문(滅門) : 한 집안이 망하여 없어짐.

筆鋒(필봉) : ① 글이나 문장의 힘. ② 글을 써 내려가는 기세를 비유적으로 이르는 말. ex) 필봉을 휘두르다.

[ㅎ]

革命(혁명) : ① 이전의 정권을 뒤집고 다른 정권이 들어서는 일. ② 비합법적 수단으로 정치 권력을 잡는 일. ③ 급격한 변혁이 일어나는 일. ex) 산업 혁명. cf) 정변(政變) : 반란이나 혁명, 쿠데타 등 비합법적인 수단으로 생긴 정치상의 큰 변동.

懸案(현안) : 해결해야 할 문제로 남아 있는 일. 또는 안건. ex) 우리 경제의 현안은 물가 안정이다.

惠存(혜존) : '받아 간직해 주십시오'라는 뜻으

로, 자기의 저서나 작품 따위를 남에게 줄 때 상대편의 이름 아래에 쓰는 말. cf) 봉정(奉呈) : (문서나 문집 따위를) 삼가 드림. ex) 기념 논문집 봉정.

合從(합종) : 중국 전국시대에 소진(蘇秦)이 주장한 것으로, 서쪽에 있는 강대한 진나라에 대항하기 위해 남북(南北)에 있는 6개국이 연합하려던 정책. cf) 연횡(連橫) : 장의(張儀)가 주장한 것으로, 합종에 맞서기 위해 진나라를 중심으로 동서(東西)의 6개국이 연합하려던 정책. (정치권의 이합집산을 비유하는 과정에서 '합종연횡'이라는 말이 자주 등장한다.)

鴻鵠(홍곡) : 큰 기러기와 고니. 포부가 큰 사람을 비유하는 말. cf) 燕雀(연작) : 제비와 참새. 도량이 좁은 사람을 비유.

顯考(현고) : 신주(죽은 이의 위패)나 축문(祝文)에서 '돌아가신 아버지'를 이르는 말. cf) 현비(顯妣) : '돌아가신 어머니'를 이르는 말.

膾炙(회자) : (날고기와 구운 고기라는 뜻으로) 널리 사람들의 입에 오르내리는 것을 이르는 말. ex) 그가 행한 헌신은 사람들에게 회자되고 있다.

糊塗(호도) : (풀을 바른다는 뜻으로) 근본적인 조치를 취하지 않고 일시적으로 얼버무려 넘김. ex) 진실을 호도하다. cf) 오도(誤導) : 그릇된 길로 이끎.

黃泉(황천) : 죽은 사람의 영혼이 가서 산다는 세계. 저승. cf) 유명(幽明) : ① 어둠과 밝음. ② 저승과 이승. ex) 유명을 달리하다.

糊口(호구) : (입에 풀칠을 한다는 뜻으로) 겨우 끼니를 이어가는 것을 비유. cf) 虎口(호구) : ① (호랑이의 아가리라는 뜻으로) 매우 위험한 지경을 이르는 말. ② 어수룩해 이용하기 좋은 사람을 비유적으로 이르는 말.

享年(향년) : 한평생을 살아 누린 나이, 즉 죽은 사람의 나이를 이르는 말. cf) 향유(享有) : 자기의 것으로 소유하여 누림. ex) 만인이 풍요를 향유하는 사회.

劃定(획정) : 어떤 범위나 경계 따위를 명확히 구별하여 정함. ex) 선거구 획정. cf) 획일(劃一) : 모두가 한결같아서 변함이 없음.

回春(회춘) : ① 봄이 다시 돌아옴. ② 노인이 다시 젊어짐. ③ 병이 나아서 건강이 회복됨.

行間(행간) : ① 글의 줄과 줄 사이. 또는 행과 행 사이. ② 글에 직접적으로 나타나 있지 않지만 그 글을 통해 나타내려고 하는 숨은 뜻을 비유적으로 이르는 말.

解氷(해빙) : ① 얼음이 녹음. ② 서로 대립하던 세력 사이의 긴장이 완화되는 것을 비유.

後學(후학) : ① 학문에서의 후배. ex) 후학을 양성하다. ② 학자가 자기를 낮추어 이르는 말.

回婚(회혼) : 부부가 혼인한 지 예순 돌 되는 날. 또는 그 해. cf) 해로(偕老) : 부부가 한평생 같이 살며 함께 늙음.

解脫(해탈) : ① 굴레의 얽매임에서 벗어남. ② 불교에서, 속세의 번뇌(煩惱, 마음이 시달려서 괴로움)와 속박을 벗어난 편안한 경지를 이르는 말. cf) 열반(涅槃) : ① 일체의 번뇌나 고뇌가 소멸된 상태. ② 승려가 죽음. =입적(入寂).

紅一點(홍일점) : (푸른 잎 가운데 피어 있는 한 송이의 붉은 꽃이란 뜻으로) 많은 남자들 속에 하나뿐인 여자를 이르는 말. (반) 청일점(青一點). cf) 홍등가(紅燈街) : 술집이나 유곽 따위가 늘어선 거리.

割讓(할양) : 국가 간의 합의에 의해 자기 나라 영토의 일부를 다른 나라에 넘겨줌. ex) 난징 조약에서 중국은 홍콩을 영국에게 할양했다. cf) 할애(割愛) : 시간, 돈, 공간 따위를 아깝게 여기지 않고 선뜻 내어 줌.

戱畫化(희화화) : 어떤 사물이나 사람이 과장되거나 우스꽝스럽게 묘사됨. ex) 정치를 희화화하는 국회의원들이 부지기수다. cf) 형해화(形骸化) : (내용은 없이 뼈대만 있게 된다는 뜻으로) 형식만 있고 가치나 의미가 없게 됨을 이르는 말. ex) 요즘은 진정한 교육이 형해화된 상태라고 지적받는다. # 방송 시사 프로그램에서 자주 등장하는 말들이다.

犧牲羊(희생양) : (제물로 바쳐지는 양이라는 뜻으로) 다른 사람의 이익이나 어떤 목적을 위해 목숨, 재산, 명예, 이익 따위를 억울하게 희생(犧牲)당하는 처지를 비유.

萱堂(훤당) : 남의 어머니를 높여 부르는 말.

구 분	살아계신 이	돌아가신 이
자기 아버지	家親(가친) 嚴親(엄친)	先親(선친) 先考(선고)
남의 아버지	春府丈(춘부장) 春堂(춘당) 令尊(영존)	先大人(선대인) 先考丈(선고장)
자기 어머니	家慈(가자) 慈親(자친)	先慈(선자) 先妣(선비)
남의 어머니	大夫人(대부인) 慈堂(자당) 萱堂(훤당)	先大夫人(선대부인)
남의 할아버지	王大人(왕대인) 王尊丈(왕존장)	
남의 할머니	王大夫人(왕대부인)	

5-1 나이 명칭

만(滿) 나이가 아닌 우리 나이 기준

충년(沖年) : 10세 안팎의 어린 나이.
지학(志學) : 15세. 학문에 뜻을 두는 나이.
약관(弱冠) : 20세 전후의 남자.
묘령(妙齡) : 20세 전후의 여자. =방년(芳年).
이립(而立) : 30세. 인생관이 서는 나이.
불혹(不惑) : 40세. 미혹(迷惑 : 무엇에 홀리거나 갈팡질팡함)되지 않는 나이.
지천명(知天命)/ 지명(知命) : 50세. 천명(天命)을 아는 나이.
이순(耳順) : 60세. 모든 것을 순리대로 이해하게 되는 나이. =육순(六旬).
환갑(還甲) : 61세. =회갑(回甲).
진갑(進甲) : 62세. 환갑의 이듬해.

고희(古稀)/ 종심(從心) : 70세. =칠순(七旬).
희수(喜壽) : 77세. cf) '喜'의 초서체가 '七+七'과 비슷한 데서 나온 말.
산수(傘壽) : 80세. =팔순(八旬).
미수(米壽) : 88세. cf) '米'를 풀면 '八+八'이 되는 데서 나온 말.
졸수(卒壽) : 90세. =구순(九旬).
망백(望百) : 91세. 100세를 바라보는 나이.
백수(白壽) : 99세. cf) '백(百)'에서 '일(一)'을 빼면 '백(白)'이 되는 데서 나온 말.
기이(期頤) : 100세.
상수(上壽) : 100세 또는 100세 이상. 사람의 수명을 상, 중, 하로 나눌 때 가장 많은 나이.

06 유사한 한자어

관대(寬大) : 마음이 너그럽고 큼.
관용(寬容) : 너그럽게 받아들이거나 용서함. (비) 용인(容認). 용납(容納).
포용(包容) : 너그럽게 감싸 주거나 받아들임.
포섭(包攝) : 상대를 자기편으로 끌어넣음. ex) 대중을 포섭하는 능력.

校正(교정) : 교정지와 원고를 대조하여 틀린 글자나 빠진 글자 따위를 바로잡는 일. (비) 교열(校閱).
矯正(교정) : 좋지 않은 버릇이나 결점 따위를 바로잡아 고침. ex) 갱생을 위한 교정 프로그램.
訂正(정정) : 잘못을 고쳐 바로잡음.

기각(棄却) : 소송이나 결정을 부적합한 것으로 판단해 배척함. ex) 원고의 소송을 기각하다.
각하(却下) : 관청이나 공공단체에서 신청을 받지 않고 물리침. ex) 인가 신청이 각하되다.
취하(取下) : 신청하거나 제출했던 것을 도로 거두어들임. ex) 소송을 취하하다.

技能(기능) : 기술상의 재능. (~직)
機能(기능) : 작용. 활동. (~이 마비되다.)

이해(理解) : ① 말이나 글의 뜻 따위를 알아들음. ② 사리를 분별하거나 해석함.
인지(認知) : 어떤 사실을 분명히 앎. ex) 사건을 인지하다. cf) 망각(忘却) : 잊어버림.

인식(認識) : 사물을 분별하고 판단하는 일. ex) 역사에 대한 인식. cf) 의식(意識) : 자기 자신이나 사물에 대해 인식하는 작용. ex) 의식을 잃다.
주지(周知) : (여러 사람이) 두루 앎. ex) 주지의 사실.

지식(知識) : 알고 있는 내용이나 사물.
상식(常識) : 일반적인 지식이나 판단력.
지혜(智慧) : 사물의 이치를 올바로 깨닫고 처리하는 정신적 능력. =슬기.
재능(才能) : 재주와 능력.
지능(知能) : 지혜와 재능을 아울러 이르는 말.
현명(賢明) : 지혜롭고 사리에 밝음.
기지(機智) : 그때그때의 상황에 따라 재빨리 발휘되는 재치. ex) 난처한 처지를 기지로 모면하다.

感想(감상) : 느낀 생각. (~문)
感傷(감상) : 쉽게 슬픔을 느끼는 마음. (~에 젖다.)
鑑賞(감상) : 예술 작품을 음미하여 이해하고 즐김. (그림을 ~하다.)

看過(간과) : 대강 보아 넘김.
看破(간파) : 꿰뚫어 보아 알아차림.
看做(간주) : 그렇다고 봄. 그렇게 여김. ex) 무승부로 간주하다.

求心(구심) : 회전하는 물체가 중심을 향해 가까워지려고 하는 작용. cf) 구심점(求心點) : 중심적 역할을 하는 사람·사상 등을 비유.

遠心(원심) : 회전하는 물체가 중심에서 멀어지려고 하는 작용.

默認(묵인) : 모르는 체하고 슬며시 승인함. (비) 묵과(默過). cf) 묵살(默殺) : 못 보거나 못 들은 체하고 문제 삼지 않음.

默契(묵계) : 말없는 가운데 서로 뜻이 맞아 이루어진 약속. =묵약(默約).

默視(묵시) : (어떤 일에 간섭하지 않고) 말없이 눈여겨봄. ex) 그의 횡포를 더는 묵시할 수 없다.

暗默(암묵) : 자신의 의사를 겉으로 드러내지 않음. ex) 암묵적 동의.

補償(보상) : (불법행위는 아니지만) 남에게 끼친 재산상의 손해를 금전적으로 갚음.

賠償(배상) : (불법행위로 인해) 남에게 입힌 손해를 물어 줌.

不淨(부정) : 깨끗하지 못함.
不正(부정) : 바르지 못함. ex) 부정한 행위.
不定(부정) : 일정하지 않음. ex) 주거 부정.
否定(부정) : 그렇지 않다고 함. (반) 긍정(肯定).

권리(權理) : 어떤 일을 하거나 누릴 수 있는 힘이나 자격.

권력(勸力) : 남을 복종시키거나 지배할 수 있는 힘. 특히 국가나 정부가 국민에 대해 가지고 있는 강제력을 이른다.

권한(權限) : 권리나 권력이 미치는 범위. cf) 재량(裁量) : 자기의 생각과 판단에 따라 일을 처리함. ex) 이 일은 너의 재량에 맡기겠다.

권위(權威) : 남을 지휘하거나 통솔하여 따르게 하는 힘.

受容(수용) : 받아들임. (젊은이들의 의견을 ~하다.)

收容(수용) : 사람이나 물품 따위를 일정한 곳에 넣어 둠. (포로 수용소)

收用(수용) : ① 거두어들여 씀. ② 공익을 위해 국가의 명령으로 특정물의 권리나 소유권을 강제 징수하여 국가나 제삼자의 소유로 옮기는 처분. (토지를 ~하다.)

主人公(주인공) : 사건 또는 소설·연극·영화 등의 중심 인물. (긍정적 의미)

張本人(장본인) : 어떠한 일을 일으킨 바로 그 사람. (부정적 의미)

專賣(전매) : (어떤 물품을) 독점하여 파는 일.
轉賣(전매) : 산 물건을 다른 사람에게 팔아넘김. (아파트 분양권을 ~하다.)

正義(정의) : 올바른 도리. (~를 위해 싸우다.)

定義(정의) : 어떤 개념의 내용이나 용어의 뜻을 명확히 한정하는 일. (그 단어에 대해 ~를 내리다.)

情誼(정의) : 사귀어 두터워진 정. (그간의 ~를 보아서도 그럴 수는 없다.)

週期(주기) : 어떤 현상이 일정하게 되풀이될 때 그 일정한 시간을 이르는 말. ex) 가뭄이 삼 년을 주기로 반복되다.

周年(주년) : 한 해를 단위로 해 돌아오는 그날을 세는 단위. ex) 개교 사십 주년.

仲介(중개) : 제삼자로서 둘 이상의 당사자 사이에 들어 일을 주선함. ex) 중개 무역. cf) 매개(媒介) : 둘 사이에서 관계를 맺어 줌.
中繼(중계) : 중간에서 이어 줌. ex) 중계 방송.
仲裁(중재) : 서로 다투는 사이에 개입해 화해를 시킴. ex) 중재에 나서다.
仲媒(중매) : 남녀 사이에 들어 혼인을 성사시키려고 함.

改正(개정) : 바르게 고침. (악법의 ~)
改定(개정) : 고쳐 다시 정함. (헌법 ~)
改訂(개정) : 책의 잘못된 내용을 바로 잡음. (~신판)

決意(결의) : 뜻을 정하여 굳게 가짐. (굳은 ~)
決議(결의) : 회의에서 의안이나 제의 등의 가부를 결정함. (징계안을 ~하다.)
結義(결의) : 남남끼리 의리로써 형제자매와 같은 관계를 맺음. (도원 ~)

止揚(지양) : (더 높은 단계로 오르기 위해) 어떠한 것을 하지 않음. ex) 경솔한 행동을 지양하다.
指向(지향) : 일정한 목표를 정하여 나아감. ex) 그 분야의 최고를 지향하다.

해설(解說) : 알기 쉽게 풀어서 설명함. ex) 시사 해설. 축구 해설.
해명(解明) : (까닭이나 내용 따위를) 풀어서 밝힘. ex) 사고의 원인을 해명하다.
규명(糾明) : 자세히 캐고 따져 사실을 밝힘. ex) 사건의 진상을 규명하다.

修行(수행) : 행실, 학문, 기예 따위를 닦음.
遂行(수행) : 생각하거나 계획한 대로 일을 해 냄. (임무를 ~하다.)
隨行(수행) : 일정한 임무를 띠고 사람을 따라 감. (대통령을 ~하다.)

민족주의(民族主義) : (독립이나 통일을 위해) 민족의 독자성이나 우월성을 주장하는 사상.
국수주의(國粹主義) : 자기 나라의 전통적 특수성만을 우수한 것으로 믿는 배타적이고 보수적인 주의.
전제주의(專制主義) : 지배자의 독단에 의한 정치를 합리화하려는 주의. (반) 민주주의.
전체주의(全體主義) : 개인의 모든 활동을 국가나 민족의 존립·발전을 위해 바쳐야 한다는 이념 아래 국민의 자유를 억압·통제하는 사상 및 체제. 나치즘·파시즘 따위. (반) 개인주의.
제국주의(帝國主義) : 군사적·경제적으로 남의 나라나 후진 민족을 정복해 영토나 권력을 넓히려는 주의.
군국주의(軍國主義) : 국가의 가장 중요한 목적을 군사력에 의한 대외적 발전에 두고, 전쟁과 그 준비를 위한 정책이나 제도를 최상위에 두려는 이념. 또는 그에 따른 정치 체제.
봉건주의(封建主義) : 봉건시대를 떠올리게 하는 권위주의적인 사고방식을 비유적으로 이르는 말. (상위에 있는 자가 절대적 권력을 가지고 하위에 있는 자를 종속시켜 다스리는 방식)

군주(君主) : 세습에 의해 나라를 다스리는 최고 지위에 있는 사람.
제후(諸侯) : 봉건시대에, 군주로부터 받은 영토와 그 영내에 사는 백성을 다스리던 사람.

제왕(帝王) : 황제(皇帝)와 국왕(國王)을 통틀어 이르는 말.

총독(總督) : (식민지·자치령 따위에서) 정치·경제·군사 등 모든 통치권을 관할하는 직책. cf) 가신(家臣) : ① 벼슬아치의 집에 딸려 있으면서 섬기는 사람. ② 영향력 있는 정치 지도자를 추종하여 측근에서 보좌하는 정치인. ex) 가신 정치.

지성(知性) : 사물을 알고 생각하고 판단하는 힘. ex) 그는 당대의 지성을 대표하는 인물이다.

이성(理性) : 개념적으로 사유하는 능력을 감각적 능력에 상대하여 이르는 말. ex) 이성에 호소하다. cf) 사유(思惟) : 생각하고 판단함.

각성(覺醒) : ① 깨어나 정신을 차림. ② 정신을 차리고 주의깊게 살펴 경계하는 태도. (비) 경각(警覺). ex) 실패를 각성의 계기로 삼는다.

성찰(省察) : 자신의 일을 반성하며 깊이 살핌. (비) 반성(反省). 회개(悔改). 후회(後悔). 참회(懺悔).

통찰(洞察) : 예리한 관찰력으로 사물을 환히 꿰뚫어 봄. ex) 현대 사회에 대한 진지한 통찰.

투자(投資) : (이익을 얻을 목적으로) 사업이나 주식·채권 구입 등에 자금을 댐.

투기(投機) : ① 확신도 없이 큰 이익을 노리고 무슨 짓을 함. ② 시가 변동에 따른 차익을 노려서 하는 매매·거래. ex) 부동산 투기가 기승을 부리다. cf) 投棄(투기) : (불필요한 것을) 내던져 버림. ex) 쓰레기 투기가 금지된 지역.

의논(議論) : 어떤 일에 대해 서로 의견(意見)을 주고받음. =논의(論議). cf) 의제(議題) : (회의에서) 의논할 문제. 부의(附議) : (의논해야 할 일을) 회의에 붙임. ex) 회의에 안건을 부의하다.

토론(討論) : 어떤 문제에 대해 여러 사람이 각각 의견을 말하며 의논함.

논쟁(論爭) : 서로 다른 견해를 가진 사람들이 말이나 글로 옳고 그름을 따지며 다툼.

중론(衆論) : 많은 사람들의 생각이나 의견. (비) 중지(衆智). ex) 중론에 따라 결정하다.

이론(異論) : 다른 의견이나 주장. (비) 이의(異議).

공론(公論) : 사회 일반의 여론.

망자(亡者) : 죽은 사람. =망인(亡人).

조의(弔意) : 남의 죽음을 슬퍼하는 마음.

부의(賻儀) : 초상난 집에 돈이나 물건을 보내는 일. 또는 그런 돈이나 물건.

부조(扶助) : ① 남을 도와줌. ex) 생계 부조. ② 잔칫집이나 상가(喪家) 등에 돈이나 물건을 보내는 일. 또는 그런 돈이나 물건.

부고(訃告) : 사람의 죽음을 알림. 또는 그런 글. = 부음(訃音).

빈소(殯所) : 발인 때까지 관을 놓아두는 곳.

발인(發靷) : 장례를 치를 때 관이 빈소를 떠남.

영결(永訣) : 영구히 헤어짐. 보통 죽은 이와의 헤어짐을 뜻함.

편파(偏頗) : 한편으로 치우쳐 공정하지 못함. ex) 편파 보도. (비) 편향(偏向).

편협(偏狹) : 생각이나 도량이 좁음.

편승(便乘) : ① 남이 타고 가는 차 따위를 얻어 탐. ② 세태나 남의 세력을 이용해 자신의 이익을 거두는 것을 비유.

편법(便法) : 정상적인 절차를 거치지 않은 간

편하고 손쉬운 방법.

사모(思慕) : 몹시 그리워하거나 마음으로 따름.
흠모(欽慕) : 기쁜 마음으로 공경하며 사모함. ex) 스승을 흠모하다.
추모(追慕) : 죽은 이를 생각하고 그리워함. (비) 추도(追悼).

영아(嬰兒) : 출생 후부터 2년까지의 아기.
유아(幼兒) : 만 3세부터 초등학교 취학 전까지의 아이.
영유아(嬰幼兒) : '영아'와 '유아'를 함께 이르는 말.
청춘(靑春) : (새싹이 파랗게 돋아나는 봄철이라는 뜻으로) 십 대 후반에서 이십 대에 이르는 젊은 나이 또는 그런 시절을 이르는 말. cf) 청년(靑年) : 젊은 남자. 젊은이.

허가(許可) : 법령으로 금지·제한돼 있는 일을 할 수 있도록 처리하는 일. ex) 영업 허가.
인가(認可) : 법적으로 옳다고 인정해 행정적으로 시행을 허락하는 일. ex) 인가를 받다.
인허가(認許可) : '인가'와 '허가'를 아울러 이르는 말.
승인(承認) : ① 어떤 사실을 마땅하다고 받아들임. ② 국가나 지방자치단체 등이 행하는 승낙이나 동의.
시인(是認) : 옳다고, 또는 그러하다고 인정(認定)함. (반) 부인(否認).

항소(抗訴) : 1심의 판결에 불복해 상급 법원에 재심사를 청구하는 일.
상고(上告) : 2심의 판결에 불복해 대법원에 재심사를 청구하는 일.
항고(抗告) : 법원의 결정·명령에 불복해 상급 법원에 상소하는 일.
상소(上訴) : 하급 법원의 판결·결정·명령에 불복해 상급 법원에 재심사를 청구하는 일. 항소·상고·항고 등.

요지(要旨) : (말이나 글 따위에서) 핵심이 되는 중요한 내용. (비) 요점(要點). 요체(要諦).
취지(趣旨) : (어떤 일의) 근본 목적이나 의도. ex) 단체 설립 취지를 밝히다.
논지(論旨) : (의견·논의의) 요지나 취지. (비) 논점(論點).
논제(論題) : 토론, 논의, 논문 등의 제목이나 주제.
과제(課題) : 처리하거나 해결해야 할 문제.

보수(保守) : ① 보전하여 지킴. ② 새로운 것이나 변화를 적극 받아들이기보다는 전통적인 것을 옹호하며 유지하려 함.
수구(守舊) : 옛 제도나 풍습을 그대로 지키고 따름. (과격한 보수 세력의 부정적인 측면을 거론할 때 쓰인다.)
진보(進步) : ① 정도나 수준이 나아지거나 높아짐. ② 역사 발전의 합법칙성에 따라 사회의 변화나 발전을 추구함. ('보수'의 반대 개념으로 쓰인다.)
진화(進化) : 일이나 사물 따위가 점점 발달하여 감. cf) 진취(進取) : 적극적으로 나서서 일을 이룩함.

不正(부정) : 바르지 않음. ex) 부정을 일삼다.
不定(부정) : 일정하지 아니함. ex) 주거 부정.
否定(부정) : 그렇다고 인정하지 아니함. =부인(否認).

비준(批准) : 조약의 체결을 국가가 최종적으로 확인하고 동의함, 또는 그 절차. ex) 한미조약을 비준하다.

인준(認准) : 법률에 규정된 공무원의 임명에 대한 국회의 승인. ex) 국무총리 인준.

인증(認證) : 어떠한 행위가 정당한 절차로 이루어졌음을 공적 기관이 증명하는 일.

추인(追認) : 과거로 소급해 그 사실을 인정함.

비유(比喩) : 어떤 사물의 모양이나 형태 등을 그것과 비슷한 다른 사물에 빗대어 표현함.

묘사(描寫) : 눈으로 보거나 마음으로 느낀 것 등을 그림을 그리듯이 객관적으로 표현함. ex) 심리를 잘 묘사한 작품.

형용(形容) : ① 생긴 모양. ② 말이나 글 따위로 사물이나 사람의 모양을 나타냄. ex) 무어라고 형용할 길이 없다.

상징(象徵) : 어떤 사상이나 개념 등을 그것을 상기시키거나 연상시키는 사물이나 감각적인 말로 바꾸어 나타냄. ex) 비둘기는 평화를 상징한다.

은유(隱喩) : 비유법의 한가지로, 본뜻은 숨기고 비유하는 형상만 드러내 표현하려는 대상을 설명함. ('내 마음은 호수' 따위.)

사찰(査察) : 조사하여 살핌. ex) 민간인 사찰이 말썽을 빚다.

규찰(糾察) : 죄상 따위를 자세히 캐고 밝힘.

정풍(整風) : 어지러운 기풍(氣風)이나 작풍(作風) 따위를 바로잡음. ex) 정풍 운동.

숙정(肅正) : 부정을 엄하게 다스려 바로잡음.

숙청(肅淸) : ① 어지러운 상태를 바로잡음. ② (독재 국가 따위에서) 반대파를 제거하는 일.

전쟁(戰爭) : 국가 또는 단체끼리 무력을 써서 하는 싸움. (전체적 개념)

전투(戰鬪) : 전쟁에서 이기기 위해 맞붙어 싸움. (부분적 개념)

전장(戰場) : 전투가 벌어지는 장소. =전선(戰線).

전술(戰術) : 전투 상황에 대처하기 위한 기술과 방법. ex) 유격 전술.

전략(戰略) : 전쟁을 전반적으로 이끌어 가는 계획이나 책략. (전술보다 상위 개념)

친족(親族) : 촌수가 가까운 일가(피붙이).

인척(姻戚) : 혈연관계는 없으나 혼인으로 맺어진 친족.

존속(尊屬) : 부모와 그 항렬 이상의 친족. 직계 존속과 방계 존속으로 나뉨.

비속(卑屬) : 아들과 같거나 그 이하의 항렬에 있는 친족. 아들·손자 등의 직계 비속과 조카 등 방계 비속으로 나뉨.

보전(保全) : 온전하게 보호해서 유지함. =보존(保存). ex) 환경을 보전(보존)하다.

보전(補塡) : 부족한 부분을 채움. =보충(補充). ex) 적자를 보전하다.

보완(補完) : 모자라는 것을 보충하여 완전하게 함.

보결(補缺) : 빈자리를 채움. =보궐(補闕).

반증(反證) : 어떤 주장에 대해 그것을 부정할 증거를 대는 일, 또는 그 증거.

방증(傍證) : (어떤 사실을) 간접적으로 증명하는 데 도움을 주는 증거. ex) 방증을 수집하다.

식견(識見) : 사물을 올바르게 판단할 수 있는 능력. (비) 견식(見識). 안목(眼目).

견문(見聞) : ① 보고 들음. ② 보고 들어서 얻은 지식. ex) 견문을 넓히다.

기지(機智) : 그때그때 상황에 따라 재빨리 발휘되는 재치.

탁견(卓見) : 뛰어난 의견이나 견해.

박학(博學) : 학식이 넓고 아는 것이 많음. (비) 해박(該博).

서론(序論) : 말이나 글의 첫머리. 머리말. (비) 서두(序頭). 모두(冒頭). 벽두(劈頭). (반) 결론(結論).

화두(話頭) : ① (이야기의) 말머리. ② 관심을 두어 중요하게 생각하거나 이야기할 만한 것. ex) 그가 평생을 두고 화두로 삼은 명제는 인권이다.

필두(筆頭) : ('붓의 끝'에서 온 말로) 나열해 적거나 말할 때 맨 처음 사람이나 단체. ex) 부장을 필두로 해 부서원이 열심히 일한다.

두서(頭緖) : 말이나 일 따위가 앞뒤가 들어맞고 체계가 서는 갈피. (비) 조리(調理).

선사(先史) : 역사시대 이전의 역사. 문헌이나 기록이 없어 유적이나 유물로만 파악됨. cf) 유사(有史) : 역사가 시작됨. ex) 유사 이래 최대의 공사.

고대(古代) : 일반적으로 고조선부터 통일신라 시대까지.

중세(中世) : 일반적으로 고려시대.

근세(近世) : 조선시대 전기.

근대(近代) : 조선시대 후기. 일반적으로 1876년의 개항 이후부터 1919년 3·1운동까지의 시기를 이른다.

현대(現代) : 일반적으로 1945년 광복 이후 현재까지.

계고(戒告) : 행정상의 의무 이행을 재촉하는 행정기관의 통고. ex) 구청에서 보낸 계고장이 왔다.

계도(啓導) : 남을 깨우쳐 이끌어 줌. ex) 계도 기간.

계몽(啓蒙) : 인습에 젖거나 바른 지식을 갖지 못한 사람을 일깨워 줌. ex) 계몽사상·계몽문학.

계발(啓發) : 지능을 깨우쳐 열어 줌. ex) 창의력 계발.

고소(告訴) : 범죄의 피해자가 수사기관에 범죄 사실을 신고함.

고발(告發) : 피해자 이외의 사람, 제3자가 범죄사실을 신고함.

기소(起訴) : 형사 사건에서 검사가 법원에 재판을 청구하는 일. (비) 공소(公訴).

소추(訴追) : 형사 사건에서 검사가 공소를 제기하는 일.

피의자(被疑者) : 범죄 혐의는 받고 있으나 아직 기소되지 않은 사람.

피고인(被告人) : 형사 사건에서 검사로부터 기소된 사람.

규칙(規則) : 모두 지키기로 정한 사항이나 질서. (비) 규정(規定). 규율(規律).

법칙(法則) : 반드시 지켜야 하는 규칙. (비) 수칙(守則).

준칙(準則) : 근거나 기준이 되는 규칙이나 법칙.

규제(規制) : 어떤 규칙을 정해 제한함. ex) 차

량 통행을 규제하다.
규범(規範) : 마땅히 따라야 하거나 따를 만한 본보기. (비) 규준(規準). 모범(模範).
철칙(鐵則) : 바꾸거나 어길 수 없는 규칙.

更新(경신) : 종전의 기록을 깨뜨림. ex) 세계 기록을 경신하다.
更新(갱신) : 법률에서 계약기간 등을 연장하는 일. ex) 임대계약 갱신.
更生(갱생) : ① 거의 죽을 지경에서 다시 살아남. ② 바른 삶을 되찾음. ex) 갱생의 길을 걷다.

예고(豫告) : (계획 따위를) 미리 알림. cf) 계획(計劃) : 그렇게 하기로 미리 마음이나 입장을 정함.
예상(豫想) : 앞으로의 일을 미리 짐작함. (비) 예측(豫測). 예견(豫見). 추측(推測). 추정(推定). cf) 억측(臆測) : 제멋대로 예상함.
예단(豫斷) : 미리 짐작하여 판단함. ex) 결과를 쉽게 예단하면 안된다.
예산(豫算) : 필요한 비용을 미리 헤아려 계산함. 또는 그 비용.
예기(豫期) : 앞으로 닥쳐올 일을 미리 생각하고 기다림. ex) 예기치 못했던 사고.

편집(編輯) : 책·신문·영화 따위를 만들기 위해 정보를 수집·정리하고 구성함, 또는 그 작업이나 기술. ex) 교지를 편집하다.
편찬(編纂) : 여러 자료를 수집·정리해 책을 만들어 냄.
집필(執筆) : (붓을 잡는다는 뜻으로) 글이나 글씨를 씀.
집전(執典) : (의식이나 전례 따위를) 맡아서 진행함.

파기(破棄) : ① 깨뜨리거나 찢어서 없애 버림. ② 계약·조약·약속 따위를 취소하여 무효로 함. (비) 폐기(廢棄).
폐지(廢止) : 실시하던 일이나 풍습·제도 따위를 그만두거나 없앰. ex) 통금제를 폐지하다.
파산(破産) : 재산을 모두 날려버림. =도산(倒産).

유물(遺物) : ① 죽은 이가 남겨 놓은 물건. =유품(遺品). ② 과거의 인류가 남긴 유형의 제작품. ex) 신석기 시대의 유물. ③ 쓸모없이 된 제도·이념 따위. ex) 구시대의 유물.
유산(遺産) : ① 죽은 이가 남겨 놓은 재산. ② 전대의 사람들이 물려준 사물이나 문화. ex) 냉전시대의 유산을 청산하다.
유적(遺跡) : 옛 인류가 남긴 유형물의 자취. 특히 패총·고분·집터 등 부피가 크고 옮길 수 없는 것을 가리킴.

임명(任命) : 직무를 맡김. ex) 교장으로 임명되다.
임용(任用) : 어떤 일을 맡아 할 사람을 씀. ex) 공무원 임용 시험.
해임(解任) : (관직이나 직책 따위에서) 물러나게 함. (비) 해직(解職). 해고(解雇). 면직(免職). 파면(罷免).
임면(任免) : 임명과 해임. cf) 임면권(任免權) : 직무를 맡기거나 그만두게 할 권한.

습성(習性) : 오랜 습관(習慣, 버릇)에 의해 굳어진 성질. (비) 타성(惰性).
관습(慣習) : (일정한 사회에서 오랫동안 지켜 내려와) 습관화된 질서나 규칙. cf) 관행(慣行) : 예전부터 관례(慣例)에 따라 행해지는 일.

풍속(風俗) : (예로부터 지켜 내려오는) 생활에 관한 사회적 습관. (비) 풍습(風習). ex) 결혼 풍속.

독점(獨占) : 특정 자본이 생산과 시장을 지배하고 이익을 독차지함.

과점(寡占) : 어떤 상품 시장의 대부분을 소수의 기업이 독점하는 일.

독과점(獨寡占) : 독점과 과점을 아울러 이르는 말.

균점(均霑) : 이익이나 혜택을 고르게 얻거나 받음.

파란(波瀾) : 어수선한 사건이나 심한 변화를 비유.

파문(波紋) : 어떤 일이나 주위를 동요할 만한 영향. (비) 파장(波長). ex) 파문이 확산되다.

파동(波動) : 사회적으로 새로운 변화를 가져올 만한 변동을 비유. ex) 석유 파동.

파급(波及) : 어떤 일의 여파가 차차 먼 데까지 미침. ex) 파급 효과. cf) 비화(飛火) : (사건 따위가) 관계없는 사람에게까지 미침.

파국(破局) : 일이나 사태가 잘못되어 결딴이 남. (비) 파탄(破綻).

파격(破格) : 관례나 격식에서 벗어난 일.

파벌(派閥) : 이해관계에 따라 갈라진 사람들의 집단. (비) 파당(派黨). 당파(黨派).

이념(理念) : ① 이상적인 것으로 여겨지는 생각이나 견해. ex) 건국 이념. ② 한 시대나 사회, 계급에 나타나는 사상이나 주의(主義) 따위를 통틀어 이르는 말. ex) 이념 대립.

개념(概念) : 어떤 사물이나 현상에 대한 일반적인 지식. ex) 개념을 파악하다. cf) 개설(概說) : 내용을 개략적으로 설명함.

통념(通念) : 일반 사회에 널리 퍼져 있는 개념. ex) 사회적 통념을 깨다.

관념(觀念) : ① 어떤 일에 대한 생각이나 견해. ② 현실과 거리가 있는 추상적이고 이론적인 생각. ex) 관념에 빠지지 말고 구체적인 방안을 마련하라.

상념(想念) : 마음속에 품고 있는 여러 가지 생각. ex) 강을 바라보며 잠시 상념에 잠겼다. cf) 단상(斷想) : 때에 따라 떠오르는 단편적인 생각.

유념(留念) : 마음에 새기고 생각함. ex) 안전 절차를 유념해라. cf) 염두(念頭) : 마음. 생각.

선전(宣傳) : 주의·주장이나 사물의 존재·효능 따위를 잘 설명하여 널리 알림. (비) 홍보(弘報).

보도(報道) : (신문이나 방송으로) 새 소식이나 정보를 널리 알림. cf) 정보(情報) : 사물이나 어떤 상황에 대한 지식이나 자료.

선양(宣揚) : 명성이나 권위 따위를 널리 떨침. ex) 국위 선양.

선동(煽動) : 대중의 감정을 부추기어 움직이게 함. cf) 선정(煽情) : 정욕을 자극하여 일으킴. ex) 선정적인 보도로 물의를 빚다.

고양(高揚) : 정신이나 기분 따위를 드높이거나 북돋움. (비) 고취(鼓吹). ex) 병사들의 사기를 고양하다. cf) 사기(士氣) : 의욕이나 자신감이 충만해 굽힐 줄 모르는 기세.

결여(缺如) : 마땅히 있어야 할 것이 모자라거나 없음. (비) 결핍(缺乏). ex) 객관성 결여.

결함(缺陷) : 부족하거나 완전하지 못해 흠이

되는 점. =결점(缺點). ex) 성격상의 결함.
결원(缺員) : 정원에서 사람이 빠져 모자람, 또는 모자라는 인원.
결석(缺席) : 출석하지 않음. =궐석(闕席).

유세(遊說) : 각처를 돌아다니며 자기의 의견이나 소속 정당의 주장 따위를 선전함. ex) 선거 유세.
설파(說破) : 어떤 내용을 듣는 사람이 납득하도록 분명하게 말함. ex) 생명의 기원을 설파하다.
역설(力說) : 힘주어 말함. 강하게 주장함. ex) 군비 축소를 역설하다. cf) 逆說(역설) : 상식적으로는 모순되는 말이지만, 실질적 내용은 진리를 나타내고 있는 표현. '지는 것이 이기는 것' 따위.

임대(賃貸) : 돈을 받고 자기의 물건을 남에게 빌려줌.
임차(賃借) : 돈을 주고 남의 물건을 빌리는 일. cf) 임대차(賃貸借) : 당사자 가운데 한쪽이 상대편에게 물건을 사용하게 하고, 상대편은 임차료를 지급할 것을 내용으로 하는 계약.
매각(賣却) : 물건을 팖. =매도(賣渡).
매수(買收) : 물건을 사들임. =매입(買入).
이양(移讓) : (권리 따위를) 남에게 넘겨줌. ex) 정권 이양. (비) 인도(引渡).
인수(引受) : 물건이나 권리를 넘겨받음.

입증(立證) : 증거를 내세워 증명함.
고증(考證) : 옛 문헌이나 유물 등을 증거를 대어 설명함.
위증(僞證) : 거짓으로 증명함, 또는 그런 증거.
간증(干證) : 기독교에서, 자신의 신앙적 체험을 고백함.

재선거(再選擧) : 선거 무효 판정을 받았을 때나 당선인이 임기 시작 전에 사망 또는 사퇴했을 때 하는 선거. (준말) 재선.
보궐선거(補闕選擧) : 선거에 의해 선출된 의원이 임기 중에 사직·실격·사망 등으로 궐석이 생긴 경우에 하는 선거. (준말) 보선.

신의(信義) : 믿음과 의리.
신뢰(信賴) : 믿고 의지(依持)함. ex) 서로가 서로를 신뢰하다. cf) 우정(友情) : 친구 사이의 정. =우의(友誼).
신망(信望) : 믿음과 덕망. ex) 신망이 두텁다.
신빙(信憑) : 믿어서 근거나 증거로 삼음. ex) 신빙성 있는 정보.
신용(信用) : 언행이나 약속이 틀림이 없음.
신임(信任) : 믿고 일을 맡김, 또는 그 믿음. ex) 상사의 신임을 받다.
신탁(信託) : 믿고 맡김. ex) 명의 신탁
신념(信念) : 변하지 않는 굳은 생각. (비) 신조(信條).
신봉(信奉) : (교리나 사상 따위를) 옳다고 믿고 받듦. ex) 사이비 종교를 신봉하면 패가망신한다.
신인도(信認度) : 믿고 인정할 만한 정도. ex) 국가 신인도를 높여야 한다.

신고(申告) : 기관이나 조직체의 구성원이 윗사람이나 행정관청에 어떤 사실을 보고하거나 알리는 일.
신청(申請) : (관계 기관·부서 등에) 어떤 일을 해주거나 어떤 물건을 내줄 것을 요청하는 일. ex) 여권 발급을 신청하다.

요청(要請) : 필요한 일을 해 달라고 부탁(付託)함. (비) 요구(要求).

청구(請求) : 상대방에 대해 일정한 행위를 요구하는 일. ex) 물품 대금을 청구하다.

청원(請願) : ① 바라는 것의 실현(實現)을 청함. ② (국가기관이나 지방자치단체에 대해) 국민이 문서로써 희망사항을 진술함. ex) 구청에 청원하다.

탄원(歎願) : 사정을 호소하고 도와주기를 간절히 바람.

의리(義理) : 사람으로서 지켜야 할 도리.

의기(義氣) : 정의감에서 우러나오는 기세.

의분(義憤) : 의로운 마음에서 우러나오는 분노(忿怒). ex) 의분을 참지 못하다.

의지(意志) : 어떤 일을 이루고자 하는 마음. cf) 투지(鬪志) : 싸우고자 하는 의지.

의거(義擧) : 정의를 위하여 일으키는 의로운 일. ex) 4·19의거.

봉기(蜂起) : 벌 떼처럼 많은 사람이 한꺼번에 들고 일어남. ex) 민중 봉기.

반란(叛亂) : 정부나 지배자에게 반항하여 내란을 일으킴. (비) 모반(謀反).

거사(擧事) : 큰일을 일으킴. ex) 거사를 모의하다.

이별(離別) : 서로 헤어짐.

결별(訣別) : ① 기약 없는 이별. ② 관계나 교제를 영원히 끊음. ex) 결별을 선언하다.

석별(惜別) : 헤어지는 것을 섭섭하게 여김. ex) 석별의 정을 나누다.

낙승(樂勝) : 힘들이지 않고 쉽게 이김.

신승(辛勝) : (경기 따위에서) 가까스로 이김.

석패(惜敗) : 아쉽게 패배(敗北)함. cf) 애석(哀惜) : 슬프고 아까움.

희망(希望) : (어떤 일을) 이루고자 기대하고 바람. =소망(所望).

열망(熱望) : 열심히 바람. 간절히 바람.

야망(野望) : 크게 무엇을 이루어 보겠다는 희망. ex) 야망을 품다.

포부(抱負) : 앞날에 대한 생각이나 계획, 또는 희망. ex) 포부를 밝히다.

변화(變化) : 사물의 모양·성질·상태 등이 달라짐.

변천(變遷) : (세월이 흐르는 동안에) 변하여 달라짐. =변이(變移). ex) 우리말의 변천.

변칙(變則) : 보통의 규칙이나 원칙에서 벗어남. ex) 변칙 운영.

변수(變數) : 어떤 상황의 가변적 요인. ex) 뜻밖의 변수가 발생하다.

변고(變故) : 갑작스러운 재앙이나 사고. (비) 변란(變亂).

이변(異變) : 전혀 예상하지 못한 사태.

사면(赦免) : 죄를 용서하여 형벌을 면제함. ex) 정치범을 사면하다.

방면(放免) : 얽매이거나 구금 상태에 있던 사람을 풀어 줌. =석방(釋放). cf) 추방(追放) : 일정한 지역이나 조직 밖으로 쫓아냄.

복권(復權) : 일정한 자격이나 권리를 상실한 사람이 이를 되찾음. ex) 사면복권.

신원(伸寃) : 억울하게 뒤집어쓴 죄를 풀어 버림.

수치(羞恥) : 부끄러움.

모욕(侮辱) : 깔보고 욕보임. (비) 모멸(侮蔑).

굴욕(屈辱). cf) 수모(受侮) : 모욕을 당함.
치욕(恥辱) : 수치와 모욕을 아울러 이르는 말.
염치(廉恥) : 부끄러움을 아는 마음. ex) 염치가 없는 사람.
설욕(雪辱) : 전의 수모를 갚아 명예를 되찾음. ex) 설욕전.
모독(冒瀆) : (신성하거나 존엄한 것 등을) 욕되게 함. ex) 법정 모독. 신성 모독.

구인(拘引) : ① 사람을 잡아 강제로 끌고 감. ② 용의자나 피고인 등이 소환에 불응할 때 일정한 장소로 강제로 끌고 가는 것.
구치(拘置) : 피의자나 범죄자 등을 일정한 곳에 가둠.
유치(留置) : 구속 집행 및 재판 진행·집행을 위해 일정한 곳에 사람을 가둠.
구류(拘留) : (가벼운 범죄를 지은) 죄인을 1일 이상 30일 미만의 기간 동안 경찰서 유치장 등에 가두어 자유를 속박하는 형벌.
금고(禁錮) : 교도소에 가두어 둘 뿐, 노역은 시키지 않는 형벌.
징역(懲役) : 교도소에 가두어 노역을 치르게 하는 형벌.
억류(抑留) : 강제로 붙잡아 둠. ex) 인질을 억류하다.
연금(軟禁) : 외부와의 접촉이나 외출을 허가하지 않으나, 일정한 장소 안에서는 신체의 자유를 속박하지 않는 감금. ex) 가택 연금.
감호(監護) : ① 감독하고 보호함. ② 범죄자의 재범 방지를 위해 형기가 만료됐어도, 사회로부터 격리 수용해 교화시키는 일. '보호감호'의 준말. cf) 감청(監聽) : 수사 따위에 필요한 자료나 정보 등을 얻기 위해 통신 내용을 엿듣는 일. (비) 도청(盜聽).

참사(慘事) : 끔찍한 사건. (비) 참변(慘變). 참화(慘禍).
참상(慘狀) : 끔찍한 모양이나 상태. (비) 참혹(慘酷).
참패(慘敗) : 크게 패배하거나 실패함. (반) 쾌승(快勝). 압승(壓勝).
참담(慘憺) : 가슴이 아플 정도로 비참(悲慘)함. ex) 참담한 심정.
참칭(僭稱) : 분수에 넘치는 칭호를 스스로 일컬음.
참람(僭濫) : 분수에 맞지 않게 너무 지나침.

과장(誇張) : 사실보다 지나치게 부풀림. cf) 과시(誇示) : 자랑하여 보임. ex) 위세(威勢)를 과시하다.
왜곡(歪曲) : 사실과 다르게 해석하거나 그릇되게 함. (비) 곡해(曲解). ex) 왜곡 보도.
날조(捏造) : 사실이 아닌 것을 사실인 양 거짓으로 꾸밈. (비) 조작(造作). ex) 날조된 기록.
무고(誣告) : 없는 사실을 거짓으로 꾸며 남을 고발하거나 고소함.
모함(謀陷) : 꾀를 써서 남을 어려운 처지에 빠뜨림. (비) 모략(謀略). 음모(陰謀). 음해(陰害).
중상(中傷) : 터무니없는 말로 남을 헐뜯어 명예나 지위를 손상시킴. ex) 중상모략에 능한 사람.

공포(恐怖) : 두렵고 무서움. cf) 전율(戰慄) : 몹시 무서워 몸이 떨림.
공황(恐慌) : ① 근거 없는 두려움이나 공포로 생기는 심리적 불안상태. ② 경제공황(경제활동이 혼란에 빠지는 상태)의 준말.

소통(疏通) : 막히지 않고 잘 통함. ex) 통치자

는 늘 국민과 소통해야 한다.

소외(疏外) : 주위에서 꺼리며 멀리함. ex) 소외 계층.

소원(疏遠) : ① 친분이 가깝지 못하고 멂. ex) 그 친구와는 소원한 관계다. ② 소식이나 왕래가 오래 끊긴 상태. ex) 그동안 너무 소원했다.

친소(親疎) : 친함과 소원함.

소식(消息) : 사람의 안부나 일의 형세 따위를 알리는 말이나 글.

징조(徵兆) : 어떤 일이 일어나려고 하는 기미. =조짐(兆朕). 전조(前兆). 징후(徵候).

서광(瑞光) : 좋은 일이 있을 조짐. (비) 상서(祥瑞). 길조(吉兆). cf) 불상사(不祥事) : 상서롭지 못한 일. ex) 갑자기 회의가 중단되는 불상사가 일어났다.

굴기(崛起) : ① 몸을 일으킴. ② 보잘 것 없는 신분에서 성공해 이름을 떨침. ex) 중국 가전업계의 굴기가 거세다.

궐기(蹶起) : (벌떡 일어난다는 뜻으로) 어떤 목적을 위해 굳게 마음먹고 세차게 일어남. ex) 궐기 대회.

창궐(猖獗) : (몹쓸 병이나 세력이) 자꾸 일어나서 걷잡을 수 없이 퍼짐. ex) 전염병이 창궐하다.

돌연(突然) : 갑자기. 별안간. ex) 돌연사(突然死). 돌연변이(突然變異).

돌출(突出) : 별안간 튀어나옴. ex) 돌출 발언.

돌발(突發) : 어떤 일이 뜻밖에 갑자기 일어남. ex) 돌발적인 사고. cf) 우발(偶發): 우연히 일어남.

돌풍(突風) : ① 갑자기 세게 부는 바람. ② 갑작스레 많은 관심을 모으거나 커다란 영향을 미치는 현상을 비유. ex) 돌풍을 일으키다.

돌입(突入) : 세찬 기세로 뛰어듦. ex) 새로운 국면에 돌입하다.

몰지각(沒知覺) : 도무지 지각이 없음. ex) 몰지각한 행동.

몰인정(沒人情) : 인정이 전혀 없음. ex) 몰인정한 세태.

몰상식(沒常識) : 상식에 벗어나고 사리에 어두움.

귀결(歸結) : 어떤 결론에 이름. ex) 귀결을 짓다.

귀책(歸責) : 결과를 원인에 결부시키는 일. ex) 귀책사유.

귀속(歸屬) : 재산·영토·권리 따위가 어떤 사람이나 단체·국가 등의 소유가 됨.

귀추(歸趨) : 일이 되어 가는 형편. ex) 귀추가 주목된다.

귀성(歸省) : 객지에서 지내다가 고향으로 돌아감. (비) 귀향(歸鄕). cf) 귀경(歸京) : (지방에서) 서울로 돌아감.

귀화(歸化) : 다른 나라의 국적을 얻어 그 나라의 국민이 됨. cf) 귀순(歸順) : 스스로 와서 복종함.

귀의(歸依) : 돌아가 몸을 의지함. ex) 불교에 귀의하다.

소신(所信) : 자기가 믿고 생각하는 바. ex) 소신을 굽히지 않다.

소임(所任) : 맡은 직책. ex) 소임을 다하다.

소치(所致) : (어떤 부정적인) 까닭으로 생긴 일. ex) 부덕의 소치. 무지의 소치.

소기(所期) : 마음속으로 그렇게 되기를 바라고 기다리는 일. ex) 소기의 목적을 달성하다.

소정(所定) : 정한 바. 정해진 바. ex) 소정의 절차를 밟다.
소산(所産) : 어떤 행위나 상황에 의한 결과로 나타나는 현상. ex) 과학기술의 소산.
소회(所懷) : 마음에 품은 생각. (비) 소견(所見).

시위(示威) : 위력이나 기세를 드러내 보임.
집회(集會) : 많은 사람이 일정한 때에 일정한 자리에 모임. =회합(會合).
결사(結社) : 여러 사람이 공동의 목적을 이루기 위해 단체를 조직함, 또는 그렇게 조직된 단체.
농성(籠城) : ① (적에게 에워싸여) 성문을 굳게 닫고 성을 지킴. ② 한자리에 줄곧 머물며 시위하는 일. ex) 집단 농성.
소요(騷擾) : ① 많은 사람이 떠들썩하게 들고 일어나 술렁거림. (비) 소란(騷亂). 소동(騷動). ② 많은 사람이 모여 폭행이나 파괴 행위를 함으로써 공공질서를 문란하게 함.
파업(罷業) : 집단적으로 노동의 제공을 거부하는 일. cf) 태업(怠業) : 맡은 일을 게을리 하는 것으로, 노동쟁의 수단의 한 가지.

사기(詐欺) : 이익을 취하기 위해 나쁜 꾀로 남을 속임. cf) 사칭(詐稱) : 이름이나 직업 따위를 거짓으로 속여 말함.
횡령(橫領) : 남의 물건을 불법으로 가로챔. (비) 착복(着服).
공갈(恐喝) : 남의 약점을 이용해 윽박지르며 을러댐.
갈취(喝取) : 으름장을 놓아 억지로 빼앗음.
기만(欺瞞) : 남을 속여 넘김. =기망(欺罔). 농간(弄奸). 협잡(挾雜).
전용(轉用) : 쓰려던 데가 아닌 다른 곳으로 돌려씀. (비) 유용(流用). ex) 예산을 전용하다.

조율(調律) : 일이나 의견 따위를 적절하게 다루어 조화롭게 함. ex) 사전 조율. 갈등을 조율하다.
절충(折衷) : 한쪽에 치우치지 않고 양쪽의 좋은 점을 골라 알맞게 조화시키는 일. ex) 양쪽의 의견을 절충하다. cf) 상충(相衝) : 맞지 아니하고 서로 어긋남.
완충(緩衝) : 급박한 충격이나 충돌을 중간에서 완화시킴. cf) 완화(緩和) : 풀어서 느슨하게 하거나 편하게 함.
타협(妥協) : 양쪽이 서로 좋도록 절충하여 협의함. cf) 타결(妥結) : 대립하던 양편이 타협하여 일을 좋게 처리함.

강단(剛斷) : 꿋꿋이 결단(決斷)하거나 견뎌 나가는 힘.
단호(斷乎) : 결심이나 태도 따위가 과단성 있고 엄격(嚴格)함. cf) 유화(宥和) : 너그럽게 대해 사이좋게 지냄.
단행(斷行) : 결단하여 실행함. (비) 결행(決行). 감행(敢行).
용단(勇斷) : 용기(勇氣) 있게 결단을 내림. cf) 용퇴(勇退) : 조금도 꺼리지 않고 용기 있게 물러남.
엄단(嚴斷) : 엄격하게 처단함. ex) 부정행위에 대한 엄단이 불가피했다.
독단(獨斷) : 자기 마음대로 결정함. cf) 독재(獨裁) : 개인이나 당파 따위가 권력을 차지해 모든 일을 독단으로 처리함.
극단(極端) : ① 맨 끝. ② 중용을 잃고 한쪽으로 치우침.

은닉(隱匿) : 남의 물건이나 범죄인 등을 몰래 감춤. ex) 범인 은닉죄.

은폐(隱蔽) : 덮어 감추거나 숨김. (비) 엄폐(掩蔽).

은둔(隱遁) : 세상을 피해 숨음. (비) 은거(隱居).

은어(隱語) : 특수한 집단·계층·사회에서, 남이 모르게 자기네끼리만 쓰는 말.

영감(靈感) : 신의 계시를 받은 것같이 번쩍 떠오르는 생각이나 느낌. cf) 계시(啓示) : 나아갈 길이나 진리를 알려 줌.

영령(英靈) : 죽은 이, 특히 '전사자의 영혼'을 높여 이르는 말. =영현(英顯). ex) 호국 영령.

정기(精氣) : ① 천지 만물을 생성하는 원천이 되는 기운. ex) 백두산의 정기를 받다. ② 민족 따위의 정신과 기운.

영장(靈長) : 영묘한 능력을 지닌 우두머리라는 뜻으로, '사람'을 이르는 말. ex) 사람은 만물의 영장이다.

개괄(槪括) : 중요한 내용이나 줄거리를 대강 추려 냄. ex) 개괄적으로 표현하다.

총괄(總括) : 개별적인 것을 하나로 묶거나 종합함. ex) 정책 개발을 총괄하다.

포괄(包括) : (일정한 사물이나 현상 따위를) 어떤 범위나 한계 안에 모두 끌어넣음. ex) 포괄적 접근 방식.

일괄(一括) : (낱낱의 것들을) 한데 뭉뚱그림. ex) 일괄 사표.

자구(自救) : 스스로 자신을 구제함. ex) 자구책. 자구행위.

자괴(自愧) : 스스로 부끄러워 함. ex) 자괴감.

자부(自負) : 스스로 자신의 가치나 능력을 믿고 마음을 당당히 가짐. (비) 긍지(矜持). ex) 자부심을 갖다.

만족(滿足) : 모자람이 없이 마음에 흡족함. (반) 불만(不滿).

자유(自由) : 무엇에 얽매이지 않고 자기 뜻에 따라 행동하는 것. cf) 자율(自律) : 스스로의 의지로 자신의 행동을 규제함. (반) 타율(他律). 자존(自尊) : 자신의 품위를 스스로 지킴.

평등(平等) : 권리, 의무, 자격 등이 차별 없이 동등함. cf) 분배(分配) : 일정하게 갈라서 나눔. (비) 배분(配分).

박애(博愛) : 모든 사람을 차별 없이 두루 사랑함.

복지(福祉) : ① 행복(幸福)한 삶. ② 만족할 만한 생활 환경. cf) 복리(福利) : 행복과 이익.

반발(反撥) : 어떤 상태나 행동 따위에 대해 거스르고 반항(反抗)함.

반감(反感) : 반발하거나 반항하는 감정. ex) 반감을 사다.

반박(反駁) : 남의 의견·주장·비난 등에 맞서 공격하여 말함.

반론(反論) : 남의 의견에 대해 반대 의견을 말함, 또는 그 의견. ex) 반론을 제시하다.

반목(反目) : 서로 맞서서 미워함. (반) 화목(和睦).

온전(穩全) : 변함없이 그대로 유지함. (비) 온존(溫存)

완전(完全) : 부족함이나 흠이 없음. (비) 완벽(完璧).

등락(騰落) : (물가 따위가) 오르고 내림. ex) 주가의 등락 폭이 크다.

급등(急騰) : (물가 따위가) 갑자기 오름. (반) 급락(急落).

폭등(暴騰) : (물가나 주가 따위가) 갑자기 크게 오름. (반) 폭락(暴落).

반등(反騰) : (물가나 주식 따위의) 시세가 떨어지다가 오름. ex) 주가가 반등하다. (반) 반락(反落).

보합(保合) : (물가나 주식 따위의) 시세가 변동 없이 계속되는 일. ex) 주가가 보합세를 유지하다.

고취(鼓吹) : ① (북을 치고 피리를 분다는 뜻으로) 북돋음. (비) 진작(振作). ② 열렬히 주장하여 널리 알림. ex) 애국심을 고취하다.

고무(鼓舞) : (북을 쳐서 춤을 추게 한다는 뜻으로) 격려하여 힘이 나게 함. ex) 그의 말에 고무되었다.

선양(宣揚) : 널리 떨침. ex) 국위를 선양하다.

부양(浮揚) : 가라앉은 것이 떠오름, 또는 떠오르게 함. ex) 경기(景氣)를 부양하다. cf) 부양(扶養) : (생활 능력이 없는 사람의) 생활을 돌봄. ex) 부양가족.

지연(遲延) : 늦추어짐, 또는 오래 끎. (비) 지체(遲滯).

정체(停滯) : (사물의 흐름이) 나아가지 못하고 한곳에 머물러 막힘.

체증(滯症) : 교통의 흐름이 순조롭지 않아 길이 막히는 상태. cf) 체임(滯賃) : 노임(勞賃) 따위를 지급하지 않고 뒤로 미룸, 또는 뒤로 미룬 노임.

체류(滯留) : 객지(客地, 집을 떠나 임시로 있는 곳)에서 머물러 있음. cf) 잔류(殘留) : 뒤에 처져 남아 있음.

유보(留保) : 뒷날로 미룸. (비) 보류(保留). 유예(猶豫).

일환(一環) : 연결되어 있는 여러 것 가운데 한 부분. ex) 국가 발전의 일환인 농촌 개발.

일조(一助) : 얼마간의 도움이 됨. ex) 지역 발전에 일조하다.

일거(一擧) : 한 번의 행동. ex) 일거에 실패를 만회하다.

일축(一蹴) : 단번에 물리침. ex) 그의 의견을 일축해 버리다.

일고(一顧) : 한 번 생각하여 봄. ex) 일고의 가치도 없다.

일치(一致) : 서로 어긋나지 않고 꼭 맞음.

일말(一抹) : 약간. 조금. ex) 일말의 양심.

일련(一連) : 하나로 이어지는 것. ex) 일련의 사건.

일확(一攫) : ① 한 움큼. ② 힘들이지 않고 손쉽게 얻음. ex) 일확천금(一攫千金).

일침(一針) : (침 한 대라는 뜻으로) 따끔한 충고나 경고를 이르는 말. ex) 일침을 가하다. cf) 일갈(一喝) : 한 번 큰 소리로 꾸짖음.

일체·일절(一切) : 모든 것.

후원(後援) : 뒤에서 도와줌. ex) 후원 단체. cf) 원조(援助) : 물질적으로 도와줌.

성원(聲援) : 남이 하는 일이 잘되도록 격려하거나 도와줌.

후견(後見) : 역량이나 능력이 부족한 사람의 뒤를 돌봐 줌. ex) 후견인.

후광(後光) : 어떤 인물 또는 사물을 더욱 빛나게 하는 배경. ex) 부친의 후광을 업고 정계에 진출하다.

배후(背後) : ① 등 뒤. ② 사건 따위에서 표면

에 드러나지 않는 부분.

문화(文化) : 인간이 자연 상태에서 벗어나 일정한 목적이나 이상을 실현하는 과정에서 이룩해 낸 정신적·물질적 소득을 통틀어 이르는 말. 의식주를 비롯하여 언어·풍습·종교·학문·예술·제도 따위를 모두 포함한다.

문명(文明) : 인지(人智)가 발달하여 인간 생활이 풍부하고 편리해진 상태. 정신문화에 대비해, 주로 인간의 외면적인 생활조건이나 물질문화를 이름. (반) 미개(未開). 야만(野蠻).

문물(文物) : 문화의 산물, 즉 정치·경제·종교·예술·학문 따위의 문화에 관한 모든 것을 통틀어 이르는 말. ex) 서양의 문물.

소질(素質) : 타고난 능력이나 기질.

교양(敎養) : 학식이나 사회생활을 바탕으로 이루어지는 품위, 또는 문화에 대한 폭넓은 지식. ex) 교양이 풍부하다.

품격(品格) : ① 사람의 성질과 인격. (비) 품위(品位). ② 사물 따위에서 느껴지는 가치나 위엄.

수양(修養) : 몸과 마음을 갈고닦음.

소양(素養) : 평소에 닦아 놓은 학문이나 지식. ex) 문학에 소양이 깊다.

표리(表裏) : 겉과 속. ex) 표리부동(表裏不同).

표명(表明) : (의사나 생각 따위를) 분명히 드러냄. ex) 출마 의사를 표명하다.

표방(標榜) : 어떠한 명목을 붙여 내세움. ex) 만민 평등을 표방하다.

표본(標本) : 본보기가 되거나 표준으로 삼을 만한 물건.

표상(表象) : 대표적인 상징. ex) 태극기는 국가의 표상이다.

소실(消失) : 사라져 없어짐. =소멸(消滅). ex) 권리의 소실.

소모(消耗) : 써서 없앰. (비) 소진(消盡). 탕진(蕩盡).

삭감(削減) : 깎아서 줄임. ex) 예산 삭감.

삭제(削除) : 깎아 없애거나 지워 버림. ex) 예외 조항을 삭제하다.

말소(抹消) : (기록되어 있는 사실 등을) 지워서 없앰. ex) 등기를 말소하다 cf) 말살(抹殺) : 아주 없애 버림.

해소(解消) : 어려운 일이나 문제를 해결해 없애 버림. ex) 고민을 해소하다.

착각(錯覺) : 실제와는 다르게 느끼거나 생각함.

착오(錯誤) : 착각으로 말미암은 잘못. ex) 착오가 생기다.

오류(誤謬) : 생각이나 지식 등의 그릇됨. ex) 오류를 범하다.

오판(誤判) : 잘못 판단함, 또는 그릇된 판정.

퇴보(退步) : 정도나 수준이 지금의 상태보다 뒤떨어지거나 못하게 됨. (비) 퇴행(退行). 퇴화(退化).

퇴색(退色) : ① 빛이 바램. ② 무엇이 희미해지거나 볼품없이 됨. ex) 퇴색된 이념.

퇴출(退出) : 물러서서 나감. 특히, 기업 등이 경쟁력을 잃고 시장에서 물러남. ex) 부실 은행이 퇴출되다.

퇴폐(頹廢) : 도덕, 질서, 문화 따위가 문란해짐. ex) 심야 퇴폐 영업을 단속하다. cf) 문란(紊亂) : 도덕이나 질서 등이 어지러움.

검사(檢査) : 옳고 그름, 좋고 나쁨 따위를 살펴

조사하여 판정함.

검증(檢證) : 검사하여 증명함. ex) 사상 검증.

검색(檢索) : ① 검사하고 수색함. ② 책 등에서 필요한 자료를 찾아내는 일. cf) 수색(搜索) : 구석구석 뒤지어 찾음. (비) 색출(索出). 압수(押收) : 물건 따위를 강제로 빼앗음.

물색(物色) : 어떤 기준에 맞는 사람이나 물건을 고름. ex) 신랑감을 물색하다.

검열(檢閱) : ① 어떤 행위나 상황 따위를 조사함. ex) 위생 검열을 받다. ② 사상 통제나 치안 유지 등의 목적으로, 언론·출판·영화·우편물 따위의 내용을 사전에 검사해 그 발표를 통제함. ex) 영화에 대한 검열이 폐지되었다.

검역(檢疫) : (전염병의 예방을 위해) 공항이나 항구 등에서 전염병의 유무를 검사하고 소독하는 일.

의심(疑心) : 믿지 못하는 마음.

회의(懷疑) : 의심을 품음.

혐의(嫌疑) : ① 꺼리고 싫어함. ② 범죄를 저질렀을 것이라는 의심. ex) 사기 혐의를 받다.

운명(運命) : ① 인간을 포함한 모든 것을 지배하는 필연적이고 초월적인 힘, 또는 그 힘에 의한 길흉화복. ② 앞으로의 생사나 존망(存亡)에 관한 처지. =명운(命運).

숙명(宿命) : 날 때부터 타고난 운명, 또는 피할 수 없는 운명.

사명(使命) : 맡겨진 임무.

순리(順理) : ① 마땅한 도리나 이치. ② 도리에 순종함.

역행(逆行) : 보통의 방향이나 시대의 흐름과는 반대 방향으로 나아감. (반) 순행(順行).

번성(繁盛) : 일이 잘되어 성함. =번영(繁榮). 번창(繁昌). 창성(昌盛).

성대(盛大) : (행사 따위의) 규모가 풍성하고 큼. ex) 성대한 잔치.

융성(隆盛) : 매우 기운차게 일어나거나 매우 번성함. ex) 국운이 융성하다.

역동(力動) : 힘차고 활발하게 움직임. ex) 역동적인 모습을 선보이다.

쇠퇴(衰退) : 기세나 상태가 쇠하여 전보다 못해짐. (비) 쇠약(衰弱). 쇠락(衰落).

영락(零落) : 살림이나 세력이 줄어들어 보잘것없이 됨. ex) 집안이 영락하였다.

승패(勝敗) : 승리(勝利)와 패배(敗北). =승부(勝負). cf) 성패(成敗) : 성공(成功)과 실패(失敗).

남발(濫發) : ① 법령·화폐·증서 따위를 마구 공포하거나 발행함. ② 말이나 행동을 함부로 함. ex) 선거 공약을 남발하다.

남용(濫用) : 함부로 씀. 마구 씀. ex) 직권 남용. 약을 남용한 부작용.

진실(眞實) : ① 거짓이 없는 사실. ex) 사건의 진실. ② 마음이 바르고 순수함. ex) 진실한 사람.

진정(眞情) : 거짓이 없는 참된 마음. ex) 진정성이 부족하다.

진솔(眞率) : 진실하고 솔직함.

순수(純粹) : ① 다른 것이 조금도 섞이지 않음. ② 딴 생각이나 그릇된 욕심이 없음.

진지(眞摯) : 말이나 태도가 참되고 신중함.

이완(弛緩) : ① 근육·신경 따위가 느즈러짐. ② (주의나 긴장 따위가) 풀리어 느슨해짐.

(반) 긴장(緊張).
완화(緩和) : 긴장된 상태나 급박한 것을 부드럽게 누그러뜨림. ex) 벌칙을 완화하다. (반) 강화(强化).
해이(解弛) : 기강이나 규율 따위가 풀려 마음이 느슨함. ex) 기강이 해이해지다. cf) 초조(焦燥) : 불안하거나 애태우며 마음을 졸임.

경멸(輕蔑) : 남을 깔보고 업신여김. =멸시(蔑視). 능멸(凌蔑).
비하(卑下) : 자신을 낮추거나 남을 업신여기어 낮춤.
조롱(嘲弄) : 깔보거나 비웃으며 놀림. (비) 우롱(愚弄). 희롱(戲弄). cf) 자조(自嘲) : 스스로 자신을 비웃음.
풍자(諷刺) : (사회나 인간의 부정적인 면을) 다른 것에 빗대어 비웃으면서 비판함. ex) 세태를 풍자한 만화.
해학(諧謔) : 익살스럽고도 풍자가 섞인 말이나 짓.

집념(執念) : 한 가지 일에 매달려 정신을 쏟음.
집착(執着) : 어떤 일에만 지나치게 마음이 쏠려 매달림. (부정적 의미) ex) 출세에 집착하다.
편집(偏執) : 어떤 일에 지나치게 집착함. ex) 편집증. 편집광.
아집(我執) : 자기중심의 좁은 생각에 집착해 다른 의견을 고려하지 않고 자기만을 내세움. ex) 아집에 빠지다.
도착(倒錯) : ① 상하가 거꾸로 되어 어긋남. ② 본성·감정·덕성으로 사회도덕에 어그러진 행동을 보이는 일. ex) 성 도착증.
당착(撞着) : (말이나 행동이) 앞뒤가 맞지 아니함. ex) 자가당착(自家撞着).

주관(主管) : 어떤 일을 책임지고 맡아 관리함. ex) 주관 단체.
주최(主催) : 행사나 모임 따위를 주창·기획하여 개최함. ex) 언론사가 주최하는 토론회.

방기(放棄) : (책임과 의무 따위를) 내버려 두고 돌보지 않음. (비) 방치(放置). 방임(放任).
방관(傍觀) : 어떤 일에 직접 관여하지 않고 곁에서 보기만 함.
방심(放心) : 긴장이 풀려 마음을 다잡지 않고 놓아 버림.
방랑(放浪) : 정처 없이 이곳저곳 떠돌아다님. =유랑(流浪).
방황(彷徨) : ① 헤매며 돌아다님. ex) 거리를 방황하다. ② 분명한 방향이나 목표를 정하지 못하고 갈팡질팡함. ex) 정신적으로 방황하다.
방탕(放蕩) : 주색잡기(酒色雜技) 등에 빠져 행실이 좋지 못함. (비) 방종(放縱).

규명(糾明) : 사실의 원인이나 진상을 캐고 따지어 밝힘. (비) 규찰(糾察).
규탄(糾彈) : 책임이나 죄상 따위를 엄하게 따지고 나무람. (비) 지탄(指彈).
성토(聲討) : 여러 사람이 모여 어떤 잘못을 비판하고 규탄함. ex) 부정을 강력히 성토하다.
성명(聲明) : (일정한 사항에 관한 견해나 태도를) 글이나 말로 여러 사람에게 공개해 밝힘. ex) 성명서(聲明書).

복귀(復歸) : 원래의 자리나 상태로 되돌아감. (비) 회복(回復).
복고(復古) : ① 과거의 체제·사상·전통 따위로 돌아감. ② 파괴된 것을 고침.

부활(復活) : 죽었다가 되살아남.
만회(挽回) : (잃은 것이나 뒤떨어진 것을) 바로잡아 회복함. 처음 상태로 돌이킴. ex) 실점을 만회하다.
철회(撤回) : 이미 제출했던 것이나 주장했던 것을 도로 거두어들임.

곤경(困境) : 곤란(困難)한 처지. 딱한 사정. ex) 곤경에 처하다.
곤궁(困窮) : 가난하고 구차함. (비) 빈곤(貧困). 빈궁(貧窮).
곤혹(困惑) : (곤란한 일을 당하여) 어찌할 바를 몰라 난처해함. ex) 곤혹감을 느끼다.
곤욕(困辱) : 심한 모욕, 또는 참기 힘든 일. ex) 곤욕을 치르다.

연대(連帶) : 둘 이상이 함께 무슨 일을 하거나 책임을 지는 일. ex) 연대 투쟁. cf) 공조(共助) : 일정한 목적을 위하여 서로 도움.
유대(紐帶) : 둘 이상을 서로 연결하거나 결합시키는 것. ex) 긴밀한 유대 관계를 형성하다.
연합(聯合) : 두 개 이상의 것이 합쳐 하나의 형태나 조직을 만듦. (비) 연립(聯立). ex) 양국이 연합하다.
연맹(聯盟) : 공동의 목적을 가진 단체나 국가가 서로 돕고 행동을 함께할 것을 약속함, 또는 그 조직체. ex) 연맹을 결성하다.
연정(聯政) : 둘 이상의 정당에 의해 구성되는 내각. '연립정부'의 준말.
연방(聯邦) : 자치권을 가진 다수의 독립체가 공통의 정치이념 아래 연합하여 구성하는 국가. 미국, 독일, 스위스 등이 여기에 속한다.

압박(壓迫) : 강한 힘이나 세력으로 상대를 내리누름. (비) 압력(壓力). 억압(抑壓). 강압(强壓). 중압(重壓).
강박(强迫) : ① 남의 뜻을 무리하게 누르거나 자기 뜻을 억지로 따르게 함. ② 무엇에 눌려 압박을 느끼거나 어떤 생각이나 감정에 사로잡힘. ex) 강박 관념.
외압(外壓) : 외부로부터 가해지는 압력.
탄압(彈壓) : 무력이나 권력 따위로 억눌러 꼼짝 못하게 함. ex) 언론 탄압.
핍박(逼迫) : 바짝 죄어서 괴롭게 함. (비) 박해(迫害). ex) 핍박을 당하다.

풍상(風霜) : ① 바람과 서리. ② 많이 겪은 세상의 고난. ex) 온갖 풍상을 다 겪다.
풍파(風波) : ① 바람과 물결. ② 어지럽고 험한 분란. ex) 집안에 풍파를 일으키다.
풍운(風雲) : ① 바람과 구름. ② 용이 바람과 구름을 타고 하늘로 오르는 것처럼 영웅호걸들이 세상에 두각을 나타내는 기운. ③ 사회적·정치적으로 세상이 크게 변화하는 기운. cf) 풍운아(風雲兒) : 좋은 기운(機運)을 타서 세상에 두각을 나타내는 사람.
풍조(風潮) : ① 바람과 바닷물. ② 시대에 따라 변하는 세태(世態). cf) 세태(世態) : 세상의 형편이나 상태.
풍문(風聞) : 바람처럼 떠도는 소문.

추천(推薦) : 알맞다고 생각되는 사람이나 물건을 권함. (비) 천거(薦擧).
추대(推戴) : 윗사람으로 떠받듦. ex) 회장으로 추대하다.
영입(迎入) : 사람을 환영하여 받아들임. ex) 인재를 영입하다.
공천(公薦) : ① 여러 사람의 합의에 따라 천거

함. ② 정당에서 공식적으로 후보자를 내세움.

점령(占領) : ① 어떤 땅이나 대상을 차지함. = 점거(占據). 점유(占有). ② 다른 나라의 영토를 무력으로 빼앗음.

영유(領有) : (주로 영토 따위를) 점령하여 소유함. cf) 영유권(領有權) : 일정한 영토에 대한 해당 국가의 관할권.

점탈(占奪) : 남의 것을 강제로 빼앗아 차지함. (비) 탈취(奪取). 수탈(收奪). 약탈(掠奪). 노략(擄掠). ex) 일제의 토지 점탈.

한탄(恨歎·恨嘆) : 한숨을 지으며 탄식함. ex) 신세를 한탄하다.

개탄(慨歎·慨嘆) : 분하게 여기어 탄식함. ex) 정치 현실을 개탄하다.

비탄(悲歎·悲嘆) : 몹시 슬퍼하면서 탄식함. ex) 비탄에 잠기다.

감탄(感歎·感嘆) : 마음속 깊이 감동함.

경탄(驚歎·驚嘆) : 몹시 놀라며 감탄함.

병존(竝存) : 둘 이상이 함께 존재함. (비) 병립(竝立).

병합(倂合) : (둘 이상의 사물이나 조직을) 하나로 합침. =합병(合倂).

병탄(竝呑·倂呑) : 남의 재물이나 다른 나라의 영토 등을 강제로 한데 아울러 제 것으로 만듦. (비) 합방(合邦).

병설(竝設·倂設) : (같은 곳에 둘 이상의 것을) 함께 설치함. ex) 병설 유치원.

강변(强辯) : (논리에 어긋나는 것을) 굽히지 않고 주장하거나 굳이 변명함. ex) 정의를 위해 한 짓이라고 강변하다.

열변(熱辯) : 열렬하게 옳고 그름을 따지는 말. ex) 열변을 토하다.

웅변(雄辯) : ① 조리 있고 거침없이 말함, 또는 그런 말이나 연설. ② 의심할 나위 없이 명백함을 비유. ex) 저간의 사정을 웅변하고 있다.

변론(辯論) : ① 사리를 밝혀 옳고 그름을 따짐. ② 소송 당사자나 변호인이 법정에서 주장하거나 진술함. 또는 그런 주장이나 진술.

변호(辯護) : ② 남의 이익을 위하여 감싸서 도와줌. ② 법정에서 변호인이 피고인을 옹호하는 일.

대변(代辯) : 어떤 사람이나 단체를 대신해 의견이나 입장 따위를 말함.

변명(辨明) : 자신의 잘못에 대해 이런저런 핑계를 대며 설명함.

악한(惡漢) : 악독한 짓을 하는 사람. =악당(惡黨).

괴한(怪漢) : 행동이 수상한 사람.

무뢰한(無賴漢) : 성품이 불량하고 일정한 직업도 없이 돌아다니는 사람.

파렴치한(破廉恥漢) : 염치를 모르는 뻔뻔스러운 사람. (비) 철면피(鐵面皮).

호색한(好色漢) : '여색(女色)을 특히 좋아하는 사람'을 경멸하며 이르는 말.

갈등(葛藤) : (덩굴이 서로 얽히는 것과 같이) 개인이나 집단 사이에 견해·주장·이해관계 등이 달라 서로 적대시하거나 불화를 겪는 일.

알력(軋轢) : 의견이 맞지 않아 서로 충돌하는 일.

위화(違和) : 다른 사물과 조화되지 않는 일. ex) 계층 간에 위화감을 느끼다.

상극(相剋) : 사람이나 사물이 서로 맞지 않아 항상 충돌함.

고루(固陋) : 낡은 사상이나 풍습에 젖어 고집이 세고 융통성이 없음. 고지식함. (비) 완고(頑固).

진부(陳腐) : 케케묵어 새롭지 못함. (반) 참신(斬新).

도식적(圖式的) : (사물의 본질이나 실제 현상과는 동떨어지게) 일정한 형식이나 틀에 기계적으로 맞춘 것. ex) 도식적인 행위.

성정(性情) : 사람의 성질(性質). 타고난 본성(本性). (비) 성격(性格). 성품(性稟). 품성(稟性). ex) 성정이 착한 사람.

성벽(性癖) : 오랫동안 몸에 밴 성질이나 버릇. ex) 고약한 성벽.

기질(氣質) : 개인이나 집단 특유의 성질. (비) 기풍(氣風).

개성(個性) : 사람마다 지닌, 남과 다른 특성(特性).

정서(情緖) : 사람의 마음에 일어나는 온갖 감정. 또는 감정을 일으키는 분위기나 기분.

예의(禮儀) : 예로써 나타내는 말투나 몸가짐. cf) 무례(無禮) : 예의가 없음. (비) 결례(缺禮). 실례(失禮).

예절(禮節) : 예의에 관한 모든 절차나 질서. cf) 질서(秩序) : 순조롭게 이루어지게 하는 사물의 순서(順序)나 차례.

예우(禮遇) : 예의를 다하여 대접함. ex) 예우를 갖춰 영입하다.

예방(禮訪) : 예를 갖추는 의미로 인사차 방문함.

부역(賦役) : 국가나 공공단체가 국민에게 의무적으로 지우는 노역. ex) 부역에 동원되다.

부역(附逆) : 국가에 반역이 되는 일에 동조하거나 가담함. ex) 6, 25전쟁 당시 어쩔 수 없이 부역을 했다.

사역(使役) : 남을 써서 일을 시킴. ex) 사역에 차출되다.

노역(勞役) : 몹시 힘들게 일함, 또는 그런 노동.

명백(明白) : 분명(分明)하고 뚜렷함. (비) 명확(明確). 명료(明瞭).

명석(明晳) : (생각이나 판단이) 분명하고 똑똑함. ex) 명석한 두뇌.

총명(聰明) : 영리하고 재주가 있음.

선명(鮮明) : 견해나 태도가 뚜렷해 다른 것과 혼동되지 않음. ex) 야당의 선명성 경쟁.

양보(讓步) : ① 사양하여 남에게 내줌. ② 자기의 생각이나 주장을 굽혀 남의 의견을 좇음.

승복(承服) : ① 납득하여 따름. ② 죄를 스스로 고백함. (반) 불복(不服).

양해(諒解) : 사정을 살펴서 너그럽게 이해함. ex) 상대편의 양해를 구하다.

소탕(掃蕩) : 휩쓸어 모조리 없애 버림. (비) 섬멸(殲滅). 일소(一掃). ex) 폭력배를 소탕하다.

척결(剔抉) : 부정·모순·결함 등을 송두리째 파헤쳐 깨끗이 없앰. ex) 부정부패를 척결하다.

유린(蹂躪) : 남의 권리나 인권을 짓밟음. ex) 인권 유린.

학대(虐待) : 심하게 괴롭힘.

천적(天敵) : 어떤 생물에 대해 치명적인 적이 되는 생물. 흔히, 인간관계나 사회생활에서도 회복 불가능한 관계를 비유.

천형(天刑) : 하늘이 주는 벌. = 천벌(天罰).

천부(天賦) : (하늘이 주었다는 뜻으로) 선천적

으로 타고남. ex) 천부적인 재능.

천륜(天倫) : 부자·형제 사이에 마땅히 지켜야 할 도리(道理). cf) 인륜(人倫) : 사람으로서 마땅히 지켜야 할 도리.

경향(傾向) : 어떤 방향으로 기울어짐. (비) 추세(趨勢). ex) 인구가 감소되는 경향이 있다.
성향(性向) : 성질에 따른 경향. ex) 인터넷을 좋아하는 신세대의 성향.
추이(推移) : 시간이 흐름에 따라 일이나 형편이 변해 가는 것. ex) 시대적 추이.
경황(景況) : 정신적, 시간적 여유. cf) 그때는 경황이 없었다.

위엄(威嚴) : 의젓하고 엄숙(嚴肅)함. (비) 위신(威信).
위세(威勢) : 위엄이 있는 기세(氣勢). ex) 위세가 당당하다. cf) 허세(虛勢) : 실속이 없이 겉으로만 드러나 보이는 기세.
위력(威力) : ① 사람을 위압하는 힘. ② 강대한 힘이나 권력. ex) 핵무기의 위력.

위기(危機) : 어떤 일이 급작스럽게 악화된 상황. 또는 파국을 맞을 만큼 위험한 고비.
위험(危險) : ① 신체나 생명 따위가 위태롭고 안전하지 못함. ② 일이 잘못될 가능성이 있거나 안전하지 못함. (비) 위급(危急).
위협(威脅) : 으르고 협박함. (비) 협박(脅迫). 겁박(劫迫).

교감(交感) : 서로 접촉해 감정을 나눔.
교류(交流) : 문화·사상 따위가 서로 오가며 섞임.
교섭(交涉) : 어떤 일을 이루기 위해 상대편과 의논하고 절충함. (비) 섭외(涉外).

사고(思考) : 생각하고 궁리함.
사상(思想) : ① 사고 작용의 결과로 얻어진 체계적 의식. ex) 헤겔의 철학 사상. ② 사회나 정치에 대한 일정한 견해. ex) 진보적 사상.
사색(思索) : 어떤 것에 대해 깊이 생각하고 이치를 따짐. ex)) 사색에 잠기다.
사유(思惟) : 논리적으로 생각함.
직관(直觀) : 판단·추리 따위의 사유 작용을 거치지 않고 대상을 직접 판단하는 일.

발견(發見) : (세상에 알려지지 않았던 것을) 먼저 찾아냄. ex) 신대륙을 발견하다.
발명(發明) : (그때까지 없던 기술이나 물건 따위를) 새로 만들어냄. ex) 전기를 발명하다.

구상(構想) : 무슨 일에 대해 어떻게 정할지 생각하는 일. cf) 구도(構圖) : 어떤 일의 전체적인 짜임새나 양상.
상상(想像) : 머릿속으로 그려서 생각함.
연상(聯想) : 하나의 관념이 다른 관념을 불러일으키는 작용. ex) 기념사진을 보고 옛일을 연상하다.
허상(虛像) : 실제 없는 것이 있는 것처럼 나타나 보이거나 실제와는 다르게 보이는 모습. (반) 실상(實像).
공상(空想) : 실현성이 없는 헛된 생각을 함. 또는 그런 생각. (비) 환상(幻想). 망상(妄想). 몽상(夢想).

경제(經濟) : ① 인간의 생활에 필요한 재화나 용역을 생산·분배·소비하는 모든 활동. ② 비용이나 시간 따위를 적게 들이는 일. cf) 경세(經世) : 세상을 다스림.

경기(景氣) : 매매나 거래 등에 나타나는 호황·불황 따위의 경제활동 상태. cf) 호황(好況) : 경기가 좋음. (반) 불황(不況).

경영(經營) : 기업이나 사업을 관리하고 운영(運營)함.

영리(營利) : 재산상의 이익을 도모함. (반) 비영리(非營利).

이익(利益) : 물질적으로나 정신적으로 보탬이 되는 것. cf) 공익(公益) : 사회 전체의 이익.

이기(利己) : 자신의 이익만을 꾀하는 일. (반) 이타(利他).

수뇌(首腦) : 조직·단체·기관 등에서 가장 중요한 자리에 있는 인물. (비) 수장(首長). 영수(領袖). ex) 수뇌 회담.

수반(首班) : ① 행정부의 가장 높은 자리에 있는 사람. (비) 수상(首相). ex) 내각 수반. ② 반열(班列) 가운데 첫째.

수령(首領) : 한 당파와 무리의 우두머리. =두령(頭領). 행수(行首).

좌장(座長) : 여럿이 모인 자리에서 으뜸이 되는 어른. =석장(席長).

총수(總帥) : ① 전군(全軍)을 지휘하는 사람. ② (대기업 등의) 큰 조직이나 집단의 우두머리를 비유하는 말.

찬성(贊成) : 다른 사람의 의견이나 제안 등을 옳다고 인정하여 지지함. (비) 찬동(贊同). 동의(同議). 동조(同調).

찬조(贊助) : 뜻을 같이하여 도움. ex) 찬조 연설.

찬양(讚揚) : 공덕을 칭찬(稱讚)하여 기림. (비) 찬송(讚頌). 칭송(稱頌). 예찬(禮讚).

찬사(讚辭) : 칭찬하는 말이나 글.

담화(談話) : ① 서로 주고받는 이야기. ② (주로 공직자가) 견해나 태도를 공식적으로 밝히는 말. ex) 특별 담화를 발표하다. cf) 미담(美談) : 사람을 감동시키는 아름다운 내용의 이야기. 담소(談笑) : (스스럼없이) 웃으며 이야기함.

담론(談論) : 담화하고 논의함. ex) 시대적 담론을 나누다.

담합(談合) : ① 서로 의논함. ② 공사 입찰 등에서, 입찰자들이 미리 상의하여 입찰가격을 협정함. cf) 야합(野合) : (떳떳하지 못한 야망을 이루기 위해) 서로 어울림. ex) 불법 단체와 야합하다.

담판(談判) : 서로 맞선 관계에 있는 쌍방이 논의하여 시비를 가리거나 결말을 지음. cf) 시비(是非) : 옳음과 그름. 또는 옳고 그름을 따지는 말다툼. 시정(是正) : 잘못된 것을 바로잡음.

기강(紀綱) : 으뜸이 되는 중요한 규율과 질서. ex) 기강을 세우다.

기조(基調) : 작품, 행동, 사상 등의 바탕에 깔려 있는 주된 흐름이나 방향. ex) 국회에서 기조 연설을 하다.

기간(基幹) : 어떤 조직이나 분야에서 근본이 되거나 중심이 되는 것. ex) 기간 산업.

정강(政綱) : (정부나 정당이) 내세우는 정책(政策)의 큰 줄기. ex) 그 당은 정강이 애매하다.

정관(定款) : 회사나 법인 등의 목적·조직·업무 따위에 관한 근본 규정. 또는 그것을 적은 문서.

강령(綱領) : ① 일의 기본이 되는 줄거리. ② 정당이나 사회단체 등이 기본 입장이나 방침, 규범 따위를 정한 것. ex) 행동 강령.

청탁(請託) : (무엇을 해달라고) 청하며 부탁(付託)함. ex) 취업 청탁.

청부(請負) : 일을 완성하는 대가로 일정한 보수를 받기를 약속하고 그 일을 떠맡음. =도급(都給). ex) 청부계약. 도급계약.

교사(敎唆) : 남을 부추겨 못된 일을 하게 함. (비) 사주(使嗾).

회유(懷柔) : 잘 달래어 따르게 함. (반) 탄압(彈壓).

괴리(乖離) : 서로 어그러져 동떨어짐. ex) 현실과 이상의 괴리.

유리(遊離) : 따로 떨어짐. ex) 대중과 유리된 정치. cf) 유착(癒着) : 아주 밀접하게 결합돼 있음 ex) 정경유착.

이반(離反) : 사이가 벌어져 떠나거나 돌아섬. ex) 민심이 이반하다.

이별(離別) : 서로 헤어짐. =별리(別離).

유기(遺棄) : 내버려두고 돌보지 않음. ex) 직무유기(職務遺棄).

불가역(不可逆) : 변화를 일으킨 물질이 본래의 상태로 돌아갈 수 없는 일. ex) 기술의 진보는 필연적이고 불가역적이다.

불가피(不可避) : 피할 수 없음. ex) 불가피한 사정.

불가항력(不可抗力) : (천재지변과 같이) 사람의 힘으로는 저항할 수 없는 사태. ex) 불가항력의 자연재해.

근면(勤勉) : 부지런히 일하며 힘씀.

성실(誠實) : 태도나 언행 등이 정성(精誠)스럽고 참됨. cf) 성의(誠意) : 진실되고 정성스러운 뜻. (비) 성심(誠心).

검소(儉素) : 사치하지 않고 수수함.

절약(節約) : 함부로 쓰지 않고 아껴서 씀. =검약(儉約). cf) 절감(節減) : 아껴서 줄임.

발탁(拔擢) : 여러 사람 가운데서 쓸 사람을 뽑음.

발췌(拔萃) : 글 가운데서 필요하거나 중요한 대목만을 가려 뽑음.

발문(跋文) : 책의 끝에 본문 내용의 대강이나 그에 관계된 사항을 간략하게 적은 글. (비) 후기(後記). (반) 서문(序文).

숙고(熟考) : 깊이 생각함. ex) 숙고 끝의 결단.

숙지(熟知) : 충분히 잘 앎. ex) 지침을 숙지하다. cf) 지침(指針) : 생활이나 행동의 방향 따위를 가리키는 길잡이.

숙의(熟議) : 충분히 의논함. ex) 숙의 끝의 결론.

숙성(熟成) : 충분히 익어서 좋은 상태가 됨.

숙명(宿命) : 타고난 운명, 또는 피할 수 없는 운명. ex) 숙명의 대결.

숙원(宿願) : 오래전부터 바라던 소원. ex) 숙원 사업.

숙적(宿敵) : 오래된 원수나 적수. ex) 숙적을 물리치다.

숙환(宿患) : 오래된 질병.

숙취(宿醉) : 다음날까지 깨지 않는 취기.

겸손(謙遜) : 남을 높이고 자기를 낮추는 태도가 있음. (비) 겸허(謙虛). 공손(恭遜).

겸양(謙讓) : 겸손(謙遜)하게 사양함. ex) 겸양의 미덕.

사양(辭讓) : 응하지 않거나 남에게 양보함. ex) 선물을 사양하다.

불사(不辭) : 사양하지 아니함. ex) 일전(一戰)을 불사하다.

결성(結成) : 조직이나 단체 따위를 만듦.
결집(結集) : 한데 모아 뭉침. (비) 결합(結合).
결부(結付) : 서로 관련지어 붙임. ex) 그 일을 나와 결부시키지 마라.
결탁(結託) : ① 마음을 결합하여 서로 의탁(依託)함. ② (주로 나쁜 일을 꾸미려고) 서로 한 통속이 됨. ex) 결탁하여 흉계를 꾸미다.

一刻(일각) : ① 매우 짧은 동안. ex) 일각을 다투다. ② 한 시간의 첫째 각(刻), 즉 한 시간의 4분의 1인 15분을 일컬음.
一角(일각) : 한 부분. 한 모서리. ex) 사회 일각에서 제기되고 있는 여론.
一大(일대) : (명사 앞에 쓰이어) '큰' 또는 '굉장한'이라는 뜻. ex) 일대 장관을 이루다.
一代(일대) : 한 시대. 그 시대. =일세(一世). ex) 일대의 영웅.
一帶(일대) : 어느 지역의 전부. =일원(一圓). ex) 서해안 일대의 어장.

육안(肉眼) : ① (안경 따위를 쓰지 않은) 맨눈. ② 식견 없이 단순히 표면적인 현상만을 보는 것. (반) 심안(心眼).
혜안(慧眼) : 사물의 본질이나 이면을 꿰뚫어 보는 눈.
착안(着眼) : 어떤 일을 주의하여 봄. 또는 문제점을 해결하기 위해 실마리를 찾음. (비) 착상(着想).

심오(深奧) : 사물의 뜻이 매우 깊고 오묘함. = 오묘(奧妙). cf) 심층(深層) : ① 사물의 속이나 밑에 있는 깊은 층. ② 사물이나 사건의 내부 깊숙한 곳. ex) 심층 취재.
미묘(微妙) : 뚜렷하지 않고 묘함. ex) 감정의 미묘한 변화.
교묘(巧妙) : 솜씨나 재주 따위가 재치 있게 약삭빠름. ex) 교묘한 수단.
절묘(絶妙) : 아주 교묘함. ex) 절묘한 작전. cf) 절호(絶好) : (무엇을 하기에) 아주 좋음. ex) 절호의 기회.

재난(災難) : (천재지변 따위로) 뜻밖에 일어나는 불행한 변고. (비) 재앙(災殃).
재해(災害) : 재난으로 말미암은 피해.
이재(罹災) : 재해를 입음. ex) 이재민(罹災民).
이변(異變) : ① 괴이한 변고(變故). ② 상례에서 벗어나 예상하지 못한 사태. ex) 기상 이변. 경기에서 이변이 속출하다.

저의(底意) : (드러내지 않고) 속에 품고 있는 뜻. ex) 저의가 무엇이냐?
저속(低俗) : (품격·인격·학문·예술성 따위가) 낮고 천박함. ex) 저속한 문학작품.
저변(底邊) : 어떤 분야의 밑바탕을 이루는 부분. ex) 스포츠 인구의 저변 확대.

간파(看破) : (상대방의 속내를) 꿰뚫어 알아차림. ex) 약점을 간파하다.
간과(看過) : 큰 관심 없이 대충 보아 넘김. ex) 간과할 수 없는 문제.
간주(看做) : (상태·모양·성질 따위가) 그렇다고 여김. ex) 위험한 인물로 간주하다.

본능(本能) : 선천적으로 타고난 성질이나 능력. (비) 본색(本色).
본안(本案) : 근본이 되는 안건(案件).
본연(本然) : 본래 그대로의 상태. ex) 인간 본연의 모습.

본분(本分) : 마땅히 하여야 할 본래의 의무. ex) 본분을 지키다.

자의(恣意) : 제멋대로 하는 생각. ex) 자의로 해석하다. cf) 자행(恣行) : 제멋대로 행동함. ex) 파렴치한 짓을 자행하다.
방자(放恣) : 삼가는 태도가 없이 무례하고 건방짐. ex) 방자한 태도.
거만(倨慢) : 잘난 체하며 남을 업신여기는 태도가 있음. =교만(驕慢). 오만(傲慢).
자만(自慢) : 자신이나 자신과 관련 있는 것을 스스로 자랑하며 뽐냄.
독선(獨善) : 자기 혼자만이 옳다고 생각하고 행동함.
오기(傲氣) : 능력은 부족하면서도 남에게 지기 싫어하는 마음.

대부(貸付) : 이자나 기한을 정하고 돈을 빌려 줌.
차용(借用) : 돈이나 물건을 빌려서 씀.
차관(借款) : 정부나 기업, 은행 따위가 외국 정부나 공적 기관으로부터 자금을 빌려 옴. 또는 그 자금.

경쟁(競爭) : 서로 앞서거나 이기려고 다툼. (비) 경합(競合).
경연(競演) : 개인이나 단체가 모여서 연기나 기능 따위를 겨룸. ex) 무용 경연 대회.
경선(競選) : 둘 이상의 후보가 경쟁하는 선거. ex) 대통령 후보 경선.

경험(經驗) : 실제로 해 보거나 겪어 봄.
체험(體驗) : 몸소 경험함, 또는 그런 경험. ex) 체험 수기.
경륜(經綸) : ① 경험을 바탕으로 일을 조직적으로 해나가는 능력. ② 나라를 다스림.
관록(貫祿) : 경력·지위 등으로 생긴 위엄이나 권위. ex) 중견 정치가로서의 관록.
연륜(年輪) : 여러 해 동안 쌓은 경험에 의해 이루어진 숙련의 정도. ex) 우리 회사는 연륜이 짧아 직원들의 경험이 부족하다.

애수(哀愁) : 마음을 슬프게 하는 시름. (비) 비수(悲愁). ex) 애수에 젖다.
우수(憂愁) : 근심과 걱정. (비) 수심(愁心). ex) 우수에 잠기다.
향수(鄕愁) : 고향을 그리워하는 마음.

단합(團合) : 여러 사람이 한마음으로 한데 뭉침. =단결(團結).
규합(糾合) : 어떤 목적 아래 많은 사람들을 끌어 모음. ex) 동지를 규합하다.
통합(統合) : 모두 합쳐 하나로 만듦.
통폐합(統廢合) : 비슷한 조직·기관·기구 따위를 합치거나 없애서 하나로 만듦.
융합(融合) : 둘 이상의 사물을 섞거나 조화시켜 하나로 합함. ex) 에너지 융합.

의연(義捐) : 자선사업이나 공익을 위해 돈이나 물품을 냄. =기부(寄附). ex) 수재 의연금.
기탁(寄託) : 금품을 남에게 맡기고 그 처리를 부탁함. ex) 수재 의연금을 기탁하다.
출연(出捐) : 금품을 내어 도와줌.
희사(喜捨) : (남을 위하여) 기꺼이 재물을 내놓음.

장애(障礙) : ① 거치적거리어 방해가 되는 일. ② 신체상의 결함. cf) 장벽(障壁) : ① 가리어 막은 벽. ② 방해가 되는 사물을 비유.

애로(隘路) : 일을 진행해 나가는 데 장애가 되는 점. ex) 애로 사항.
속박(束縛) : 사람의 행동의 자유를 빼앗음. (비) 구속(拘束). 구애(拘礙).
억압(抑壓) : (행동이나 욕망 따위를) 억지로 누름. (비) 억제(抑制).
통제(統制) : 일정한 방침이나 목적에 따라 행위를 제한하거나 제약함.
견제(牽制) : 상대편이 세력을 펴거나 자유롭게 행동하지 못하도록 억누름. cf) 견인(牽引) : 끌어당김.

불법(不法) : 법에 어긋남.
탈법(脫法) : 법의 규정을 교묘히 피함. ex) 탈법 행위.
편법(便法) : 정상적인 절차를 따르지 않은 간편하고 손쉬운 방법. ex) 편법으로 운영하다.

유쾌(愉快) : 마음이 즐겁고 상쾌(爽快)함. (비) 흔쾌(欣快). (반) 불쾌(不快).
통쾌(痛快) : 매우 유쾌함.
명쾌(明快) : 분명하고 시원함.
완쾌(完快) : 병이 완전히 나음.

07 잘못 읽기 쉬운 한자

[ㄱ]

改悛(개전) : 잘못을 뉘우쳐 마음을 바르게 고침.
忌避(기피) : 꺼리어 피함. (비) 회피(回避). cf) 도피(逃避) : 도망하여 피함.
干涉(간섭) : 남의 일에 참견(參見)함.
醵出(갹출) : 여러 사람이 각자 얼마씩 금품을 냄.
過失(과실) : 잘못이나 허물. =과오(過誤). 실수(失手). cf) 공과(功過) : 공로와 과실.
隔年(격년) : 한 해를 거름.
間歇(간헐) : 얼마 동안의 간격을 두고 일어났다 그쳤다 함.
極口(극구) : 온갖 말을 다함. ex) 극구 칭찬하다. cf) 극력(極力) : 있는 힘을 다함. ex) 극력 반대하다.
轟音(굉음) : 몹시 요란하게 울리는 소리.
攪亂(교란) : 뒤흔들어 어지럽게 함.
窮塞(궁색) : ① 아주 가난함. ② 말이나 행동의 이유나 근거 따위가 부족함. ex) 궁색한 변명을 늘어놓다. cf) 궁지(窮地) : 어려운 일을 당한 처지. ex) 궁지에 몰리다.
繼承(계승) : 조상의 전통·업적이나 선임자의 뒤를 이어받음. (비) 승계(承繼). 전승(傳承). cf) 전통(傳統) : 전해 내려오는 사상·관습·행동 따위의 양식.
窮極(궁극) : 어떤 일의 끝이나 막다른 고비.
開拓(개척) : ① 거친 땅을 일구어 논밭을 만듦. (비) 개간(開墾). ② 새로운 분야를 엶. ex) 해외 시장을 개척하다. cf) 간척(干拓) : 바닷물이나 호숫물을 메워 농경지 등으로 만드는 일.
救恤(구휼) : 물품을 베풀어 빈곤한 사람들을 구제함. cf) 빈곤(貧困) : 가난하여 살기가 어려움. (비) 곤궁(困窮). (반) 부유(富有).
歸趨(귀추) : 일이 되어 가는 형편. ex) 이번 사태의 귀추가 주목된다.
氣候(기후) : 기온, 비, 눈, 바람 따위의 대기(大氣) 상태. ex) 기온(氣溫) : 대기의 온도.
懇請(간청) : 간곡히 청함. cf) 간곡(懇曲) : 간절하고 정성이 지극함.
敎鞭(교편) : 학생을 가르칠 때 교사가 쓰는 가느다란 막대기. ex) 교편을 잡다. (교사가 되어 학생을 가르치다.) cf) 편달(鞭撻) : (회초리로 때린다는 뜻으로) 일깨워 주고 격려해 줌.
龜鑑(귀감) : 본보기로 삼을 만한 모범.
間隙(간극) : ① 사물·시간 사이의 틈. ② 두 가지 현상 사이의 틈.
龜裂(균열) : 사물이 갈라져서 터짐.
苦惱(고뇌) : 괴로워하고 속을 태움. (비) 고민(苦悶). 번뇌(煩惱). 번민(煩悶).
奇蹟(기적) : ① 상식을 벗어난 기이하고 놀라운 일. ② (신의 힘으로 이뤄진 듯한) 불가사의한 일.
輕微(경미) : 정도가 가벼움.
倦怠(권태) : 싫증을 느껴 게을러짐.
凱旋(개선) : (전쟁이나 경기에서) 이기고 돌아옴.
過渡(과도) : 한 상태에서 다른 상태로 바뀌어 가는 도중. ex) 과도 내각.

飢餓(기아) : 굶주림. =기근(飢饉).

掛念(괘념) : 마음에 거리낌. ex) 그 일에 괘념하지 마라.

開陳(개진) : 자기의 의견이나 생각 등을 말함.

經緯(경위) : 일이 진행되어 온 과정. ex) 사건의 경위를 알아보다.

輕率(경솔) : 말이나 행동이 가벼움. (반) 신중(愼重).

傾聽(경청) : 귀를 기울여 들음.

過剩(과잉) : (필요 이상으로) 많음. cf) 잉여(剩餘) : 쓰고 난 나머지. (비) 잔여(殘餘).

君臨(군림) : ① 군주로서 국민을 다스림. ② 어떤 분야에서 절대적인 세력을 가지고 남을 압도하는 일.

幹事(간사) : (모임이나 단체에서) 중심이 되어 사무를 처리하는 사람. cf) 근간(根幹) : 사물의 바탕이나 중심이 되는 부분.

傀儡(괴뢰) : 남이 조종하는 대로 움직이는 사람이나 조직. 꼭두각시.

干潟地(간석지) : 밀물 때는 물에 잠기고 썰물 때는 물 밖으로 드러나는 갯벌.

却說(각설) : 지금까지의 이야기를 그만두고 화제(話題)를 돌려 다른 말을 꺼냄.

共鳴(공명) : 남의 의견이나 사상 따위에 공감함. cf) 功名(공명) : 공을 세워 널리 알려진 이름.

琴瑟(금실) : 부부 사이의 애정.

驚愕(경악) : 깜짝 놀람. ex) 경악을 금치 못하다.

牽引(견인) : 끌어서 당김.

廣闊(광활) : 막힌 데가 없이 트이고 넓음. cf) 광대(廣大) : 넓고 큼.

氣魄(기백) : 씩씩하고 굳센 기상과 진취적인 정신. cf) 기세(氣勢) : 기운차게 내뻗는 형세.

景致(경치) : 자연의 아름다운 모습. =경관(景觀). 경색(景色). 풍경(風景). 풍광(風光). cf) 장관(壯觀) : 굉장하여 볼 만한 경치.

貫徹(관철) : 어려움을 뚫고 나아가 목적을 기어이 이룸.

激勵(격려) : 마음이나 기운을 북돋아 줌.

固辭(고사) : 굳게 사양함. ex) 출마 권유를 고사하다. cf) 枯死(고사) : 나무나 풀이 시들어 죽음.

鞏固(공고) : 굳고 흔들림이 없음. (비) 견고(堅固).

襟度(금도) : 다른 사람을 포용할 만한 도량(度量). ex) 지도자다운 금도.

感動(감동) : 깊이 느끼어 마음이 움직임. (비) 감격(感激). 감명(感銘).

緊縮(긴축) : 지출을 크게 줄임. ex) 긴축 예산.

階層(계층) : 사회를 형성하는 여러 층. ex) 소외 계층.

寄港地(기항지) : 항해 중인 배가 도중에 들르는 곳.

巨匠(거장) : 어떤 분야에서 기능이나 능력이 남달리 뛰어난 사람.

強靭(강인) : 굳세고 질김.

祈願(기원) : 소원이 이루어지기를 빎. (비) 기도(祈禱). cf) 소원(所願) : 바라고 원함. (비) 소망(所望).

基礎(기초) : 사물의 기본이 되는 토대.

金融(금융) : ① 돈의 융통. ② 경제계에서의 자금의 수요와 공급의 관계. cf) 융통(融通) : 필요한 물건이나 돈을 돌려 씀.

警鐘(경종) : 잘못된 일이나 위험한 일에 대비해 주는 주의나 충고를 이르는 말. (비) 경고(警告). ex) 경종을 울리다.

契機(계기) : 어떤 일이 일어나는 원인. =동기(動機).

更年期(갱년기) : 사람 몸이 노년기로 접어드는 시기.

介入(개입) : 어떤 일에 끼어들어 관계함.

苦衷(고충) : 괴로운 사정이나 심정. =고난(苦難). 고초(苦楚). cf) 수난(受難) : 견디기 힘든 어려운 일을 당함. ex) 수난의 역사.

高水敷地(고수부지) : 홍수가 날 때만 물에 잠기는 하천 언저리의 터.

掛念(괘념) : 마음에 두고 걱정하거나 잊지 않음. (비) 개의(介意). ex) 그 일에 너무 괘념하지 마라.

公算(공산) : 확실성의 정도. =확률(確率). ex) 시험에 합격할 공산이 크다.

[ㄴ]

冷冷(냉랭) : 온도가 낮아서 차갑고 쌀쌀함. cf) 냉담(冷淡) : 태도가 차갑고 무관심함. 냉소(冷笑) : 쌀쌀한 태도로 비웃음.

浪漫(낭만) : 현실에 매이지 않고 감상적이고 이상적으로 사물을 대하는 태도나 심리.

懶怠(나태) : 느리고 게으름. cf) 나약(懦弱) : 의지가 약함. (비) 박약(薄弱).

陋名(누명) : 억울하게 뒤집어쓴 불명예. cf) 오명(汚名) : 더러워진 이름이나 손상된 명예.

能動(능동) : 스스로 내켜서 움직이거나 작용함. (반) 수동(受動).

陋醜(누추) : 너저분하고 더러움.

拿捕(나포) : ① 죄인을 붙잡음. ② 자기 나라 영해를 침범한 외국 선박을 붙잡음. cf) 납치(拉致) : 강제로 끌고 감.

浪人(낭인) : 일정한 직업 없이 이리저리 떠돌아다니는 사람. cf) 백수(白手) : 돈 없이 빈둥거리며 놀고먹는 건달. =白手乾達(백수건달). 한량(閑良) : '돈 잘 쓰고 잘 노는 사람'을 흔히 이르는 말.

浪說(낭설) : 터무니없는 헛소문. cf) 낭비(浪費) : 헛되이 씀.

娘子(낭자) : 지난날, 남의 집 '처녀'를 점잖게 이르던 말.

腦死(뇌사) : 뇌의 기능이 정지돼 사실상 죽음에 이른 상태. cf) 빈사(瀕死) : 거의 죽을 지경에 이름.

朗報(낭보) : 기쁜 소식.

捺印(날인) : 도장을 찍음. cf) 무인(拇印) : 손도장.

賂物(뇌물) : 매수할 목적으로 주는 부정한 금품. cf) 수뢰(受賂) : 뇌물을 받음.

狼狽(낭패) : 일이 잘못돼 난감한 처지가 됨.

內諾(내락) : 속으로 넌지시 하는 승낙(承諾).

亂脈(난맥) : 이리저리 흩어져서 질서나 체계가 서지 아니함. 또는 그런 상태. (비) 난마(亂麻).

亂廛(난전) : 길바닥에 벌여 놓은 소규모의 가게. =노점(露店).

訥辯(눌변) : 더듬거리며 하는 서투른 말솜씨. (반) 달변(達辯).

漏泄(누설) : 비밀이 새어 나감. cf) 누락(漏落) : 기록에서 빠짐. 탈루(脫漏) : 밖으로 빼내 새어 나감. ex) 세금 탈루.

落款(낙관) : 글씨나 그림에 자기의 이름을 쓰고 도장을 찍음.

聾啞(농아) : 귀머거리와 벙어리.

朗誦(낭송) : (시나 문장 따위를) 소리 내어 읽거나 욈. (비) 낭독(朗讀).

老獪(노회) : 노련하고 교활함.

內訌(내홍) : 내부에서 일어난 분쟁. =내분

(內紛).

奴隷(노예) : 남의 소유물로 되어 부림을 당하는 사람.

累計(누계) : 소계(小計)를 계속하여 덧붙여 합산함. 또는 그런 합계. cf) 누적(累積) : 포개져서 쌓임. ex)피로가 누적되다. 누진(累進) : 수량이 많아지거나 가격이 상승함에 따라 그에 대한 비율도 높아지는 일. ex) 수도 요금에 누진세를 적용하다.

[ㄷ]

對峙(대치) : 서로 마주 보고 버팀. cf) 대척(對蹠) : 두 사물이나 현상이 서로 정반대가 됨.

遝至(답지) : 한군데로 몰려듦. ex) 각계의 성원이 답지하다.

擡頭(대두) : 어떤 현상이나 세력이 일어남. ex) 지역주의가 큰 문제로 대두되다.

導出(도출) : 생각·판단·결론 따위를 이끌어 냄.

圖讖(도참) : 미래의 길흉을 예언하는 술법. 또는 그러한 내용이 담긴 책.

杜絶(두절) : (교통이나 통신이) 막히거나 끊어짐.

同棲(동서) : 형제의 아내끼리나 자매의 남편끼리의 관계. cf) 시숙(媤叔) : 남편의 형제.

動搖(동요) : ① 움직이고 흔들림. (비) 요동(搖動). ② 불안한 상태에 빠짐. ex) 마음의 동요.

督促(독촉) : 몹시 재촉함. (비) 채근(採根).

團欒(단란) : 집안 식구가 화목하게 지냄.

陶醉(도취) : ① 거나하게 술이 취함. ② 무엇에 홀린 듯이 열중하거나 기분이 좋아짐. ex) 음악에 도취하다.

圖生(도생) : 살기를 도모함. cf) 각자도생(各自圖生) : 제각기 살아 나갈 방도를 도모함.

淘汰(도태) : 불필요하거나 부적당한 것을 없앰.

島嶼(도서) : 바다에 있는 크고 작은 여러 섬.

頭腦(두뇌) : ① 두개골 속에 있는 중추 신경계. ② 사물을 판단하는 슬기. ex) 두뇌가 명석하다. cf) 뇌리(腦裏) : 사람의 의식이나 기억, 생각 따위가 들어 있는 영역. ex) 그 사건은 사람들의 뇌리에서 잊혀 가고 있다.

斗頓(두둔) : 편들어서 감싸 줌.

登攀(등반) : (높거나 험한 산 따위를) 오름. cf) 산책(散策) : 이러저리 거닒. =산보(散步).

鍛鍊(단련) : ① 쇠붙이를 불에 달군 뒤 두드려 단단하게 함. ② 몸과 마음을 굳세게 닦음.

挑發(도발) : 남을 집적거려 일이 일어나게 함.

當惑(당혹) : 갑자기 일을 당하여 어찌할 바를 모름. (비) 당황(唐慌).

[ㅁ]

滿喫(만끽) : 마음껏 먹거나 만족할 만큼 즐김.

罵倒(매도) : 몹시 욕하며 몰아세움. ex) 기회주의자로 매도하다.

明瞭(명료) : 뚜렷하고 분명함. (반) 모호(模糊).

滅亡(멸망) : 망하여 없어짐. (반) 존립(存立).

邁進(매진) : 힘차게 나아감. ex) 학업에 매진하다.

魅力(매력) : 남의 마음을 끄는 힘. cf) 매료(魅了) : 남을 마음을 홀려 사로잡음. (비) 매혹(魅惑).

痲醉(마취) : 감각을 일시적으로 마비(痲痹)시킴.

巫覡(무격) : 무당(귀신을 섬기며 굿을 하는 여자)과 박수(남자 무당)를 아울러 이르는 말. cf) 무속(巫俗) : 무당을 중심으로 하여 민간에 전승되고 있는 풍속.

無窮(무궁) : 끝이 없음. ex) 무궁한 발전을 빌다.

未洽(미흡) : 마음에 흡족하지 못함.

摩擦(마찰) : ① 무엇에 대고 문지름. ② 서로 뜻이 맞지 않아 충돌함.

挽留(만류) : 붙잡고 말림.

微力(미력) : (적은 힘이라는 뜻으로) 남을 위해 애쓰는 자신의 힘을 겸손하게 이르는 말.

目睹(목도) : 눈으로 직접 봄. =목격(目擊).

未練(미련) : 생각을 딱 끊을 수 없음. ex) 미련을 못 버리다.

杳然(묘연) : ① 아득하고 멂. ② 소식이나 행방 따위를 알 길이 없음.

蔓延·蔓衍(만연) : 나쁜 현상 따위가 널리 퍼짐.

盟誓(맹세) : 약속이나 목표를 꼭 실천하겠다고 다짐함.

妙策(묘책) : 매우 교묘한 꾀.

霧散(무산) : 안개가 걷히듯 흩어져 사라짐. ex) 계획이 무산되다.

滿了(만료) : 정해진 기한이 끝남. cf) 종료(終了) : 행동이나 일 따위가 끝남. 완료(完了) : 어떤 일을 완전히 끝마침.

微風(미풍) : 약하게 부는 바람. 산들바람. (반) 열풍(熱風). cf) 미세(微細) : 분간하기 어려울 정도로 아주 작음. ex) 미세 먼지. 미온(微溫) : 온도나 태도가 미지근함. ex) 미온적 반응.

脈絡(맥락) : 사물 따위가 서로 이어져 있는 관계(關係)나 연관(聯關). cf) 문맥(文脈) : 문장과 문장이 이어지면서 전달되는 논리적 연관 관계.

目的(목적) : 실현하려고 하는 일이나 나아가는 방향. (비) 목표(目標).

密獵(밀렵) : 허가를 받지 않고 몰래 사냥함.

蒙塵(몽진) : 임금이 난리를 피하여 다른 곳으로 옮아 감. =파천(播遷).

民弊(민폐) : 민간에 끼치는 폐해(弊害). cf) 민원(民願) : 주민이 행정기관에 원하는 바를 요구하는 일.

[ㅂ]

剝奪(박탈) : 남의 재물이나 권리를 빼앗음. cf) 박멸(撲滅) : 모조리 잡아 없앰. ex) 해충을 박멸하다.

幇助(방조) : 남의 범죄를 거들어 도와주는 행위.

煩雜(번잡) : 번거롭게 뒤섞여 어수선함.

勃發(발발) : 어떤 일이 갑자기 일어남. ex) 전쟁이 발발하다.

磐石(반석) : ① 넓고 평평한 큰 바위. ② 사물·사상 따위가 아주 견고함을 비유적으로 이르는 말. cf) 초석(礎石) : ① 주춧돌. ② 사물·사상 따위의 기초(基礎)가 되는 것을 비유. (비) 기반(基盤).

逢着(봉착) : 맞닥뜨림. 당면함. ex) 새로운 국면에 봉착하다.

背馳(배치) : 서로 반대가 되어 어긋남. =상치(相馳).

防疫(방역) : 전염병이 발생하거나 유행하는 것을 미리 막는 일. cf) 면역(免疫) : ① 다시 발병하지 않도록 저항력을 가지는 것. ② 같은 일이 되풀이됨에 따라 그것에 무뎌지는 것을 비유.

厖大(방대) : 규모나 양이 매우 크거나 많음.

憑藉(빙자) : 어떤 일이나 생각을 정당화하기 위한 핑계를 댐.

報酬(보수) : 일한 대가로 주는 돈이나 물품.

(비) 봉급(俸給). 임금(賃金). 노임(勞賃). 급여(給與).

輔弼(보필) : 윗사람의 일을 도움. (비) 보좌(補佐).

服從(복종) : 남의 명령이나 의사를 그대로 따름. (비) 굴복(屈服). 굴종(屈從).

拔擢(발탁) : 사람을 뽑아 씀.

跋扈(발호) : 함부로 세력을 휘두르거나 제멋대로 날뜀.

庇護(비호) : 편을 들어 감싸거나 보호(保護)함. cf) 보증(保證) : 책임지고 틀림이 없음을 증명함.

粉碎(분쇄) : 단단한 물체를 가루처럼 잘게 부스러뜨림.

半徑(반경) : 행동이 미치는 범위.

配偶者(배우자) : 부부로서 짝이 되는 상대.

復讐(복수) : 원수를 갚음. (비) 보복(報復). cf) 원수(怨讐) : 원한이 맺힌 사람.

敷地(부지) : 집이나 공장 따위의 건물을 짓거나 도로를 만드는 데에 쓰이는 땅.

範疇(범주) : 같은 성질을 가진 부류, 또는 범위(範圍).

嚬蹙(빈축) : 다른 사람으로부터 받는 비난이나 미움. ex) 빈축을 사다.

沸騰(비등) : ① 액체가 끓어오름. ② 여론이나 관심 따위가 세차게 일어남.

發露(발로) : 숨은 것이 겉으로 드러남. ex) 애국심의 발로. (비) 발현(發現).

罰則(벌칙) : 법규를 어긴 행위에 대한 처벌을 정해 놓은 규칙(規則). ex) 벌칙을 강화하다. cf) 범칙(犯則) : 규칙을 어김. ex) 범칙금.

紛亂(분란) : 어수선하고 소란스러움. cf) 분쟁(紛爭) : 서로 시끄럽게 다툼.

伴侶(반려) : 생각이나 행동을 함께 하는 짝이나 친구. cf) 返戾(반려) : 서류 따위를 제출한 사람에게 도로 돌려줌. (비) 반환(返還).

頻度(빈도) : 어떤 일이 되풀이되는 정도나 횟수. cf) 빈번(頻繁) : 일어나는 횟수가 잦음.

瀕死(빈사) : 거의 죽을 지경에 이름.

排他(배타) : 남을 반대하여 물리침. (비) 배제(排除). 배척(排斥).

誹謗(비방) : 남을 헐뜯고 욕함. (비) 비난(非難).

發展(발전) : 더 낫고 좋은 상태나 더 높은 단계로 나아감. (비) 발달(發達). 향상(向上). (반) 퇴보(退步).

崩御(붕어) : 임금이 세상을 떠남. =昇遐(승하).

非違(비위) : 법에 어긋남. 또는 그런 일. cf) 비리(非理) : 올바른 이치나 도리에 어긋남.

鄙陋(비루) : 사람의 하는 짓이나 성품이 천하고 졸렬(拙劣)함. (비) 비열(卑劣).

卑俗(비속) : 격이 낮고 속됨. ex) 비속어를 쓰지 마라. cf) 비겁(卑怯) : 떳떳하지 못하고 겁이 많음. (비) 비굴(卑屈).

飛翔(비상) : 하늘을 날음. cf) 非常(비상) : ① 심상치 않음. ② 뜻밖의 긴급사태.

噴出(분출) : ① 세차게 뿜어져 나옴. ② 요구나 욕망 따위가 한꺼번에 터져 나옴.

憤怒(분노) : 분개(憤慨)하여 몹시 화를 냄. cf) 공분(公憤) : 대중이 다 같이 느끼는 분노.

剝製(박제) : 동물의 가죽을 벗기고 표본을 만드는 일.

分裂(분열) : 집단이나 단체, 사상 따위가 갈라져 나뉨. (반) 통일(統一).

氾濫(범람) : 물이 넘쳐흐름. cf) 홍수(洪水) : 비가 많이 와서 갑자기 크게 불어난 물.

拂拭(불식) : 말끔하게 씻어 없앰. ex) 오해를 불식하다.

薄氷(박빙) : ① 살얼음. ② 근소한 차이. ex) 박빙의 승부.

奮發(분발) : 마음을 굳게 먹고 힘을 냄.

翻覆(번복) : 진술이나 주장, 입장 따위를 뒤집음. ex) 진술을 번복하다. cf) 반복(反復) : 같은 일을 되풀이함.

防諜(방첩) : 비밀이 새어 나가지 못하게 함. cf) 간첩(間諜) : 적대(敵對) 관계에 있는 상대편에 침투해 기밀을 알아내는 사람. =첩자(諜者).

比率(비율) : 수나 양 따위를 비교해 그 관계를 수치로 나타낸 것.

不察(불찰) : 주위 깊게 살피지 않아 생긴 잘못. ex) 그 사고는 운전자의 불찰로 생긴 것이다.

不朽(불후) : 썩지 아니함, 즉 영원히 없어지지 아니함. ex) 불후의 명작.

扶植(부식) : 어떠한 곳에 영향력이나 힘의 기틀을 마련함. ex) 당내에 세력을 부식하다.

浮上(부상) : ① 물 위로 떠오름. ② 크게 사람들의 주목을 받거나 더 높은 자리로 올라섬. ex) 우승 후보로 부상하다.

放漫(방만) : 야무지지 못하고 엉성함. ex) 방만한 경영으로 회사가 망했다. cf) 산만(散漫) : 어수선하여 질서나 통일성이 없음.

班列(반열) : 신분이나 등급 따위의 차례. ex) 그는 드디어 거장의 반열에 들어섰다.

[ㅅ]

蘇生(소생) : 거의 죽어 가던 상태에서 다시 살아남. =회생(回生).

撒布(살포) : 액체나 가루 따위를 흩어서 뿌림.

閃光(섬광) : 순간적으로 번쩍 빛나는 빛.

實踐(실천) : 생각한 것을 실제로 행함. (비) 실행(實行). 이행(履行).

傷痕(상흔) : 상처의 흔적. ex) 아직 전쟁의 상흔이 가시지 않았다.

書翰(서한) : 편지. =서간(書簡).

猜忌(시기) : 남이 잘되는 것을 샘내 미워함. (비) 질투(嫉妬). 투기(妬忌).

示唆(시사) : 미리 암시(暗示)하여 넌지시 알려줌. ex) 이 일에 대해 그로부터 아무런 시사도 받지 못했다. cf) 時事(시사) : 그 당시에 일어난 여러 가지 사회적 사건. ex) 시사 문제를 다룬 보도.

辛辣(신랄) : (맛이 아주 쓰고 맵다는 뜻으로) 분석이나 비평 따위가 날카로운 것을 비유.

迅速(신속) : 매우 빠름.

消費(소비) : 돈이나 물자, 시간 따위를 써서 없앰. (반) 생산(生産).

旋回(선회) : ① 둘레를 빙글빙글 돌음. ② 노선이나 방침 따위를 바꿈. cf) 우회(迂回) : 멀리 돌아서 감.

邪惡(사악) : 간사(奸邪)하고 악독함. cf) 사교(邪敎) : 그릇된 교리로 사회에 해를 끼치는 종교.

棲息(서식) : 동물이 어떤 곳에 깃들여 삶. cf) 서식지(棲息地) : 동물이 보금자리를 만들어 사는 장소.

樹立(수립) : (국가나 정부, 제도나 계획 따위를) 이룩하여 세움.

數爻(수효) : 사물의 수.

事項(사항) : 일의 내용이나 항목(項目).

殺到(쇄도) : 세차게 몰려듦. ex) 물품 주문이 쇄도하다.

襲擊(습격) : 갑자기 적을 덮쳐 공격함. cf) 피습(被襲) : 습격을 당함.

損害(손해) : (금전·물질 면에서) 밑지거나 해가 됨. (비) 손실(損失).

相殺(상쇄) : 양자가 서로 상반되는 영향을 미치는 관계에서 어느 한쪽의 효과가 없어짐.

神秘(신비) : 상식으로는 이해할 수 없을 만큼 신기하고 묘함.

事由(사유) : 어떤 일을 그렇게 하게 된 이유나 까닭. (비) 연유(緣由).

睡眠(수면) : 잠을 잠.

傘下(산하) : 어떤 조직이나 세력의 관할 아래. ex) 산하 단체.

先塋(선영) : 조상의 무덤. =선산(先山).

首肯(수긍) : 옳다고 인정함.

省略(생략) : 전체에서 한 부분을 줄이거나 뺌.

拾得(습득) : (물건 따위를) 주워서 얻음. (반) 분실(紛失).

插畵(삽화) : 문장의 이해를 돕도록 장면을 묘사한 그림.

庶孼(서얼) : 서자(庶子, 양인 출신 첩에게서 태어난 아들)와 얼자(孼子, 천민 출신 첩에게서 태어난 아들)를 아울러 이르는 말.

査頓(사돈) : 혼인한 두 집안의 부모들 사이. 또는 그 집안사람들 사이에 서로 상대편을 이르는 말.

常套(상투) : 예사로 늘 하는 버릇.

消息(소식) : 멀리 떨어져 있는 사람의 사정을 알리는 말이나 글. cf) 소문(所聞) : 사람들의 입에 오르내리면서 전해 들리는 말.

習得(습득) : 배워 터득(攄得)함. ex) 기술을 습득하다. cf) 연습(練習) : 학문이나 기예(技藝) 따위를 되풀이하여 익힘.

奢侈(사치) : 필요 이상의 돈이나 물건을 쓰거나 분수에 지나친 생활을 함. cf) 호사(豪奢) : 매우 호화롭고 사치스러움.

相乘(상승) : 두 가지 이상의 요소가 서로 효과를 더하는 일. ex) 상승 작용. cf) 上昇(상승) : 위로 올라감. ex) 인기가 날로 상승하다.

羨望(선망) : 부러워함. ex) 그는 선망의 대상이다.

悚懼(송구) : 미안하고 거북스러운 느낌이 있음. cf) 죄송(罪悚) : 죄스러울 정도로 미안함.

事端(사단) : 일·사건의 실마리. =단초(端初). 단서(端緒).

些少(사소) : 매우 적음. 하찮음.

辭意(사의) : 사임 또는 사퇴할 뜻. cf) 謝意(사의) : ① 남의 호의에 대한 감사의 뜻. ② 자신의 잘못에 대한 사과의 뜻.

手腕(수완) : 일을 잘 처리하거나 실행하는 역량.

成就(성취) : 목적한 바를 이루어 냄. (비) 성공(成功).

收穫(수확) : 익은 농작물을 거두어들임.

殲滅(섬멸) : 남김없이 무찔러 없앰.

選擇(선택) : 여럿 가운데서 골라 뽑음. cf) 선호(選好) : 여럿 가운데서 특별히 가려 좋아함.

死藏(사장) : (어떤 물건을) 사용하지 않고 그대로 둠.

失墜(실추) : 명예나 위신 따위를 떨어뜨리거나 잃음.

森林(삼림) : 나무가 많이 우거진 곳. (산이 아닌 평지에도 있음.) cf) 산림(山林) : 산에 있는 숲.

承諾(승낙) : 요구하는 것을 들어줌. (비) 허락(許諾). 수락(受諾). (반) 거부(拒否).

生涯(생애) : 이 세상에 살아 있는 동안. 한평생.

莎草(사초) : 무덤에 떼를 입히고 다듬는 일. (흔히 한식날에 함.) cf) 벌초(伐草) : 무덤의 잡초를 베어서 깨끗이 함.

庶民(서민) : 경제적으로 중류 이하의 넉넉지

못한 생활을 하는 사람.

弑害(시해) : 부모나 임금을 죽임. =시역(弑逆).

謝過(사과) : 자신의 잘못을 인정하고 용서를 빎. cf) 용서(容恕) : 잘못이나 죄를 꾸짖거나 벌하지 않고 덮어 줌.

舌禍(설화) : ① 말을 잘못해 입게 되는 화. ② 남에 대한 험담이나 중상(中傷) 따위로 입게 되는 화. cf) 필화(筆禍) : 발표한 글이 말썽이 되어 받는 화. 구설(口舌) : 시비(是非)를 걸거나 헐뜯는 말. ex) 구설수에 오르다.

[ㅇ]

斡旋(알선) : 남의 일이 잘되도록 도와주거나 일자리를 소개해 줌.

惹鬧(야료) : 까닭 없이 트집을 부리고 마구 떠들어 대는 짓.

遊擊(유격) : (정규전이 아닌) 그때그때의 상황에 따라 적을 공격하는 행위. ex) 유격전(게릴라전)으로 적에게 타격을 입히다. cf) 엄습(掩襲) : 갑자기 습격하거나 들이닥침.

例年(예년) : 보통의 해. ex) 올해는 예년에 비해 눈이 많이 왔다.

元旦(원단) : 설날 아침. cf) 단모(旦暮) : 아침과 저녁. =조석(朝夕).

藝術(예술) : 감상의 대상이 되는 아름다움을 표현하려는 인간의 활동 및 그 작품. cf) 예능(藝能) : 예술과 관련된 능력을 통틀어 이르는 말. 기예(技藝) : 기술과 예술을 아울러 이르는 말.

安逸(안일) : 편안하고 한가로움. 또는 편안함만을 누리려는 태도.

蔭德(음덕) : ① 조상의 덕. ② 남모르게 좋은 일을 하거나 숨어서 베푸는 은덕을 비유하는 말.

匿名(익명) : 본이름을 숨김. 또는 그 이름. cf) 은닉(隱匿) : 숨기어 감춤.

韻致(운치) : 고상하고 우아한 품격을 갖춘 멋.

艶聞(염문) : 남녀의 연애에 관한 소문. ex) 염문을 퍼뜨리다. cf) 염복(艶福) : 여자들이 잘 따르는 복. 여복(女福).

慰撫(위무) : 위로(慰勞)하고 어루만져 달램. ex) 수재민을 위무하다. cf) 위안(慰安) : 위로하여 마음을 편하게 함.

應酬(응수) : 상대편의 말이나 행동을 되받아 응함. (비) 응답(應答). 응대(應對). cf) 응징(膺懲) : ① 잘못을 뉘우치도록 벌함. ② 적국을 정복함.

移徙(이사) : 집을 옮김. cf) 이식(移植) : ① 식물 등을 옮겨 심음. ② 살아 있는 조직이나 장기 등을 옮겨 붙임.

役割(역할) : 마땅히 해야 할 일. =구실(우리말).

閱兵(열병) : 군대를 정렬한 다음 병사들의 사기와 훈련 상태 따위를 검열함. (비) 사열(查閱).

傭兵(용병) ; 지원한 사람에게 봉급을 주어 군에 복무하게 함. 또는 그렇게 고용한 병사.

要塞(요새) : ① 군사적으로 중요한 곳에 견고하게 만들어 놓은 방어시설. ② 차지하거나 달성하기 어려운 대상이나 목표를 비유.

閭閻(여염) : 일반 백성의 살림집이 많이 모여 있는 곳. ex) 여염집 아낙네.

溺死(익사) : 물에 빠져 죽음.

餘暇(여가) : 겨를. 틈. ex) 여가를 이용하다. cf) 여유(餘裕) : 넉넉하여 남음이 있음. 휴가(休暇) : 일정한 기간 동안 쉬는 일.

廉探(염탐) : 어떤 일의 사정을 몰래 조사함.

誘拐(유괴) : 사람을 속여 꾀어 냄.

孕胎(잉태) : 뱃속에 아이를 가짐. =임신(姙娠). 회임(懷妊).

療養(요양) : 휴양(休養, 편안히 쉼)하면서 병을 치료함. (비) 조섭(調攝). 조리(調理).

邀擊(요격) : 기다리고 있다가 적을 격추(擊墜)시킴.

猥濫(외람) : 하는 행동이나 생각이 분수에 지나침.

劣等(열등) : 질의 정도나 등급이 보통의 수준보다 낮음. (반) 우등(優等).

夭折(요절) : 젊어서 일찍 죽음. =요사(夭死).

臥病(와병) : 병으로 자리에 누움.

濾過(여과) : 액체 따위의 이물질을 걸러 냄.

僞善(위선) : 겉으로만 착한 체 하거나 거짓으로 꾸밈. cf) 허위(虛僞) : 진실이 아닌 것을 진실인 것처럼 꾸민 것.

凹凸(요철) : 오목함과 볼록함.

忍耐(인내) : 괴로움이나 어려움을 참고 견딤. cf) 내구성(耐久性) : 물질이 변형되지 않고 오래 견디는 성질.

蔭襲(음습) : 그늘지고 음산함.

外延(외연) : 일정한 개념이 적용되는 사물의 범위. ex) 외연을 넓히다.

野蠻(야만) : 문화의 정도가 낮고 미개(未開)한 상태. cf) 만행(蠻行) : 야만스러운 행위.

矮小(왜소) : 몸이 작고 초라함.

奧地(오지) : 해안이나 도시에서 멀리 떨어진 내륙의 깊숙한 땅. cf) 벽지(僻地) : 도시에서 멀리 떨어져 으슥하고 외진 곳. 두메산골.

臨終(임종) : ① 목숨이 끊어져 죽음에 이름. ② 부모가 돌아가실 때 그 곁에 지키고 있음. ex) 임종을 못하다.

餘滴(여적) : (붓 끝의 남은 먹물과 같이) 무슨 일이 끝난 뒤 남은 이야기.

因緣(인연) : ① 사람들 사이에 맺어지는 관계. ② 어떤 사물과 관계되는 연줄. cf) 사연(事緣) : 일의 앞뒤 사정과 까닭.

厭世(염세) : 세상을 괴롭고 귀찮은 것으로 여겨 비관(悲觀)함. cf) 낙천(樂天) : 세상과 인생을 즐겁고 좋은 것으로 여김.

立脚(입각) : 어떤 사실이나 주장 따위에 근거를 두어 그 입장에 섬.

日蝕(일식) : (달이 태양과 지구의 사이에 끼여) 달의 일부 또는 전부가 가려져 어둡게 보이는 현상. cf) 월식(月蝕) : (지구가 태양과 달 사이에 끼여) 달의 일부 또는 전부가 가려져 어둡게 보이는 현상.

憂慮(우려) : 근심하거나 걱정함. (비) 염려(念慮).

哀悼(애도) : 사람의 죽음을 슬퍼함.

流彈(유탄) : 조준한 곳에 맞지 아니하고 빗나간 탄환. (뜻하지 않게 입는 화를 비유하기도 함.)

引上(인상) : (가격이나 요금, 임금 따위를) 올림. (반) 인하(引下).

腕力(완력) : ① 팔의 힘. ② 육체적으로 상대편을 억누르는 힘.

曖昧(애매) : 분명하지 않음.

業績(업적) : 이룩해 놓은 성과. cf) 위업(偉業) : 위대한 업적. 업보(業報) : 선악의 행위로 말미암은 인과응보(因果應報).

夷狄(이적) : 오랑캐.

逆調(역조) : 일이 순조롭게 나아가지 않는 모양이나 상태. (반) 순조(順調). ex) 무역 역조가 심각하다.

履歷(이력) : 지금까지 거쳐 온 학업・직업・경험 등의 내력. cf) 이행(履行) : 실제로 행함.

阿諂(아첨) : 남의 비위를 맞추려고 알랑거림. =아부(阿附).

永久(영구) : 어떤 상태가 끝없이 이어짐. (비) 영원(永遠). 항구(恒久).

移秧(이앙) : 모내기.

憐憫(연민) : 불쌍하고 가련하게 여김. cf) 동경(憧憬) : 마음에 두고 생각하며 그리워함.

哀歡(애환) : 슬픔과 기쁨. cf) 희비(喜悲) : 기쁨과 슬픔.

訛傳(와전) : 그릇되게 전함.

肉聲(육성) : 사람의 입으로부터 직접 나온 그대로의 소리. ex) 육성 녹음. cf) 育成(육성) : 길러서 자라게 함. (비) 양성(養成).

虞犯(우범) : 죄를 저지를 우려가 있음. ex) 우범 지역.

惹起(야기) : (사건이나 일 따위를) 일으킴.

湮滅(인멸) : 흔적도 없이 모두 없어짐. ex) 증거 인멸.

圓滑(원활) : 일이 거침이 없고 순조로움.

汚辱(오욕) : 더럽혀 욕되게 함. ex) 오욕의 역사. cf) 오점(汚點) : 명예롭지 못한 흠이나 결점.

吝嗇(인색) : 재물을 몹시 아낌.

婉曲(완곡) : (말이나 행동을) 드러내지 않고 빙 둘러서 나타냄. ex) 완곡한 표현.

言及(언급) : 어떤 문제에 대해 말함. ex) 미래에 대해 언급하다.

壅拙(옹졸) : 성질이 너그럽지 못하고 마음이 좁음. cf) 옹색(壅塞) : ① 생활이 궁색함. ② 처지가 떳떳하지 못함.

謁見(알현) : 지체 높은 사람을 찾아뵘. =배알(拜謁).

安堵(안도) : 불안이 없어져 마음을 놓음.

憂鬱(우울) : 마음이 답답하거나 근심스러워 활기가 없음. cf) 울분(鬱憤) : 분한 마음이 가슴에 가득함.

僥倖(요행) : 뜻밖의 행운(幸運).

玉璽(옥새) : 임금의 도장.

異邦(이방) : 다른 나라. 타국(他國). cf) 우방(友邦) : 우호적인 관계를 맺고 있는 나라. 변방(邊方) : 중심에서 멀리 떨어진 변두리 지역.

揶揄(야유) : 남을 빈정거리며 놀림.

嗚咽(오열) : 목메어 울음.

疫病(역병) : 악성의 전염병. cf) 염병(染病) : 전염성을 가진 병들을 통틀어 이르는 말. 괴질(怪疾) : 원인을 알 수 없는 병.

汚染(오염) : 더러워짐.

閱覽(열람) : 책이나 문서 등을 죽 읽어 봄. cf) 관람(觀覽) : 연극이나 영화, 운동 경기, 전시품 따위를 보며 즐김.

影幀(영정) : 장례를 지낼 때 쓰는 죽은 사람의 사진.

連陸橋(연륙교) : 육지와 섬을 이은 다리. cf) 연도교(連島橋) : 섬과 섬을 이은 다리.

囹圄(영어) : 감옥, 또는 감옥에 갇혀 있는 상태. ex) 영어의 몸이 되다. cf) 수인(囚人) : 감옥에 갇힌 사람. =죄수(罪囚).

安全瓣(안전판) : 위험을 사전에 막는 작용을 하는 기구.

曳引(예인) : (배 따위를) 끌어당김.

硏究(연구) : 어떤 일이나 사물을 깊이 있게 조사하고 생각해 이치나 진리를 밝힘. cf) 고려(考慮) : 생각하고 헤아려 봄. (비) 고찰(考察).

樂山樂水(요산요수) : 산수(山水)의 자연(自然)을 즐기고 좋아함.

雅量(아량) : 너그럽고 속이 깊은 마음씨.

泣訴(읍소) : 울며 간절히 하소연함.

萎縮(위축) : 어떤 힘에 눌려서 좁아들고 기를 펴지 못함. cf) 응축(凝縮) : (흩어져 있던 것이) 한데 엉겨 굳어서 줄어듦. 압축(壓縮) : 압력을 가해 부피를 작게 함.

惡寒(오한) : 갑자기 몸에 열이 나면서 추운 증세.
旺盛(왕성) : 한창 성함.
額面(액면) : 말이나 글로 표현된 사실이나 겉으로 드러난 모습. ex) 그의 말을 액면 그대로 믿으면 안된다.
輪廓(윤곽) : ① 사물의 테두리(둘레의 선). 겉모양. ② 대강의 모습. ex) 사건의 윤곽이 드러나다.
頑剛(완강) : 의지나 태도가 굳셈.
愚昧(우매) : 어리석고 사리에 어두움.
離間(이간) : 두 사람 사이에서 농간을 부려 멀어지게 함.
裏面(이면) : ① 물체의 안쪽 면. (반) 표면(表面). ② 겉으로 드러나지 않는 내부의 속사정. ex) 이 소설은 권력의 이면을 그리고 있다.
因果(인과) : 원인(原因)과 결과(結果)를 아울러 이르는 말. cf) 상관(相關) : 서로 관련을 가짐.
儀式(의식) : 어떤 행사를 치르는 격식. (비) 의례(儀禮). ex) 혼인 의식.
遼遠(요원) : 아득히 멂.
溫暖(온난) : 날씨가 따뜻함. ex) 지구 온난화 현상.
逸脫(일탈) : (어떤 사상이나 조류·규범 등에서) 벗어남. ex) 미풍양속을 일탈한 행동.
擁護(옹호) : 보호하거나 편들어 지킴. ex) 인권을 옹호하다. cf) 옹립(擁立) : (어떤 자리나 직책에) 모시어 세움.

[ㅈ]

殘滓(잔재) : ① 과거의 낡은 사고방식이나 생활방식의 찌꺼기. ex) 봉건주의의 잔재를 청산하다. ② 부서지거나 못 쓰게 되어 남아 있는 물체. (비) 잔해(殘骸).
情況(정황) : 어떤 사물이 처해 있는 조건이나 상태(狀態). ex) 국내외의 정황이 작년과 달라졌다.
造詣(조예) : 어떤 분야에 대한 깊은 지식이나 이해.
掌握(장악) : (손안에 쥔다는 뜻으로) 판세나 권력 따위를 완전히 휘어잡음. ex) 그들은 정권 장악에 혈안이 되어 있다. cf) 관장(管掌) : 일을 맡아서 다룸.
蠢動(준동) : (벌레 따위가 꿈적거린다는 뜻으로) 불순한 세력이나 보잘것없는 것들이 소동을 일으키는 것을 비유.
足跡(족적) : 지난간 일의 흔적.
自衛(자위) : 자기 몸이나 나라 따위를 스스로 지킴. cf) 안위(安危) : 편안함과 위태로움.
指揮(지휘) : 목적을 효과적으로 이루기 위해 단체의 행동을 통솔함.
資質(자질) : ① 타고난 성품이나 소질. ex) 아버지의 자질을 이어받다. ② 어떤 분야의 일에 대한 능력이나 실력의 정도. ex) 과학자로서의 자질. cf) 자격(資格) : 일정한 지위를 가지거나 일정한 일을 하는 데 필요한 조건이나 능력.
自愧(자괴) : 스스로 부끄러워함. cf) 자괴감(自愧感) : 스스로 부끄러움을 느끼는 마음.
粗雜(조잡) : (말·행동·솜씨 따위가) 거칠고 엉성함.
挫折(좌절) : 계획이나 일 따위가 도중에 실패로 돌아감. cf) 좌초(坐礁) : ① 배가 암초에 걸림. ② 어려운 처지에 빠짐.
坐視(좌시) : 참견하지 않고 앉아서 보기만 함.
奏效(주효) : 어떤 일에 효과를 나타냄. ex) 그

의 작전이 주효를 했다.

走狗(주구) : ① 사냥개. ② 남의 사주를 받고 끄나풀(앞잡이) 노릇을 하는 사람을 비유. ex) 일제 침략의 주구 노릇(역할)을 하다.

才媛(재원) : 재주가 뛰어난 젊은 여자. cf) 현숙(賢淑) : (여자의 마음이나 몸가짐이) 어질고 정숙함.

徵表(징표) : 어떤 사물을 다른 사물과 구별하는 지표.

遵守(준수) : (규칙이나 명령 따위를) 그대로 좇아서 지킴. ex) 법을 준수하다. cf) 부응(副應) : 요구나 기대 따위에 좇아서 응함. ex) 변화에 부응하기 위해 노력하다.

逐出(축출) : 쫓아내거나 몰아냄.

進陟(진척) : 일이 진행(進行)되어 감.

窒息(질식) : 숨이 막힘.

執權(집권) : 권력이나 정권을 잡음. cf) 집행(執行) : 어떤 일 따위를 실제로 행함.

提携(제휴) : (공동의 목적을 위해) 서로 도움.

潛在(잠재) : 겉으로 드러나지 않고 속에 숨어 있음. ex) 잠재된 욕망을 드러내다. cf) 잠정(暫定) : 임시로 정함.

姿態(자태) : 어떤 대상의 생김새나 모양. cf) 태도(態度) : 어떤 일이나 상황에 직면했을 때 가지는 입장이나 자세.

傳播(전파) : 널리 전하여 퍼뜨림.

電擊(전격) : 번개처럼 갑작스럽게 행함. ex) 전격적으로 이뤄진 남북 정상 회담.

執拗(집요) : 고집이 세고 끈질김.

躊躇(주저) : 나아가지 못하고 망설임.

慫慂(종용) : 달래어 권함. ex) 화해를 종용하다.

諮問(자문) : 학식과 경험이 풍부한 전문가에게 의견을 물음. cf) 고문(顧問) : 어떤 분야에 전문적인 지식을 가지고 자문에 응해 의견을 말하는 직책이나 사람.

切斷(절단) : 자르거나 베어서 끊음.

詛呪(저주) : 남이 못되기를 빌고 바람.

制御(제어) : 억눌러 따르게 함. (비) 제압(制壓). cf) 방어(防禦) : 상대의 공격(攻擊)을 막음.

尊銜(존함) : 남을 높이어 그의 '이름'을 일컫는 말. =존명(尊名).

自招(자초) : (어떤 결과를) 스스로 불러들임. (비) 초래(招來). ex) 화(禍)를 자초하다.

戰慄(전율) : 몸을 떨음.

點綴(점철) : ① 서로 이어짐. ② 관련이 있는 상황이나 사실 따위가 서로 이어짐. ex) 욕망으로 점철된 그의 삶은 불행했다.

切迫(절박) : 다급하여 여유가 없음.

積極(적극) : 어떤 일이나 대상에 대해 긍정적이고 능동적으로 대함. (반) 소극(消極).

中樞(중추) : 사물의 중심이 되는 부분. (비) 주축(主軸).

轉嫁(전가) : (자기의 잘못이나 책임 따위를) 남에게 넘겨씌움. ex) 책임을 전가하다. cf) 전락(轉落) : 타락하거나 나쁜 상태에 빠짐.

疾走(질주) : 빨리 달림.

轉向(전향) : 기존의 사상·신념·주의·주장 따위를 다른 것으로 바꿈.

支撐(지탱) : 오래 버티거나 배겨 냄.

刺戟(자극) : 어떤 현상이나 반응이 일어나게 함.

浚渫(준설) : 배가 잘 드나들 수 있도록 하천이나 항만 등의 바닥에 쌓인 흙이나 암석 따위를 파내는 일.

憎惡(증오) : 몹시 미워함.

精銳(정예) : 여러 사람 가운데서 골라 뽑은 뛰어난 사람. cf) 신예(新銳) : 새로 나타나 뛰어난 실력을 보이는 사람.

咫尺(지척) : 아주 가까운 거리.

漸進(점진) : 조금씩 앞으로 나아감. (반) 급진(急進).

陳腐(진부) : 케케묵고 낡음.

潛伏(잠복) : ① 숨어 있음. ② 증상이 겉으로 드러나지 않음.

全幅(전폭) : 전체에 걸쳐 하나도 남김없이 모두. ex) 전폭적인 지지.

抵觸(저촉) : 법률이나 규칙 등에 위배됨. cf) 위배(違背) : (법이나 약속 따위를) 어기거나 지키지 않음. =위반(違反).

重疊(중첩) : 거듭 겹쳐짐. =중복(重複).

猝死(졸사) : 갑자기 죽음. cf) 猝富(졸부) : 갑자기 부자가 된 사람. 벼락부자.

嘲笑(조소) : 비웃음.

叱咤(질타) : 성내어 큰 소리로 꾸짖음. (비) 질책(叱責).

猪突(저돌) : (멧돼지처럼) 좌우를 살피지 않고 막무가내로 돌진함.

蠶食(잠식) : (누에가 뽕잎을 조금씩 먹어 들어가듯이) 점차 조금씩 침입하거나 차지함.

遭遇(조우) : 우연히 마주침.

自服(자복) : 저지른 죄를 고백하고 복종함. (비) 자백(自白). cf) 자수(自首) : 자기가 저지른 범죄를 스스로 수사기관에 신고하는 일.

操身(조신) : 몸가짐을 조심함.

慈悲(자비) : 남을 사랑하고 가엾게 여김.

集積(집적) : 모아서 쌓음. ex) 반도체 집적단지 조성. cf) 과밀(過密) : (인구 따위가) 한곳에 지나치게 모여 있음.

粗惡(조악) : 거칠고 나쁨.

從屬(종속) : 자주성이 없이 주가 되는 것에 딸려 붙음.

[ㅊ]

責任(책임) : 맡아서 해야 할 임무나 의무. cf) 의무(義務) : 당연히 해야 할 일. 책무(責務) : 책임이나 의무.

寵愛(총애) : 남달리 귀여워하고 사랑함. cf) 은총(恩寵) : 높은 사람에게서 받는 특별한 은혜(恩惠)와 사랑.

闡明(천명) : 분명하게 드러내어 밝힘.

猖披(창피) : 체면이 깎이거나 떳떳하지 못한 일로 부끄러움.

致死(치사) : 죽음에 이르게 함. ex) 업무상 과실 치사.

抽象的(추상적) : 구체성이 없이 사실이나 현실과 동떨어져 막연하고 일반적인. (반) 구체적(具體的). cf) 피상(皮相) : 겉으로 드러나 보이는 모양이나 현상.

縮小(축소) : 줄이거나 작게 함. (비) 축약(縮約). 단축(短縮).

創意(창의) : 새로운 착상이나 의견을 생각하여 냄. 또는 그 의견. (비) 창안(創案). 고안(考案).

捷徑(첩경) : 질러서 가는 빠른 길. 지름길.

追窮(추궁) : (잘못이나 책임 따위를) 끝까지 캐어 따짐.

推進(추진) : 목표(目標)를 향해 밀고 나아감.

促進(촉진) : 재촉하여 빨리 진행되도록 함. ex) 수출 촉진. cf) 진척(進陟) : 일이 진행되어 나아감. ex) 빠른 진척을 보이다.

勅使(칙사) : 임금을 명령을 전달하는 사신. cf) 칙명(勅命) : 임금의 명령.

瘠薄(척박) : 기름지지 못하고 몹시 메마름.

祝賀(축하) : (남의 좋은 일을) 기쁘고 즐겁다는 뜻으로 인사함. cf) 축제(祝祭) : 축하하여 벌이는 큰 규모의 잔치나 행사.

創始(창시) : 어떤 사상이나 학설 따위를 처음으로 시작하거나 내세움. cf) 창설(創設) : 처음으로 설치하거나 설립함. (비) 창립(創立).

斬新(참신) : 아주 새로움.

處女作(처녀작) : 처음 지었거나 처음 발표한 예술 작품.

沈着(침착) : 행동이 들뜨지 않고 차분함.

稚氣(치기) : 유치(幼稚)하고 철없는 감정이나 기분. cf) 치졸(稚拙) : 유치하고 졸렬함.

諦念(체념) : 희망을 버리고 단념(斷念)함.

衝突(충돌) : 서로 맞부딪침. ex) 기차와 자동차가 충돌하다. cf) 추돌(追突) : 뒤에서 달려와 들이받음. ex) 삼중 추돌 사고.

熾烈(치열) : 세력이 불길같이 맹렬함.

招聘(초빙) : 예를 갖추어 남을 모셔 들임. (비) 초청(招請). 초대(招待).

趨勢(추세) : 대세의 흐름이나 경향. ex) 시장 개방이 세계적인 추세다. cf) 유행(流行) : 행동 양식이나 사상 따위가 일시적으로 널리 퍼짐.

蟄居(칩거) : 나가서 활동하지 않고 거처에 틀어박혀 있음.

參見(참견) : (남의 일에) 끼어들어 아는 체하거나 간섭함. (비) 간섭(干涉).

搾取(착취) : 몹시 누르거나 비틀어 짜냄. ex) 노동력을 착취하다.

脆弱(취약) : 무르고 약함. ex) 보안이 취약하다.

策略(책략) : 어떤 일을 도모하거나 처리하는 꾀와 방법. (비) 계책(計策). 방책(方策). cf) 책사(策士) : 책략을 세우는 사람. 또는 책략에 능한 사람. =모사(謀士).

侵蝕(침식) : 차츰 깎아 들어감. ex) 파도의 침식에 의해 해안선이 만들어졌다.

處世(처세) : 사람들과 어울려 살아가는 일. ex) 그는 능란한 처세술로 출세가도를 달려왔다.

草芥(초개) : (지푸라기라는 뜻으로) 쓸모없고 하찮은 것을 비유적으로 이르는 말. ex) 목숨을 초개같이 여기다.

抽籤(추첨) : 제비를 뽑음.

尺度(척도) : ① 자로 재는 길이의 표준. ② 평가하거나 판단하는 기준. ex) 소득 수준이 삶의 척도는 아니다.

淺薄(천박) : 지식·생각 따위가 얕거나 언행이 상스러움.

慘慽(참척) : 자손(자식과 손자)이 부모나 조부모보다 먼저 죽음.

出荷(출하) : 생산자가 생산품을 시장으로 내보냄. ex) 제품 출하 가격.

靑孀(청상) : 젊은 나이에 남편이 죽어 혼자된 여자. (비) 과부(寡婦).

推理(추리) : (밝혀진 사실을 근거로) 아직 밝혀지지 않은 일을 짐작함. ex) 사건을 추리하다.

就勞(취로) : 노동을 함. ex) 지자체가 실시하는 취로사업.

採用(채용) : 사람을 뽑아서 씀. (비) 기용(起用). cf) 고용(雇用) : 보수를 주고 사람을 씀.

淸潔(청결) : 깨끗하고 말끔함.

推仰(추앙) : 높이 받들어 우러름. cf) 추종(追從) : 남의 뒤를 따라서 좇음. ex) 그를 추종하는 사람들이 많다.

遮斷(차단) : 막아서 통하지 못하게 함.

肖像(초상) : 사진이나 그림 따위에 나타난 사람의 얼굴이나 모습.

囑望(촉망) : 잘되기를 바라고 기대함. ex) 장래가 촉망되는 청년.

焦點(초점) : 관심이나 주의가 집중되는 사물의 중심 부분.

締結(체결) : 계약(契約)이나 조약 따위를 서로 맺음.

炊事(취사) : 음식을 만드는 일.

追憶(추억) : 지난 일을 돌이켜 생각함. 또는 그 생각. (비) 회고(回顧). 회상(回想). cf) 기억(記憶) : 지난 일을 의식 속에 간직하거나 도로 생각해 냄.

治癒(치유) : 치료하여 병을 낫게 함.

觸覺(촉각) : 물건이 피부에 닿아서 느껴지는 감각. cf) 후각(嗅覺) : 냄새에 대한 감각.

緻密(치밀) : 빈틈없이 꼼꼼함. (비) 정밀(精密). 정교(精巧).

趣向(취향) : 하고 싶은 마음이 쏠리는 방향. ex) 그는 복고 취향의 옷을 즐겨 입는다. cf) 취미(趣味) : 전문적으로 하는 일이 아니라 즐기기 위해 하는 일.

添削(첨삭) : 내용을 보충하거나 삭제하여 고침.

[ㅋ]

快樂(쾌락) : 욕망을 만족시키는 즐거움.

快速(쾌속) : 속도가 매우 빠름.

快癒(쾌유) : 병이 개운하게 완치됨

快擧(쾌거) : 가슴이 후련할 만큼 통쾌(痛快)하고 장한 일.

快闊(쾌활) : 성격이 명랑하고 활발(活潑)함.

[ㅌ]

綻露(탄로) : 숨겼던 일이 드러남. cf) 노출(露出) : 겉으로 드러남. 토로(吐露) : 속마음을 모두 드러내어 말함.

耽溺(탐닉) : 어떤 일을 지나치게 즐겨 거기에 빠짐. ex) 주색잡기(酒色雜技)에 탐닉하다. cf) 탐독(耽讀) : 글 읽기에 빠짐. ex) 추리 소설을 탐독하다.

痛歎(통탄) : 몹시 안타깝고 한스러운 마음으로 슬퍼하며 탄식함. cf) 탄식(歎息) : 근심이나 원망 따위로 한탄하여 숨을 내쉼.

胎動(태동) : 어떤 일이 일어날 기운이 싹틈. ex) 개혁 세력이 태동하다.

卓越(탁월) : 두드러지게 뛰어남. ex) 탁월한 식견.

慟哭(통곡) : 큰 소리로 서럽게 욺.

推敲(퇴고) : 글을 지을 때 자꾸 다듬고 고치는 일.

墮落(타락) : 올바른 길에서 벗어나 잘못된 길로 빠짐.

打開(타개) : 어렵거나 막힌 일을 잘 처리하여 해결함. cf) 타도(打倒) : 어떤 대상이나 세력을 쳐서 쓰러뜨림.

攄得(터득) : 이치를 깨달아 앎.

土豪(토호) : 한 지방의 토착민으로서 막대한 세력과 재산을 가진 사람. cf) 토착(土着) : 대대로 그 땅에서 살고 있음.

投擲(투척) : 물건 따위를 던짐.

透徹(투철) : 매우 뚜렷하고 정확함. (비) 철저(徹底). ex) 애국심이 투철한 사람.

特殊(특수) : 보통과 다름. (비) 특별(特別). 특이(特異). 각별(各別). cf) 특징(特徵) : 다른 것에 비해 특별히 눈에 뜨이는 점. (비) 특성(特性). 특색(特色).

誕生(탄생) : 사람이 태어남. cf) 탄신(誕辰) : 임금이나 성인(聖人)과 같이 높거나 훌륭한 사람이 태어난 날. =탄신일(誕辰日).

撐天(탱천) : (기세 따위가) 하늘을 찌를 듯이 높이 오름. =충천(衝天).

托鉢(탁발) : 중이 집집마다 다니며 쌀 등의 물품을 받는 일.

太半(태반) : 절반을 훨씬 넘음. ex) 사고로 승객의 태반이 다쳤다.

[ㅍ]

貶下(폄하) : 가치나 수준을 깎아내려 평가함. cf) 폄훼(貶毀) : 남을 깎아내려 헐뜯음.

把握(파악) : 어떤 일을 확실하게 앎.

匹夫(필부) : 보잘것없이 평범한 남자. =범부(凡夫).

平坦(평탄) : ① 땅바닥이 평평함. ② 일이 순조로움. (비) 순탄(順坦).

破綻(파탄) : 일이 돌이킬 수 없을 정도로 결딴남. (비) 파멸(破滅).

敗北(패배) : 싸움에서 짐.

遍歷(편력) : 이곳저곳을 널리 돌아다님. 여러 가지 경험을 함. ex) 그의 직업 편력은 다양하다.

弊端(폐단) : 어떤 행동이나 일에서 나타나는 부정적인 현상이나 해로운 요소. (비) 폐해(弊害). cf) 폐습(弊習) : 폐해가 많은 풍습(風習). (비) 악습(惡習).

膨脹(팽창) : 부풀어 커짐.

覇氣(패기) : 어떤 어려운 일이라도 해내겠다는 의욕과 자신감.

幻滅(환멸) : 기대나 환상이 깨어짐. 또는 그때 느끼는 괴롭고도 속절없는 마음.

捕捉(포착) : 꼭 붙잡음. ex) 기회를 포착하다.

片鱗(편린) : (한 조각의 비늘이라는 뜻으로) 사물의 극히 작은 일부분을 이르는 말.

褒賞(포상) : 칭찬하여 상을 줌.

幣帛(폐백) : 신부가 처음으로 시부모를 뵐 때 큰절을 하고 올리는 물건. 또는 그런 일.

平穩(평온) : 고요하고 평안(平安)함. (비) 평정(平靜).

標識(표지) : 다른 사물과 구별하기 위한 표시나 특징. ex) 도로 표지판. cf) 표지(表紙) : 책의 앞뒤 겉장.

疲弊(피폐) : 정신이나 육체가 지치고 쇠약해짐. cf) 황폐(荒廢) : 거칠고 못 쓰게 됨. ex) 전쟁으로 황폐해진 마을.

砲擊(포격) : 대포를 쏨. cf) 폭격(爆擊) : 비행기에서 폭탄을 떨어뜨려 적의 군대나 시설 등을 파괴하는 일.

抛棄(포기) : 하던 일을 도중에 그만둠.

剽竊(표절) : (남의 글이나 작품 따위의 일부를) 허락 없이 몰래 따서 씀. ex) 논문 표절. cf) 인용(引用) : 남의 글이나 말 가운데 필요한 부분을 끌어다 씀. ex) 인용 보도.

悖倫(패륜) : 사람으로서 지켜야 할 도리에 어긋남. ex) 패륜아. cf) 패설(悖說) : 사리에 어그러진 말. ex) 음담패설.

派遣(파견) : 일정한 임무를 주어 사람을 보냄.

評判(평판) : 세상에 널리 퍼진 소문. 또는 세상 사람들의 평(評). cf) 평가(評價) : ① 물건값을 헤아려 매김. ② 사물의 가치나 수준 따위를 평함.

稟申(품신) : 웃어른이나 상사에게 여쭈는 일. (비) 상신(上申).

披瀝(피력) : 평소 마음에 품은 생각이나 감정을 숨김없이 말함. ex) 자신의 견해를 피력하다.

佩物(패물) : 몸에 차는 장식물. 귀걸이 · 목걸이 따위.

避暑(피서) : 더위를 피해 시원한 곳으로 옮김.

咆哮(포효) : ① 사나운 짐승이 울부짖음. ② 사

람, 자연물 등이 세고 거칠게 내는 소리.
抱擁(포옹) : 품에 껴안음.

[ㅎ]

瑕疵(하자) : 흠. 결점(缺點).

行列(항렬) : 같은 혈족의 직계에서 갈라져 나간 계통 사이의 대수(代數) 관계를 나타내는 말. 형제자매 관계는 같은 항렬로, 같은 돌림자를 써서 나타낸다.

好轉(호전) : 일의 형세가 좋은 쪽으로 바뀜. (반) 악화(惡化).

喜悅(희열) : 기쁨과 즐거움. (비) 환희(歡喜). cf) 유희(遊戲) : 즐겁게 노는 일. (비) 유흥(遊興). 오락(娛樂).

衒學(현학) : 자기 학문이나 지식을 자랑하여 뽐냄. ex) 그의 문장은 현학적이어서 이해하기 어렵다.

忽待(홀대) : 소홀히 대접함. (비) 냉대(冷待).

嚆矢(효시) : 사물이 비롯된 맨 처음. ex) 이광수의 〈무정〉은 현대 소설의 효시로 일컬어진다.

降伏(항복) : 상대편이나 적에게 눌려 굴복함. (반) 저항(抵抗). 반발(反發).

垓字(해자) : 적의 침입을 방어하기 위해 성곽 주변에 땅을 파서 만든 수로나 고랑.

鄕樂(향악) : 우리나라 고유의 전통적인 음악.

邂逅(해후) : 오랫동안 헤어졌다가 뜻밖에 다시 만남.

後嗣(후사) : 대를 이을 아들. cf) 후예(後裔) : 핏줄을 이어받은 먼 자손. =후손(後孫). ex) 우리는 평화를 사랑하는 민족의 후예다.

歡迎(환영) : 오는 사람을 반갑게 맞음. (반) 환송(歡送).

行悖(행패) : 도리에 어긋나는 난폭한 짓을 함.

賢人(현인) : 어질고 지혜롭기가 성인에 견줄 만큼 뛰어난 사람. =현자(賢者). cf) 선현(先賢) : 옛 현인.

荊棘(형극) : (나무의 가시라는 뜻으로) 괴로움이나 어려움을 이르는 말. ex) 온갖 형극을 겪다.

狹量(협량) : 도량이 좁음. ex) 협량의 정치.

嫌疑(혐의) : 범죄를 저질렀으리라는 의심. ex) 횡령 혐의를 받고 있다. cf) 혐오(嫌惡) : 싫어하고 미워함. ex) 정치권에 대한 혐오가 극에 달했다.

顯達(현달) : 이름을 세상에 드날림. 입신출세함.

向背(향배) : 일의 추세나 사람들의 태도. ex) 민심의 향배를 파악하다.

玄孫(현손) : 손자의 손자. =고손(高孫). cf) 증손(曾孫) : 손자의 자식.

鴻恩(홍은) : 크고 넓은 은혜. =고은(高恩). 대은(大恩). cf) 홍복(洪福) : 큰 행복(幸福).

後悔(후회) : 이전의 잘못을 깨닫고 뉘우침.

後頉(후탈) : ① 어떤 일의 뒤에 생기는 탈. 뒤탈. ② 거의 낫다가 다시 덧난 병.

華麗(화려) : 매우 밝고 다채로워 아름다움.

休憩(휴게) : (일을 하거나 길을 걷다가) 잠깐 쉬는 일. (비) 휴식(休息).

饗宴(향연) : 매우 성대하게 벌어지는 잔치. cf) 성찬(盛饌) : 풍성하게 잘 차린 음식.

協力(협력) : 힘을 합하여 서로 도움. cf) 협업(協業) : 노동자들이 협력하여 계획적으로 노동하는 일.

和睦(화목) : 뜻이 맞고 정다움.

豪宕(호탕) : 기상이 당당하고 호걸(豪傑)스러

움. cf) 客氣(객기) : 실없고 분수를 모르는 혈기. ex) 객기를 부리다.

詰難(힐난) : 트집을 잡아 지나치게 따지고 듦.

寒波(한파) : 겨울철에 온도가 갑자기 내려가면서 들이닥치는 추위. cf) 혹한(酷寒) : 몹시 심한 추위. (반) 혹서(酷暑).

貨幣(화폐) : 상품 교환의 매개체로 지불의 수단이나 가치(價値)의 척도가 되는 것.

獲得(획득) : 얻어내어 자기 것으로 만듦. cf) 포획(捕獲) : ① 적병을 사로잡음. ② 짐승이나 물고기를 잡음.

恰似(흡사) : 거의 같을 정도로 비슷함. (비) 유사(類似)

下剋上(하극상) : 계급이나 신분이 낮은 사람이 부당한 방법으로 윗사람을 꺾어 누름.

毁損(훼손) : 헐거나 깨뜨려 못 쓰게 만듦. cf) 훼방(毁謗) : 남의 일을 방해함.

稀罕(희한) : 아주 드물음. ex) 어젯밤 희한한 꿈을 꾸었다.

痕跡(흔적) : 어떤 일이 진행된 뒤에 남겨진 자국. (비) 종적(蹤跡). cf) 잠적(潛跡) : 종적을 아주 감춤.

享樂(향락) : 즐거움을 누림.

胸襟(흉금) : 마음속에 품은 생각.

揮毫(휘호) : (붓을 휘두른다는 뜻으로) 글씨를 쓰거나 그림을 그리는 것을 이르는 말.

呼訴(호소) : 억울하거나 딱한 사정을 남에게 간곡히 알림. cf) 호응(呼應) : 부름이나 호소 따위에 긍정적으로 반응(反應)함.

嚮導(향도) : 길을 인도함. 또는 그런 사람.

陷穽(함정) : ① 파 놓은 구덩이. ② 벗어날 수 없는 곤경.

下廻(하회) : 어떤 기준보다 밑돎. ex) 작황이 평년작을 하회하다. (반) 상회(上廻).

海溢(해일) : 바닷물이 갑자기 크게 일어나 육지로 넘쳐 들어옴.

抗議(항의) : 어떤 일에 대해 부당함을 따지고 반대 의견을 밝힘. (비) 항변(抗辯). cf) 항거(抗拒) : 순종하지 않고 대항함. (비) 반항(反抗). ex) 불법적인 탄압에 항거하다.

涵養(함양) : 능력이나 성품 따위를 기르고 닦음. ex) 도덕성을 함양하다.

含蓄(함축) : 어떤 뜻을 말이나 글 속에 압축하여 담음. ex) 소설의 끝 부분에 주제가 함축되어 있다.

獻身(헌신) : 국가나 사회 또는 남을 위해 자신을 돌보지 않고 있는 힘을 다함. (비) 공헌(貢獻). 봉사(奉仕).

懸賞(현상) : (어떤 목적이나 조건을 붙여) 상금이나 상품을 내거는 일. ex) 현상 공모. cf) 現狀(현상) : 나타나 보이는 현재의 상태. ex) 현상 유지. 現象(현상) : 인간이 지각할 수 있는, 사물의 모양과 상태. ex) 열대야 현상.

7-1 친척관계

伯父(백부) : 큰아버지.
叔父(숙부) : 작은아버지.
三寸(삼촌) : 아버지의 형제.
媤叔(시숙) : 남편의 형제.
媤叔父(시숙부) : 남편의 숙부. 시삼촌.
兄嫂(형수) : 형의 아내.
弟嫂(제수) : 아우의 아내. =季嫂(계수).
兄夫(형부) : 언니의 남편.
妹兄(매형) : 손위 누이의 남편. =姉兄(자형).
妹弟(매제) : 손아래 누이의 남편.
            =弟夫(제부).
妹夫(매부) : '매형'과 '매제'를 아울러 일컫
            는 말.
同壻(동서) : 형제의 아내끼리나 자매의 남편끼
            리의 관계.
甥姪(생질) : 누이의 아들.
조카(우리말) : 형제자매의 자식.
姪女(질녀) : 형제자매의 딸. =조카딸.

姪壻(질서) : 조카딸의 남편. =조카사위.
姪婦(질부) : 조카의 아내. =조카며느리.
從兄弟(종형제) : 사촌형제.
堂叔(당숙) : 아버지의 사촌형제.
再堂叔(재당숙) : 아버지의 육촌형제.
曾祖(증조) : 아버지의 할아버지. =증조할아버
            지(증조부).
高祖(고조) : 할아버지의 할아버지. =고조할아
            버지(고조부)
從祖(종조) : 할아버지의 형제.
曾孫(증손) : 아들의 손자.
高孫(고손) : 손자의 손자.
姑從(고종) : 고모의 아들이나 딸. 고종사촌.
外從(외종) : 외삼촌의 아들이나 딸. 외사촌.
姨從(이종) : 이모의 아들이나 딸. 이종사촌.
繼母(계모) : 아버지의 후처. 의붓어머니.
繼父(계부) : 개가(改嫁)한 어머니의 남편. 의붓
            아버지.

08 한글 맞춤법과 표준어 규정

한글 맞춤법

제1장 총칙

제1항 한글 맞춤법은 표준어를 소리대로 적되, 어법에 맞도록 함을 원칙으로 한다.
제2항 문장의 각 단어는 띄어 씀을 원칙으로 한다.
제3항 외래어는 '외래어 표기법'에 따라 적는다.

제2장 자모

제4항 한글 자모의 수는 스물넉 자로 하고, 그 순서와 이름은 다음과 같이 정한다.

ㄱ(기역)	ㄴ(니은)	ㄷ(디귿)	ㄹ(리을)	ㅁ(미음)
ㅂ(비읍)	ㅅ(시옷)	ㅇ(이응)	ㅈ(지읒)	ㅊ(치읓)
ㅋ(키읔)	ㅌ(티읕)	ㅍ(피읖)	ㅎ(히읗)	
ㅏ(아)	ㅑ(야)	ㅓ(어)	ㅕ(여)	ㅗ(오)
ㅛ(요)	ㅜ(우)	ㅠ(유)	ㅡ(으)	ㅣ(이)

[붙임 1] 위의 자모로써 적을 수 없는 소리는 두 개 이상의 자모를 어울러서 적되, 그 순서와 이름은 다음과 같이 정한다.

ㄲ(쌍기역)	ㄸ(쌍디귿)	ㅃ(쌍비읍)	ㅆ(쌍시옷)	ㅉ(쌍지읒)
ㅐ(애)	ㅒ(얘)	ㅔ(에)	ㅖ(예)	ㅘ(와)	ㅙ(왜)
ㅚ(외)	ㅝ(워)	ㅞ(웨)	ㅟ(위)	ㅢ(의)

[붙임 2] 사전에 올릴 적의 자모 순서는 다음과 같이 정한다.

자음: ㄱ ㄲ ㄴ ㄷ ㄸ ㄹ ㅁ ㅂ ㅃ
　　　ㅅ ㅆ ㅇ ㅈ ㅉ ㅊ ㅋ ㅌ ㅍ ㅎ

모음: ㅏ ㅐ ㅑ ㅒ ㅓ ㅔ ㅕ ㅖ
　　　ㅗ ㅘ ㅙ ㅚ ㅛ ㅜ ㅝ ㅞ
　　　ㅟ ㅠ ㅡ ㅢ ㅣ

제3장 소리에 관한 것

제1절 된소리

제5항 한 단어 안에서 뚜렷한 까닭 없이 나는 된소리는 다음 음절의 첫소리를 된소리로 적는다.
  1. 두 모음 사이에서 나는 된소리
      소쩍새 어깨 오빠 으뜸 아끼다 기쁘다 깨끗하다 어떠하다 해쓱하다 가끔 거꾸로 부썩 이따금
  2. 'ㄴ, ㄹ, ㅁ, ㅇ' 받침 뒤에서 나는 된소리
      산뜻하다 잔뜩 살짝 훨씬 담뿍 움찔 몽땅 엉뚱하다

  다만, 'ㄱ, ㅂ' 받침 뒤에서 나는 된소리는, 같은 음절이나 비슷한 음절이 겹쳐 나는 경우가 아니면 된소리로 적지 아니한다. 국수(국쑤x) 깍두기(깍뚜기x) 딱지(딱찌x) 색시(색씨x) 싹둑싹둑(싹뚝싹뚝x) 법석(법썩x) 갑자기(갑짜기x) 몹시(몹씨x)

제2절 구개음화

제6항 'ㄷ, ㅌ' 받침 뒤에 종속적 관계를 가진 '-이'나 '-히'가 올 적에는 그 'ㄷ, ㅌ'이 'ㅈ, ㅊ'으로 소리 나더라도 'ㄷ, ㅌ'으로 적는다. (ㄱ을 취하고, ㄴ을 버림.)

ㄱ(o)	ㄴ(x)		ㄱ(o)	ㄴ(x)
맏이	마지		핥이다	할치다
해돋이	해도지		걷히다	거치다
굳이	구지		닫히다	다치다
같이	가치		묻히다	무치다

제3절 'ㄷ' 소리 받침

제7항 'ㄷ' 소리로 나는 받침 중에서 'ㄷ'으로 적을 근거가 없는 것은 'ㅅ'으로 적는다.
  덧저고리   돗자리   엇셈   웃어른   핫옷
  무릇   사뭇   얼핏   자칫하면   뭇[衆]
  옛   첫   헛

제4절 모음

제8항 '계, 례, 몌, 폐, 혜'의 'ㅖ'는 'ㅔ'로 소리 나는 경우가 있더라도 'ㅖ'로 적는다. (ㄱ을 취하고, ㄴ을 버림.)

ㄱ(o)	ㄴ(x)		ㄱ(o)	ㄴ(x)
계수(桂樹)	게수		혜택(惠澤)	헤택
사례(謝禮)	사레		계집	게집
연몌(連袂)	연메		핑계	핑게
폐품(廢品)	페품		계시다	게시다

다만, 다음 말은 본음대로 적는다.
    게송(偈頌) 게시판(揭示板) 휴게실(休憩室)

제9항 '의'나 자음을 첫소리로 가지고 있는 음절의 'ㅢ'는 'ㅣ'로 소리 나는 경우가 있더라도 'ㅢ'로 적는다. (ㄱ을 취하고, ㄴ을 버림.)

ㄱ(o)	ㄴ(x)		ㄱ(o)	ㄴ(x)
의의(意義)	의이		닁큼(냉큼)	닁큼
본의(本義)	본이		띄어쓰기	띠어쓰기
무늬[紋]	무니		씌어	씨어
보늬(밤의 속껍질)	보니		틔어	티어
하늬바람(서풍)	하니바람		희망(希望)	히망
늴리리	닐리리		희다	히다
			유희(遊戱)	유히

제5절 두음 법칙

제10항 한자음 '녀, 뇨, 뉴, 니'가 단어 첫머리에 올 적에는, 두음 법칙에 따라 '여, 요, 유, 이'로 적는다. (ㄱ을 취하고, ㄴ을 버림.)

ㄱ(o)	ㄴ(x)		ㄱ(o)	ㄴ(x)
여자(女子)	녀자		유대(紐帶)	뉴대
연세(年歲)	년세		이토(泥土)	니토
요소(尿素)	뇨소		익명(匿名)	닉명

다만, 다음과 같은 의존 명사에서는 '냐, 녀' 음을 인정한다.
    냥(兩) 냥쭝(兩-) 년(年) (몇 년)

[붙임 1] 단어의 첫머리 이외의 경우에는 본음대로 적는다.
    남녀(男女) 당뇨(糖尿) 결뉴(結紐) 은닉(隱匿)

[붙임 2] 접두사처럼 쓰이는 한자가 붙어서 된 말이나 합성어에서, 뒷말의 첫소리가 'ㄴ' 소리로 나더라도 두음 법칙에 따라 적는다.

    신여성(新女性)   공염불(空念佛)   남존여비(男尊女卑)

[붙임 3] 둘 이상의 단어로 이루어진 고유 명사를 붙여 쓰는 경우에도 붙임 2에 준하여 적는다.

    한국여자대학   대한요소비료회사

제11항 한자음 '랴, 려, 례, 료, 류, 리'가 단어의 첫머리에 올 적에는, 두음 법칙에 따라 '야, 여, 예, 요, 유, 이'로 적는다. (ㄱ을 취하고, ㄴ을 버림.)

ㄱ(○)	ㄴ(×)		ㄱ(○)	ㄴ(×)
양심(良心)	량심		용궁(龍宮)	룡궁
역사(歷史)	력사		유행(流行)	류행
예의(禮儀)	례의		이발(理髮)	리발

다만, 다음과 같은 의존 명사는 본음대로 적는다.

    리(里) : 몇 리냐?
    리(理) : 그럴 리가 없다.

[붙임 1] 단어의 첫머리 이외의 경우에는 본음대로 적는다.

개량(改良)	선량(善良)	수력(水力)	협력(協力)
사례(謝禮)	혼례(婚禮)	와룡(臥龍)	쌍룡(雙龍)
하류(下流)	급류(急流)	도리(道理)	진리(眞理)

다만, 모음이나 'ㄴ' 받침 뒤에 이어지는 '렬, 률'은 '열, 율'로 적는다. (ㄱ을 취하고, ㄴ을 버림.)

ㄱ(○)	ㄴ(×)		ㄱ(○)	ㄴ(×)
나열(羅列)	나렬		분열(分裂)	분렬
치열(齒列)	치렬		선열(先烈)	선렬
비열(卑劣)	비렬		진열(陳列)	진렬
규율(規律)	규률		선율(旋律)	선률
비율(比率)	비률		전율(戰慄)	전률
실패율(失敗率)	실패률		백분율(百分率)	백분률

[붙임 2] 외자로 된 이름을 성에 붙여 쓸 경우에도 본음대로 적을 수 있다.

    신립(申砬)   최린(崔麟)   채륜(蔡倫)   하륜(河崙)

[붙임 3] 준말에서 본음으로 소리 나는 것은 본음대로 적는다.
　　　국련(국제연합)　　　　　　　　한시련(한국시각장애인연합회)

[붙임 4] 접두사처럼 쓰이는 한자가 붙어서 된 말이나 합성어에서, 뒷말의 첫소리가 'ㄴ' 또는 'ㄹ' 소리로 나더라도 두음 법칙에 따라 적는다.
　　　역이용(逆利用)　연이율(年利率)　열역학(熱力學)　해외여행(海外旅行)

[붙임 5] 둘 이상의 단어로 이루어진 고유 명사를 붙여 쓰는 경우나 십진법에 따라 쓰는 수(數)도 붙임 4에 준하여 적는다.
　　　서울여관　신흥이발관　육천육백육십육(六千六百六十六)

제12항 한자음 '랴, 래, 로, 뢰, 루, 르'가 단어의 첫머리에 올 적에는, 두음 법칙에 따라 '나, 내, 노, 뇌, 누, 느'로 적는다. (ㄱ을 취하고, ㄴ을 버림.)

ㄱ(o)	ㄴ(x)		ㄱ(o)	ㄴ(x)
낙원(樂園)	락원		뇌성(雷聲)	뢰성
내일(來日)	래일		누각(樓閣)	루각
노인(老人)	로인		능묘(陵墓)	릉묘

[붙임 1] 단어의 첫머리 이외의 경우에는 본음대로 적는다.
　　　쾌락(快樂)　　극락(極樂)　　거래(去來)　　왕래(往來)
　　　부로(父老)　　연로(年老)　　지뢰(地雷)　　낙뢰(落雷)
　　　고루(高樓)　　광한루(廣寒樓)　동구릉(東九陵)　가정란(家庭欄)

[붙임 2] 접두사처럼 쓰이는 한자가 붙어서 된 단어는 뒷말을 두음 법칙에 따라 적는다.
　　　내내월(來來月)　상노인(上老人)　중노동(重勞動)　비논리적(非論理的)

제6절 겹쳐 나는 소리

제13항 한 단어 안에서 같은 음절이나 비슷한 음절이 겹쳐 나는 부분은 같은 글자로 적는다. (ㄱ을 취하고, ㄴ을 버림.)

ㄱ(o)	ㄴ(x)		ㄱ(o)	ㄴ(x)
딱딱	딱닥		꼿꼿하다	꼿곳하다
쌕쌕	쌕색		놀놀하다	놀롤하다
씩씩	씩식		눅눅하다	눙눅하다

똑딱똑딱	똑닥똑닥		밋밋하다	민밋하다
쓱싹쓱싹	쓱삭쓱삭		싹싹하다	싹삭하다
연연불망(戀戀不忘)	연련불망		쌉쌀하다	쌉살하다
유유상종(類類相從)	유류상종		씁쓸하다	씁슬하다
누누이(屢屢-)	누루이		짭짤하다	짭잘하다

제4장 형태에 관한 것

제1절 체언과 조사

제14항 체언은 조사와 구별하여 적는다.

제2절 어간과 어미

제15항 용언의 어간과 어미는 구별하여 적는다.

[붙임 1] 두 개의 용언이 어울려 한 개의 용언이 될 적에, 앞말의 본뜻이 유지되고 있는 것은 그 원형을 밝히어 적고, 그 본뜻에서 멀어진 것은 밝히어 적지 아니한다.

(1) 앞말의 본뜻이 유지되고 있는 것
넘어지다   늘어나다   늘어지다   돌아가다   되짚어가다
들어가다   떨어지다   벌어지다   엎어지다   접어들다
틀어지다   흩어지다

(2) 본뜻에서 멀어진 것
드러나다   사라지다   쓰러지다

[붙임 2] 종결형에서 사용되는 어미 '오'는 '요'로 소리 나는 경우가 있더라도 그 원형을 밝혀 '오'로 적는다. (ㄱ을 취하고, ㄴ을 버림.)
ㄱ(o)   ㄴ(x)
이것은 책이오.   이것은 책이요.
이리로 오시오.   이리로 오시요.

[붙임 3] 연결형에서 사용되는 '이요'는 '이요'로 적는다. (ㄱ을 취하고, ㄴ을 버림.)

ㄱ(○)　　　　　　　　　ㄴ(×)
　　이것은 책이요. 저것은 붓이요.　　이것은 책이오. 저것은 붓이오.

제16항 어간의 끝음절 모음이 'ㅏ, ㅗ'일 때에는 어미를 '아'로 적고, 그 밖의 모음일 때에는 '어'로 적는다.

　1. '-아'로 적는 경우
　　나아　　　　나아도　　　　나아서
　　보아　　　　보아도　　　　보아서

　2. '-어'로 적는 경우
　　개어　　　　개어도　　　　개어서
　　주어　　　　주어도　　　　주어서

제17항 어미 뒤에 덧붙는 조사 '요'는 '요'로 적는다.
　　읽어　　　　읽어요
　　참으리　　　참으리요

제18항 다음과 같은 용언들은 어미가 바뀔 경우, 그 어간이나 어미가 원칙에 벗어나면 벗어나는 대로 적는다.

　1. 어간의 끝 'ㄹ'이 줄어질 적
　　갈다　　가니　　간　　갑니다　　가시다　　가오
　　놀다　　노니　　논　　놉니다　　노시다　　노오
　　불다　　부니　　분　　붑니다　　부시다　　부오
　　둥글다　둥그니　둥근　둥급니다　둥그시다　둥그오
　　어질다　어지니　어진　어집니다　어지시다　어지오

[붙임] 다음과 같은 말에서도 'ㄹ'이 준 대로 적는다.
　　마지못하다　　머지않아(멀지않아×)　　하다마다　　하자마자

　2. 어간의 끝 'ㅅ'이 줄어질 적
　　긋다　　그어　　그으니　　그었다
　　낫다　　나아　　나으니　　나았다

| 잇다 | 이어 | 이으니 | 이었다 |
| 짓다 | 지어 | 지으니 | 지었다 |

3. 어간의 끝 'ㅎ'이 줄어질 적

그렇다:	그러니	그럴	그러면	그러오
까맣다:	까마니	까말	까마면	까마오
동그랗다:	동그라니	동그랄	동그라면	동그라오
퍼렇다:	퍼러니	퍼럴	퍼러면	퍼러오
하얗다:	하야니	하얄	하야면	하야오

4. 어간의 끝 'ㅜ, ㅡ'가 줄어질 적

푸다	퍼	펐다		뜨다	떠	떴다
끄다	꺼	껐다		크다	커	컸다
담그다	담가	담갔다		고프다	고파	고팠다
따르다	따라	따랐다		바쁘다	바빠	바빴다

5. 어간의 끝 'ㄷ'이 'ㄹ'로 바뀔 적

걷다(步)	걸어	걸으니	걸었다
듣다(聽)	들어	들으니	들었다
묻다(問)	물어	물으니	물었다
싣다(載)	실어	실으니	실었다

6. 어간의 끝 'ㅂ'이 'ㅜ'로 바뀔 적

깁다	기워	기우니	기웠다
굽다(炙)	구워	구우니	구웠다
가깝다	가까워	가까우니	가까웠다
괴롭다	괴로워	괴로우니	괴로웠다

다만, '돕-, 곱-'과 같은 단음절 어간에 어미 '-아'가 결합되어 '와'로 소리 나는 것은 '-와'로 적는다.

| 돕다(助) | 도와 | 도와서 | 도와도 | 도왔다 |
| 곱다(麗) | 고와 | 고와서 | 고와도 | 고왔다 |

7. '하다'의 활용에서 어미 '-아'가 '-여'로 바뀔 적

| 하다 | 하여 | 하여서 | 하여도 | 하여라 | 하였다 |

8. 어간의 끝음절 '르' 뒤에 오는 어미 '-어'가 '-러'로 바뀔 적

이르다(至)	이르러	이르렀다
노르다	노르러	노르렀다
누르다	누르러	누르렀다
푸르다	푸르러	푸르렀다

9. 어간의 끝음절 '르'의 'ㅡ'가 줄고, 그 뒤에 오는 어미 '-아/-어'가 '-라/-러'로 바뀔 적

가르다   갈라   갈랐다 | 부르다   불러   불렀다

제3절 접미사가 붙어서 된 말

제19항 어간에 '-이'나 '-음/-ㅁ'이 붙어서 명사로 된 것과 '-이'나 '-히'가 붙어서 부사로 된 것은 그 어간의 원형을 밝히어 적는다.

1. '-이'가 붙어서 명사로 된 것

길이	깊이	높이	다듬이	땀받이	달맞이
먹이	미닫이	벌이	벼훑이	살림살이	쇠붙이

2. '-음/-ㅁ'이 붙어서 명사로 된 것

걸음	묶음	믿음	얼음	엮음	울음
웃음	졸음	죽음	앎	만듦	

3. '-이'가 붙어서 부사로 된 것

같이	굳이	길이	높이	많이	실없이
짓궂이	좋이(넉넉하고 충분히)				

4. '-히'가 붙어서 부사로 된 것

밝히   익히   작히(얼마나)

다만, 어간에 '-이'나 '-음'이 붙어서 명사로 바뀐 것이라도 그 어간의 뜻과 멀어진 것은 원형을 밝히어 적지 아니한다.

코끼리   거름(비료)   고름(膿)   노름(도박)

[붙임] 어간에 '-이'나 '-음' 이외의 모음으로 시작된 접미사가 붙어서 다른 품사로 바뀐 것은 그 어간

의 원형을 밝히어 적지 아니한다.
(1) 명사로 바뀐 것
귀머거리   까마귀   너머   쓰레기   마감   마개
(2) 부사로 바뀐 것
거뭇거뭇 불긋불긋 너무 비로소 자주 차마
(3) 조사로 바뀌어 뜻이 달라진 것
나마   부터   조차

제20항 명사 뒤에 '-이'가 붙어서 된 말은 그 명사의 원형을 밝히어 적는다.

  1. 부사로 된 것
  곳곳이   낱낱이   몫몫이(제각기)   샅샅이   앞앞이(각 사람의 앞에)
  집집이(모든 집마다)

  2. 명사로 된 것
  바둑이   삼발이   애꾸눈이   육손이   절뚝발이/절름발이

[붙임] '-이' 이외의 모음으로 시작된 접미사가 붙어서 된 말은 그 명사의 원형을 밝히어 적지 아니한다.
  꼬락서니   끄트머리   모가치(일정한 몫의 물건)   바가지   바깥
  사타구니   싸라기   지푸라기   이파리(잎사귀)

제21항 명사나 혹은 용언의 어간 뒤에 자음으로 시작된 접미사가 붙어서 된 말은 그 명사나 어간의
      원형을 밝히어 적는다.

  1. 명사 뒤에 자음으로 시작된 접미사가 붙어서 된 것
     값지다   넋두리   빛깔   잎사귀   홑지다(복잡하지 않고 단순하다)

  2. 어간 뒤에 자음으로 시작된 접미사가 붙어서 된 것
      낚시   덮개   뜯게질(낡은 옷의 솔기를 뜯어내는 일)
    굵다랗다   넓적하다   늙수그레하다(꽤 늙어 보이다)
다만, 다음과 같은 말은 소리대로 적는다.
  (1) 겹받침의 끝소리가 드러나지 아니하는 것
     할짝거리다   널따랗다   널찍하다   말끔하다
     얄따랗다   얄팍하다   짤따랗다   짤막하다

(2) 어원이 분명하지 아니하거나 본뜻에서 멀어진 것
넙치   올무(덫)   납작하다   골막하다(가득하지 않고 조금 모자라게 담겨 있다)

제22항 용언의 어간에 다음과 같은 접미사들이 붙어서 이루어진 말들은 그 어간을 밝히어 적는다.

1. '-기-, -리-, -이-, -히-, -구-, -우-, -추-, -으키-, -이키-, -애-'가 붙는 것
맡기다   옮기다   웃기다   쫓기다   뚫리다
울리다   낚이다   쌓이다   핥이다   굳히다

다만, '-이-, -히-, -우-'가 붙어서 된 말이라도 본뜻에서 멀어진 것은 소리대로 적는다.
도리다(칼로 ~)   드리다(용돈을 ~)   고치다(집을 ~)   바치다(세금을 ~)

2. '-치-, -뜨리-, -트리-'가 붙는 것
놓치다   부딪뜨리다/부딪트리다   젖뜨리다/젖트리다

[붙임] '-업-, -읍-, -브-'가 붙어서 된 말은 소리대로 적는다.
미덥다   우습다   미쁘다(믿음성이 있다)

제23항 '-하다'나 '-거리다'가 붙는 어근에 '-이'가 붙어서 명사가 된 것은 그 원형을 밝히어 적는다.
(ㄱ을 취하고, ㄴ을 버림.)

ㄱ(o)	ㄴ(x)		ㄱ(o)	ㄴ(x)
깔쭉이	깔쭈기		살살이	살사리
꿀꿀이	꿀꾸리		쌕쌕이	쌕쌔기
눈깜짝이	눈깜짜기		오뚝이	오뚜기
더펄이	더퍼리		코납작이	코납자기
배불뚝이	배불뚜기		푸석이	푸서기
삐죽이	삐주기		홀쭉이	홀쭈기

[붙임] '-하다'나 '-거리다'가 붙을 수 없는 어근에 '-이'나 또는 다른 모음으로 시작되는 접미사가 붙어서 명사가 된 것은 그 원형을 밝히어 적지 아니한다.
개구리   귀뚜라미   기러기   깍두기   쾡과리
날라리   누더기   동그라미 두드러기 딱따구리
매미   부스러기   뻐꾸기   얼루기(얼룩얼룩한 무늬나 점)

제24항 '-거리다'가 붙을 수 있는 시늉말 어근에 '-이다'가 붙어서 된 용언은 그 어근을 밝히어 적는다. (ㄱ을 취하고, ㄴ을 버림.)

ㄱ(o)	ㄴ(x)		ㄱ(o)	ㄴ(x)
깜짝이다	깜짜기다		속삭이다	속사기다
꾸벅이다	꾸버기다		숙덕이다	숙더기다

제25항 '-하다'가 붙는 어근에 '-히'나 '-이'가 붙어서 부사가 되거나, 부사에 '-이'가 붙어서 뜻을 더하는 경우에는 그 어근이나 부사의 원형을 밝히어 적는다.

    1. '-하다'가 붙는 어근에 '-히'나 '-이'가 붙는 경우
       급히   꾸준히   도저히   딱히   어렴풋이   깨끗이

[붙임] '-하다'가 붙지 않는 경우에는 소리대로 적는다.
       갑자기   반드시   슬며시

    2. 부사에 '-이'가 붙어서 역시 부사가 되는 경우
       곰곰이   더욱이   생긋이   오뚝이   일찍이

제26항 '-하다'나 '-없다'가 붙어서 된 용언은 그 '-하다'나 '-없다'를 밝히어 적는다.

    1. '-하다'가 붙어서 용언이 된 것
       딱하다   숱하다   착하다   텁텁하다   푹하다

    2. '-없다'가 붙어서 용언이 된 것
       부질없다   상없다(막되고 상스럽다)   시름없다(걱정으로 맥이 없다)
       열없다(조금 부끄럽다)   하염없다(끝맺는 데가 없이 아득하다)

제4절 합성어 및 접두사가 붙은 말

제27항 둘 이상의 단어가 어울리거나 접두사가 붙어서 이루어진 말은 각각 그 원형을 밝히어 적는다.
       국말이   꺾꽂이   꽃잎   끝장   물난리
       밑천   부엌일   싫증   옷안   웃옷

[붙임 1] 어원은 분명하나 소리만 특이하게 변한 것은 변한 대로 적는다.

　　　　할아버지　　　할아범

[붙임 2] 어원이 분명하지 아니한 것은 원형을 밝히어 적지 아니한다.
　　　골병　　　　골탕　　　　끌탕(속을 태우는 걱정)　　　며칠
　　　오라비　　　업신여기다　　부리나케

[붙임 3] '이(齒, 虱)'가 합성어나 이에 준하는 말에서 '니' 또는 '리'로 소리날 때에는 '니'로 적는다.
　　　덧니　　　사랑니　　　송곳니　　　앞니
　　　어금니　　　윗니　　　틀니

제28항 끝소리가 'ㄹ'인 말과 딴 말이 어울릴 적에 'ㄹ' 소리가 나지 아니하는 것은 아니 나는 대로 적는다.
　　　다달이(달-달-이)　　　　　따님(딸-님)　　　마되(말-되)
　　　마소(말-소)　　무자위(물-자위)　　바느질(바늘-질)
　　　부삽(불-삽)　　소나무(솔-나무)　　싸전(쌀-전)
　　　여닫이(열-닫이)　우짖다(울-짖다)　화살(활-살)

제29항 끝소리가 'ㄹ'인 말과 딴 말이 어울릴 적에 'ㄹ' 소리가 'ㄷ' 소리로 나는 것은 'ㄷ'으로 적는다.
　　　반짇고리(바느질~)　　　　사흗날(사흘~)　　　섣달(설~)
　　　숟가락(술~)　　　이튿날(이틀~)　　　섣부르다(설~)
　　　잗주름(잘~)　　　푿소(풀~)　　　잗다듬다(잘~)

제30항 사이시옷은 다음과 같은 경우에 받치어 적는다.

　1. 순우리말로 된 합성어로서 앞말이 모음으로 끝난 경우
　(1) 뒷말의 첫소리가 된소리로 나는 것
　　　혓바늘　　　귓밥　　　나룻배　　　나뭇가지　　　냇가
　　　댓가지　　　햇볕　　　맷돌　　　머릿기름　　　모깃불
　　　못자리　　　바닷가　　　뱃길　　　볏가리　　　부싯돌
　　　선짓국　　　쇳조각　　　아랫집　　　우렁잇속　　　잇자국
　　　잿더미　　　조갯살　　　찻집　　　쳇바퀴　　　킷값
　　　핏대　　　뒷갈망(일의 뒤를 맡아서 처리함)
　　　(2) 뒷말의 첫소리 'ㄴ, ㅁ' 앞에서 'ㄴ' 소리가 덧나는 것
　　　　멧나물　　　아랫니　　　텃마당　　　아랫마을　　　뒷머리

잇몸   깻묵   냇물   빗물

(3) 뒷말의 첫소리 모음 앞에서 'ㄴㄴ' 소리가 덧나는 것
나뭇잎   두렛일   뒷일   뒷입맛
베갯잇   깻잎   댓잎(대나무 잎)

2. 순우리말과 한자어로 된 합성어로서 앞말이 모음으로 끝난 경우
(1) 뒷말의 첫소리가 된소리로 나는 것
귓병   머릿방   뱃병   봇둑   사잣밥
샛강   아랫방   자릿세   전셋집   찻잔
콧병   탯줄   텃세   핏기   햇수   횟가루

(2) 뒷말의 첫소리 'ㄴ, ㅁ' 앞에서 'ㄴ' 소리가 덧나는 것
곗날   제삿날   훗날   툇마루   양칫물

(3) 뒷말의 첫소리 모음 앞에서 'ㄴㄴ' 소리가 덧나는 것
가욋일(필요 밖의 일)   사삿일(사사로운 일)   예삿일   훗일

3. 두 음절로 된 한자어
곳간(庫間)   셋방(貰房)   숫자(數字)   횟수(回數)

제31항 두 말이 어울릴 적에 'ㅂ' 소리나 'ㅎ' 소리가 덧나는 것은 소리대로 적는다.

1. 'ㅂ' 소리가 덧나는 것
댑싸리(대ㅂ싸리)   멥쌀(메ㅂ쌀)   볍씨(벼ㅂ씨)

2. 'ㅎ' 소리가 덧나는 것
머리카락(머리ㅎ가락)   살코기(살ㅎ고기)   수캐(수ㅎ개)
수컷(수ㅎ것)   수탉(수ㅎ닭)   안팎(안ㅎ밖)

제5절 준말

제32항 단어의 끝모음이 줄어지고 자음만 남은 것은 그 앞의 음절에 받침으로 적는다.

(본말)   (준말)
온가지   온갖
어제그저께   엊그저께
어제저녁   엊저녁

　　　　가지고　　　　　갖고
　　　　디디고　　　　　딛고

제33항 체언과 조사가 어울려 줄어지는 경우에는 준 대로 적는다.
　　　　(본말)　　　　　(준말)
　　　　그것은　　　　　그건
　　　　그것이　　　　　그게
　　　　그것으로　　　　그걸로
　　　　나는　　　　　　난
　　　　나를　　　　　　날
　　　　무엇을　　　　　뭣을/무얼/뭘
　　　　무엇이　　　　　뭣이/무에

제34항 모음 'ㅏ, ㅓ'로 끝난 어간에 '-아/-어, -았-/-었-'이 어울릴 적에는 준 대로 적는다.
　　　　(본말)　　(준말)　　　　　(본말)　　(준말)
　　　　가아　　　가　　｜　　　　가았다　　갔다
　　　　나아　　　나　　｜　　　　나았다　　났다
　　　　서어　　　서　　｜　　　　서었다　　섰다

[붙임 1] 'ㅐ, ㅔ' 뒤에 '-어, -었-'이 어울려 줄 적에는 준 대로 적는다.
　　　　(본말)　　(준말)　　　　　(본말)　　(준말)
　　　　개어　　　개　　｜　　　　개었다　　갰다
　　　　내어　　　내　　｜　　　　내었다　　냈다
　　　　베어　　　베　　｜　　　　베었다　　벴다

[붙임 2] '하여'가 한 음절로 줄어서 '해'로 될 적에는 준 대로 적는다.
　　　　(본말)　　(준말)　　　　　(본말)　　(준말)
　　　　하여　　　해　　｜　　　　하였다　　했다
　　　　더하여　　더해　｜　　　　더하였다　더했다
　　　　흔하여　　흔해　｜　　　　흔하였다　흔했다

제35항 모음 'ㅗ, ㅜ'로 끝난 어간에 '-아/-어, -았-/-었-'이 어울려 'ㅘ/ㅝ, ㅘㅆ/ㅝㅆ'으로 될 적에는 준 대로 적는다.
　　　　(본말)　　　(준말)　　　　　　(본말)　　(준말)

꼬아	꽈		꼬았다	꽜다
보아	봐		보았다	봤다
쏘아	쏴		쏘았다	쐈다

[붙임 1] '놓아'가 '놔'로 줄 적에는 준 대로 적는다.

[붙임 2] 'ㅚ' 뒤에 '-어, -었-'이 어울려 'ㅙ, ㅙㅆ'으로 될 적에도 준 대로 적는다.

(본말)	(준말)		(본말)	(준말)
괴어	괘		괴었다	괬다
되어	돼		되었다	됐다

제36항 'ㅣ' 뒤에 '-어'가 와서 'ㅕ'로 줄 적에는 준 대로 적는다.

(본말)	(준말)		(본말)	(준말)
가지어	가져		가지었다	가졌다
견디어	견뎌		견디었다	견뎠다

제37항 'ㅏ, ㅕ, ㅗ, ㅜ, ㅡ'로 끝난 어간에 '-이-'가 와서 각각 'ㅐ, ㅖ, ㅚ, ㅟ, ㅢ'로 줄 적에는 준 대로 적는다.

(본말)	(준말)		(본말)	(준말)
싸이다	쌔다		누이다	뉘다
펴이다	폐다		뜨이다	띄다
보이다	뵈다		쓰이다	씌다

제38항 'ㅏ, ㅗ, ㅜ, ㅡ' 뒤에 '-이어'가 어울려 줄어질 적에는 준 대로 적는다.

(본말)	(준말)		(본말)	(준말)
싸이어	쌔어, 싸여		뜨이어	띄어
보이어	뵈어, 보여		쓰이어	씌어, 쓰여
쏘이어	쐬어, 쏘여		트이어	틔어, 트여

제39항 어미 '-지' 뒤에 '않-'이 어울려 '-잖-'이 될 적과 '-하지' 뒤에 '않-'이 어울려 '-찮-'이 될 적에는 준 대로 적는다.

(본말)	(준말)		(본말)	(준말)
그렇지 않은	그렇잖은		만만하지 않다	만만찮다
적지 않은	적잖은		변변하지 않다	변변찮다

제40항 어간의 끝음절 '하'의 'ㅏ'가 줄고 'ㅎ'이 다음 음절의 첫소리와 어울려 거센소리로 될 적에는 거센소리로 적는다.

(본말)	(준말)		(본말)	(준말)
간편하게	간편케		다정하다	다정타
연구하도록	연구토록		정결하다	정결타
가하다	가타		흔하다	흔타

[붙임 1] 'ㅎ'이 어간의 끝소리로 굳어진 것은 받침으로 적는다.

않다	않고	않지	않든지
그렇다	그렇고	그렇지	그렇든지

[붙임 2] 어간의 끝음절 '하'가 아주 줄 적에는 준 대로 적는다.

(본말)	(준말)		(본말)	(준말)
거북하지	거북지		넉넉하지 않다	넉넉지 않다
생각하건대	생각건대		못하지 않다	못지 않다
생각하다 못해	생각다 못해		섭섭하지 않다	섭섭지 않다
깨끗하지 않다	깨끗지 않다		익숙하지 않다	익숙지 않다

[붙임 3] 다음과 같은 부사는 소리대로 적는다.

결단코	결코	기필코	무심코	아무튼	요컨대
정녕코	필연코	하마터면	하여튼	한사코	

제5장 띄어쓰기

제1절 조사

제41항 조사는 그 앞말에 붙여 쓴다.

꽃이 꽃마저 꽃밖에 꽃에서부터 꽃으로만

제2절 의존 명사(불완전 명사), 단위를 나타내는 명사 및 열거하는 말 등

제42항 의존 명사는 띄어 쓴다.

아는 **것**이 힘이다. 나도 할 수 있다.

제43항 단위를 나타내는 명사는 띄어 쓴다.
　　　한 **개**　　　　차 한 **대**　　　　금 서 **돈**　　　소 한 **마리**

다만, 순서를 나타내는 경우나 숫자와 어울리어 쓰이는 경우에는 붙여 쓸 수 있다.
　　　두시 삼십분 오초　　　　　　제일**과**　　　　삼학년
　　　육**층**　　　　1446년 10월 9일　　　　　2대대
　　　16동 502호　　　제1실습실　　　80원
　　　10개　　　　　　7미터

제44항 수를 적을 적에는 '만(萬)' 단위로 띄어 쓴다.
　　　십이억 삼천사백오십육만 칠천팔백구십팔
　　　12억 3456만 7898

제45항 두 말을 이어 주거나 열거할 적에 쓰이는 말들은 띄어 쓴다.
　　　국장 **겸** 과장　　열 **내지** 스물　　　청군 **대** 백군
　　　책상, 걸상 **등이** 있다　　　　　이사장 **및** 이사들　　　　사과, 배, 귤 **등등**
　　　사과, 배 **따위**　　부산, 광주 **등지**

제46항 단음절로 된 단어가 연이어 나타날 적에는 붙여 쓸 수 있다.
　　　그때 그곳　좀더 큰것　이말 저말　한잎 두잎

제3절 보조 용언

제47항 보조 용언은 띄어 씀을 원칙으로 하되, 경우에 따라 붙여 씀도 허용한다. (ㄱ을 원칙으로 하고, ㄴ을 허용함.)
　　　ㄱ(ㅇ)　　　　　　　　　　ㄴ(ㅇ)
　　　불이 꺼져 **간다**.　　　　　불이 꺼져**간다**.
　　　내 힘으로 막아 **낸다**.　　내 힘으로 막아**낸다**.

다만, 앞말에 조사가 붙거나 앞말이 합성 용언인 경우, 그리고 중간에 조사가 들어갈 적에는 그 뒤에 오는 보조 용언은 띄어 쓴다.
　　　잘도 놀아만 **나는구나**!　　　책을 읽어도 **보고**…….
　　　네가 덤벼들어 **보아라**.　　　이런 기회는 다시없을 **듯하다**.

그가 올 듯도 **하다**. 잘난 체를 **한다**.

제4절 고유 명사 및 전문 용어

제48항 성과 이름, 성과 호 등은 붙여 쓰고, 이에 덧붙는 호칭어, 관직명 등은 띄어 쓴다.

김양수 서화담 채영신 씨
최치원 선생 박동식 박사 이순신 장군

다만, 성과 이름, 성과 호를 분명히 구분할 필요가 있을 경우에는 띄어 쓸 수 있다.

남궁억/남궁 억 독고준/독고 준
황보지봉/황보 지봉

제49항 성명 이외의 고유 명사는 단어별로 띄어 씀을 원칙으로 하되, 단위별로 띄어 쓸 수 있다. (ㄱ을 원칙으로 하고, ㄴ을 허용함.)

ㄱ(o) ㄴ(o)
대한 중학교 대한중학교
한국 대학교 사범 대학 한국대학교 사범대학

제50항 전문 용어는 단어별로 띄어 씀을 원칙으로 하되, 붙여 쓸 수 있다. (ㄱ을 원칙으로 하고, ㄴ을 허용함.)

ㄱ(o) ㄴ(o)
만성 골수성 백혈병 만성골수성백혈병
중거리 탄도 유도탄 중거리탄도유도탄

제6장 그 밖의 것

제51항 부사의 끝음절이 분명히 '이'로만 나는 것은 '-이'로 적고, '히'로만 나거나 '이'나 '히'로 나는 것은 '-히'로 적는다.

1. '이'로만 나는 것

가붓이 깨끗이 나붓이 느긋이 둥긋이
겹겹이 번번이 일일이 집집이 틈틈이

2. '히'로만 나는 것

극히　　　　급히　　　　딱히　　　　속히　　　　작히
족히　　　　특히　　　　엄격히　　　정확히

3. '이, 히'로 나는 것

솔직히　　　가만히　　　간편히　　　분명히　　　열심히
조용히　　　소홀히　　　쓸쓸히　　　도저히　　　과감히

제52항 한자어에서 본음으로도 나고 속음으로도 나는 것은 각각 그 소리에 따라 적는다.

(본음으로 나는 것)	(속음으로 나는 것)
승낙(承諾)	수락(受諾), 허락(許諾)
만난(萬難)	곤란(困難), 논란(論難)
안녕(安寧)	의령(宜寧), 회령(會寧)
분노(忿怒)	대로(大怒), 희로애락(喜怒哀樂)
토론(討論)	의논(議論)
오륙십(五六十)	오뉴월(五月과 六月), 유월(六月)
목재(木材)	모과(木瓜)
십일(十日)	시방정토(十方淨土), 시왕(十王), 시월(十月)
팔일(八日)	초파일(初八日)

제53항 다음과 같은 어미는 예사소리로 적는다. (ㄱ을 취하고, ㄴ을 버림.)

ㄱ(o)	ㄴ(x)
-(으)ㄹ거나	-(으)ㄹ꺼나
-(으)ㄹ걸	-(으)ㄹ껄
-(으)ㄹ게	-(으)ㄹ께
-(으)ㄹ세	-(으)ㄹ쎄
-(으)ㄹ세라	-(으)ㄹ쎄라
-(으)ㄹ수록	-(으)ㄹ쑤록
-(으)ㄹ시	-(으)ㄹ씨
-(으)ㄹ지	-(으)ㄹ찌
-(으)ㄹ지니라	-(으)ㄹ찌니라
-(으)ㄹ지라도	-(으)ㄹ찌라도

ㄱ(o)	ㄴ(x)
-(으)ㄹ지어다	-(으)ㄹ찌어다
-(으)ㄹ지언정	-(으)ㄹ찌언정
-(으)ㄹ진대	-(으)ㄹ찐대
-(으)ㄹ진저	-(으)ㄹ찐저
-올시다	-올씨다

다만, 의문을 나타내는 다음 어미들은 된소리로 적는다.
　　-(으)ㄹ까?　　-(으)ㄹ꼬?　　-(스)ㅂ니까?
　　-(으)리까?　　-(으)ㄹ쏘냐?

제54항 다음과 같은 접미사는 된소리로 적는다. (ㄱ을 취하고, ㄴ을 버림.)

ㄱ(o)	ㄴ(x)		ㄱ(o)	ㄴ(x)
심부름꾼	심부름군		귀때기	귓대기
익살꾼	익살군		볼때기	볼대기
일꾼	일군		판자때기	판잣대기
장꾼	장군		뒤꿈치	뒷굼치
장난꾼	장난군		팔꿈치	팔굼치
지게꾼	지겟군		이마빼기	이맛배기
때깔	땟갈		코빼기	콧배기
빛깔	빛갈		객쩍다	객적다
성깔	성갈		겸연쩍다	겸연적다

제55항 두 가지로 구별하여 적던 다음 말들은 한 가지로 적는다. (ㄱ을 취하고, ㄴ을 버림.)

ㄱ(o)	ㄴ(x)
맞추다(입을 맞추다. 양복을 맞추다.)	마추다
뻗치다(다리를 뻗치다. 멀리 뻗치다.)	뼈치다

제56항 '-더라, -던'과 '-든지'는 다음과 같이 적는다.

1. 지난 일을 나타내는 어미는 '-더라, -던'으로 적는다. (ㄱ을 취하고, ㄴ을 버림.)

ㄱ(o)	ㄴ(x)
지난 겨울은 몹시 춥더라.	지난 겨울은 몹시 춥드라.
깊던 물이 얕아졌다.	깊든 물이 얕아졌다.
그렇게 좋던가?	그렇게 좋든가?

그 사람 말 잘하던데!   그 사람 말 잘하든데!
얼마나 놀랐던지 몰라.   얼마나 놀랐든지 몰라.

2. 물건이나 일의 내용을 가리지 아니하는 뜻을 나타내는 조사와 어미는 '(-)든지'로 적는다. (ㄱ을 취하고, ㄴ을 버림.)

ㄱ(o)   ㄴ(x)
배든지 사과든지 마음대로 먹어라.   배던지 사과던지 마음대로 먹어라.
가든지 오든지 마음대로 해라.   가던지 오던지 마음대로 해라.

제57항 다음 말들은 각각 구별하여 적는다.

가름	둘로 가름.
갈음	새 책상으로 갈음하였다.
거름	풀을 썩힌 거름.
걸음	빠른 걸음.
거치다	영월을 거쳐 왔다.
걷히다	외상값이 잘 걷힌다.
걷잡다	걷잡을 수 없는 상태.
겉잡다	겉잡아서 이틀 걸릴 일.
그러므로(그러니까)	그는 부지런하다. 그러므로 잘 산다.
그럼으로(그렇게 하는 것으로)	그는 열심히 공부한다. 그럼으로 은혜에 보답한다.
노름	노름판이 벌어졌다.
놀음(놀이)	즐거운 놀음.
느리다	진도가 너무 느리다.
늘이다	고무줄을 늘이다.
다리다	옷을 다리다.
달이다	약을 달이다.
다치다	부주의로 손을 다치다.
닫히다	문이 저절로 닫히다.
마치다	일을 빨리 마치다.
맞히다	여러 문제를 더 맞히다.
목거리	목거리(목이 붓고 아픈 병)가 덧났다.
목걸이	목걸이에 옷을 걸다.
바치다	나라를 위해 목숨을 바치다.
받치다	우산을 받치다. 턱을 받치다.

받히다	쇠뿔에 받히다. 자동차에 받히다.
반드시	약속은 반드시 지켜라.
반듯이	고개를 반듯이 들어라.
부치다	힘에 부치다.
	편지를 부치다.
	논밭을 부치다.
	빈대떡을 부치다.
	회의에 부치는 안건.
붙이다	우표를 붙이다.
	책상을 벽에 붙이다.
	홍정을 붙이다.
	불을 붙이다.
	조건을 붙이다.
	취미를 붙이다.
시키다	일을 시키다.
식히다	끓인 물을 식히다.
아름	세 아름 되는 둘레.
알음	뜻) 사람끼리 서로 아는 일.
안치다	밥을 안치다.
앉히다	윗자리에 앉히다.
어름	뜻) 두 사물의 끝이 맞닿은 자리.
얼음	얼음이 얼었다.
이따가	이따가 오너라.
있다가	돈은 있다가도 없다.
저리다	다친 다리가 저리다.
절이다	김장 배추를 절이다.
조리다	생선을 조리다. 통조림.
졸이다	마음을 졸이다.
주리다	뜻) 배가 고프다.
줄이다	비용을 줄이다.
하노라고	하노라고 한 것이 이 모양이다.
하느라고	공부하느라고 밤을 새웠다.
-느니보다(어미)	나를 찾아오느니보다 집에 있거라.

-는 이보다(의존 명사)	오는 이가 가는 이보다 많다.
-(으)리만큼(어미)	그가 나를 미워하리만큼 그에게 잘못한 일이 없다.
-(으)ㄹ 이만큼(의존 명사)	찬성할 이도 반대할 이만큼이나 많을 것이다.
-(으)러(목적)	공부하러 간다.
-(으)려(의도)	서울에 가려 한다.
-(으)로서(자격)	사람으로서 그럴 수는 없다.
-(으)로써(수단)	닭으로써 꿩을 대신했다.
-(으)므로(어미)	그가 나를 믿으므로 나도 그를 믿는다.
(-ㅁ, -음)으로(써)(조사)	그를 믿음으로(써) 마음이 편해졌다.

표준어 규정

제1부 표준어 사정 원칙

제1장 총칙

제1항 표준어는 교양 있는 사람들이 두루 쓰는 현대 서울말로 정함을 원칙으로 한다.
제2항 외래어는 따로 사정한다.

제2장 발음 변화에 따른 표준어 규정

제1절 자음

제3항 다음 단어들은 거센소리를 가진 형태를 표준어로 삼는다. (ㄱ을 표준어로 삼고, ㄴ을 버림.)

ㄱ(o)	ㄴ(x)	비 고
끄나풀	끄나불	
나팔꽃	나발꽃	
녘	녁	동~, 들~, 새벽~, 동틀~
부엌	부억	
살쾡이	삵괭이	
칸	간	1. ~막이, 빈 ~, 방 한 ~ 2. '초가삼간, 윗간'의 경우에는 '간'임.
털어먹다	떨어먹다	재물을 다 없애다.

제4항 다음 단어들은 거센소리로 나지 않는 형태를 표준어로 삼는다. (ㄱ을 표준어로 삼고, ㄴ을 버림.)

ㄱ(o)	ㄴ(x)	비 고
가을갈이	가을카리	가을에 논밭을 미리 갈아두는 일.
거시기	거시키	
분침	푼침	시계의 분(分)을 가리키는 바늘.

제5항 어원에서 멀어진 형태로 굳어져서 널리 쓰이는 것은, 그것을 표준어로 삼는다. (ㄱ을 표준어로 삼고, ㄴ을 버림.)

ㄱ(o)	ㄴ(x)	비　　고
강낭콩	강남콩	
고샅	고삿	마을의 좁은 골목.
사글세	삭월세	'월세'는 표준어임.
울력성당	위력성당	여럿이 떼를 지어 으르고 협박함.

제6항 다음 단어들은 의미를 구별함이 없이, 한 가지 형태만을 표준어로 삼는다. (ㄱ을 표준어로 삼고, ㄴ을 버림.)

ㄱ(o)	ㄴ(x)	비　　고
돌	돐	생일. 주기.
둘째	두째	
셋째	세째	
빌리다	빌다	돈을 남에게서 빌리다. ('용서를 빌다'는 '빌다'임)

다만, '둘째'는 십 단위 이상의 서수사에 쓰일 때에 '두째'로 한다. (열두째, 스물두째)

제7항 수컷을 이르는 접두사는 '수-'로 통일한다. (ㄱ을 표준어로 삼고, ㄴ을 버림.)

ㄱ(o)	ㄴ(x)	비　　고
수-꿩	숫-꿩	'장끼'도 표준어임.
수-놈	숫-놈	
수-사돈	숫-사돈	사위 쪽의 사돈.
수-소	숫-소	'황소'도 표준어임.

다만 1. 다음 단어에서는 접두사 다음에서 나는 거센소리를 인정한다. 접두사 '암-'이 결합되는 경우에도 이에 준한다. (ㄱ을 표준어로 삼고, ㄴ을 버림.)

ㄱ(o)	ㄴ(x)	비 고
수-캉아지	숫-강아지	
수-캐	숫-개	
수-컷	숫-것	
수-탉	숫-닭	
수-탕나귀	숫-당나귀	
수-퇘지	숫-돼지	
수-평아리	숫-병아리	

다만 2. 다음 단어의 접두사는 '숫-'으로 한다. (ㄱ을 표준어로 삼고, ㄴ을 버림.)

ㄱ(o)	ㄴ(x)	비 고
숫-양	수-양	
숫-염소	수-염소	
숫-쥐	수-쥐	

제2절 모음

제8항 양성모음이 음성모음으로 바뀌어 굳어진 다음 단어는 음성모음 형태를 표준어로 삼는다. (ㄱ을 표준어로 삼고, ㄴ을 버림.)

ㄱ(o)	ㄴ(x)	비 고
깡충깡충	깡총깡총	큰말은 '껑충껑충'임.
-둥이	-동이	귀-, 막-, 쌍-, 검-, 바람-, 흰-
벌거숭이	벌거송이	
보퉁이	보통이	물건을 보자기에 싼 덩이.
봉죽	봉족	일을 책임진 사람을 도와줌.
뻗정다리	뻗장다리	
아서, 아서라	앗아, 앗아라	하지 말라고 금지하는 말.
오뚝이	오똑이	부사도 '오뚝이'임.
주추	주초	주춧돌.

다만, 어원 의식이 강하게 작용하는 다음 단어에서는 양성모음 형태를 그대로 표준어로 삼는다. (ㄱ을 표준어로 삼고, ㄴ을 버림.)

ㄱ(o)	ㄴ(x)	비 고
부조(扶助)	부주	~금
사돈(査頓)	사둔	밭~, 안~
삼촌(三寸)	삼춘	시~, 외~, 처~

제9항 'ㅣ' 역행동화 현상에 의한 발음은 원칙적으로 표준 발음으로 인정하지 아니하되, 다만 다음 단어들은 그러한 동화가 적용된 형태를 표준어로 삼는다. (ㄱ을 표준어로 삼고, ㄴ을 버림.)

ㄱ(o)	ㄴ(x)	비 고
-내기	-나기	시골~, 신출~, 풋~
냄비	남비	
동댕이치다	동당이치다	

[붙임 1] 다음 단어는 'ㅣ' 역행동화가 일어나지 아니한 형태를 표준어로 삼는다. (ㄱ을 표준어로 삼고, ㄴ을 버림.)

ㄱ(o)	ㄴ(x)	비 고
아지랑이	아지랭이	

[붙임 2] 기술자에게는 '-장이', 그 외에는 '-쟁이'가 붙는 형태를 표준어로 삼는다. (ㄱ을 표준어로 삼고, ㄴ을 버림.)

ㄱ(o)	ㄴ(x)	비 고
미장이	미쟁이	
유기장이	유기쟁이	
멋쟁이	멋장이	
소금쟁이	소금장이	소금쟁이과의 곤충.
담쟁이	담장이	포도과에 속한 낙엽 덩굴나무.
골목쟁이	골목장이	골목 깊숙이 들어간 좁은 곳.

제10항 다음 단어는 모음이 단순화한 형태를 표준어로 삼는다. (ㄱ을 표준어로 삼고, ㄴ을 버림.)

ㄱ(o)	ㄴ(x)	비 고
괴팍하다	괴퍅하다	
-구먼	-구면	일찍 왔구먼. 꽤 크구먼.
미루나무	미류나무	←美柳~
미륵	미력	←彌勒. 미륵보살, 미륵불.
여느	여늬	
온달	왼달	음력 보름의 가장 둥그런 달.
으레	으례	마땅히.
케케묵다	켸켸묵다	
허우대	허위대	
허우적허우적	허위적허위적	허우적거리다

제11항 다음 단어에서는 모음의 발음 변화를 인정하여, 발음이 바뀌어 굳어진 형태를 표준어로 삼는다. (ㄱ을 표준어로 삼고, ㄴ을 버림.)

ㄱ(o)	ㄴ(x)	비 고
-구려	-구료	솜씨가 참 좋구려.
깍쟁이	깍정이	언행이 얄밉도록 약삭빠른 사람.
나무라다	나무래다	
미숫가루	미식가루	
바라다	바래다	'바램'은 비표준어임.
상추	상치	
주책	주착	←主着. ~망나니, ~없다
지루하다	지리하다	
허드레	허드래	허드렛물, 허드렛일
호루라기	호루루기	

제12항 '웃-' 및 '윗-'은 명사 '위'에 맞추어 '윗-'으로 통일한다. (윗눈썹, 윗니, 윗도리, 윗몸, 윗자리, 윗사람, 윗목)

다만 1. 된소리나 거센소리 앞에서는 '위-'로 한다. (ㄱ을 표준어로 삼고, ㄴ을 버림.)

ㄱ(o)	ㄴ(x)	비 고
위-짝	웃-짝	
위-쪽	웃-쪽	
위-채	웃-채	
위-층	웃-층	
위-치마	웃-치마	
위-턱	웃-턱	
위-팔	웃-팔	

다만 2. '아래, 위'의 대립이 없는 단어는 '웃-'으로 발음되는 형태를 표준어로 삼는다.(웃돈, 웃어른, 웃옷)

제13항 한자 '구(句)'가 붙어서 이루어진 단어는 '귀'로 읽는 것을 인정하지 아니하고, '구'로 통일한다. (ㄱ을 표준어로 삼고, ㄴ을 버림.)

ㄱ(o)	ㄴ(x)	비 고
구절(句節)	귀절	
경구(警句)	경귀	
난구(難句)	난귀	이해하기 어려운 글귀.
단구(短句)	단귀	짤막한 글귀.
문구(文句)	문귀	
시구(詩句)	시귀	
어구(語句)	어귀	
인용구(引用句)	인용귀	다른 글에서 끌어다 쓴 구절.

다만, 다음 단어는 '귀'로 발음되는 형태를 표준어로 삼는다. (ㄱ을 표준어로 삼고, ㄴ을 버림.)

ㄱ(o)	ㄴ(x)	비 고
글귀	글구	
귀글	구글	

제3절 준말

제14항 준말이 널리 쓰이고 본말이 잘 쓰이지 않는 경우에는, 준말만을 표준어로 삼는다. (ㄱ을 표준어로 삼고, ㄴ을 버림.)

ㄱ(○)	ㄴ(×)	비 고
귀찮다	귀치 않다	
김	기음	~매다
똬리	또아리	둥글게 빙빙 틀어 놓은 것.
무	무우	~즙, ~말랭이, ~생채, 갓~, 총각~
미다	무이다	살이 드러날 만큼 털이 빠지다.
뱀	배암	
뱀장어	배암장어	
빔	비음	설~, 생일~
샘	새암	~바르다, ~바리
생쥐	새앙쥐	
솔개	소리개	
온갖	온가지	
장사치	장사아치	

제15항 준말이 쓰이고 있더라도, 본말이 널리 쓰이고 있으면 본말을 표준어로 삼는다. (ㄱ을 표준어로 삼고, ㄴ을 버림.)

ㄱ(○)	ㄴ(×)	비 고
경황없다	경없다	
궁상떨다	궁떨다	
귀이개	귀개	귀지를 파내는 기구.
낌새	낌	
낙인찍다	낙하다/낙치다	
내왕꾼	냉꾼	절에서 심부름하는 속인(俗人).
돗자리	돗	
뒤웅박	뒝박	구멍을 뚫어 속을 파낸 박.
마구잡이	막잡이	

ㄱ(○)	ㄴ(×)	비 고
맵자하다	맵자다	모양이 제격에 어울리다.
모이	모	닭이나 날짐승에게 주는 먹이.
부스럼	부럼	정월 보름에 쓰는 '부럼'은 표준어.
살얼음판	살판	
수두룩하다	수둑하다	
암죽	암	곡식 가루로 묽게 쑨 죽.
어음	엄	약속~
일구다	일다	
죽살이	죽살	죽음과 삶을 아울러 이르는 말.
퇴짜맞다	퇴맞다	
한통치다	통치다	나누지 않고 한 곳에 합치다.

제16항 준말과 본말이 다 같이 널리 쓰이면서 준말의 효용이 뚜렷이 인정되는 것은, 두 가지를 다 표준어로 삼는다. (ㄱ은 본말이며, ㄴ은 준말임.)

ㄱ(○)	ㄴ(○)	비 고
거짓부리	거짓불	거짓말을 속되게 이르는 말.
노을	놀	저녁~
막대기	막대	
망태기	망태	
머무르다	머물다	
서두르다	서둘다	
서투르다	서툴다	
석새삼베	석새베	성기고 굵은 삼베.
시누이	시뉘/시누	
오누이	오뉘/오누	
외우다	외다	외우며, 외워 / 외며, 외어
이기죽거리다	이죽거리다	짓궂게 빈정거리다.
찌꺼기	찌끼	'찌꺽지'는 비표준어임.

제4절 단수 표준어

제17항 비슷한 발음의 몇 형태가 쓰일 경우, 그 의미에 아무런 차이가 없고, 그 중 하나가 더 널리 쓰이면, 그 한 형태만을 표준어로 삼는다. (ㄱ을 표준어로 삼고, ㄴ을 버림.)

ㄱ(o)	ㄴ(x)	비 고
구어박다	구워박다	사람이 한 군데에서만 지내다.
귀고리	귀엣고리	
귀띔	귀뜸	
귀지	귀에지	
꼭두각시	꼭둑각시	
내색	나색	감정이 나타나는 얼굴빛.
내숭스럽다	내흉스럽다	
냠냠거리다	얌냠거리다	냠냠하다
다다르다	다닫다	
댑싸리	대싸리	
더부룩하다	더뿌룩하다	
망가뜨리다	망그뜨리다	
멸치	며루치	
본새	뽄새	생긴 모양새.
봉숭아	봉숭화	'봉선화'도 표준어.
뺨따귀	뺨따구니	
사자탈	사지탈	
상판대기	쌍판대기	'얼굴'을 속되게 이르는 말.
-습니다	-읍니다	있습니다, 좋습니다, 먹습니다
-올시다	-올습니다	
시름시름	시늠시늠	
아궁이	아궁지	
어중간	어지중간	
옹골차다	공골차다	실속 있게 속이 꽉 차다.
우두커니	우두머니	
잠투정	잠투세	
재봉틀	자봉틀	
짓무르다	짓물다	
천장(天障)	천정	
코맹맹이	코맹녕이	
흉업다	흉헙다	말이나 행동 따위가 불쾌할 정도로 흉하다.

제5절 복수 표준어

제18항 다음 단어는 ㄱ을 원칙으로 하고, ㄴ도 허용한다.

ㄱ(o)	ㄴ(o)	비 고
네	예	
쇠-	소-	-가죽, -고기, -머리, -뼈
괴다	고이다	물이 ~ 밑을 ~
꾀다	꼬이다	어린애를 ~ 벌레가 ~
쐬다	쏘이다	바람을 ~
죄다	조이다	나사를 ~
쬐다	쪼이다	볕을 ~

제19항 어감의 차이를 나타내는 단어 또는 발음이 비슷한 단어들이 다 같이 널리 쓰이는 경우에는, 그 모두를 표준어로 삼는다. (ㄱ, ㄴ을 모두 표준어로 삼음.)

ㄱ(o)	ㄴ(o)	비 고
거슴츠레하다	게슴츠레하다	
고까	꼬까	알록달록하고 예쁜 아이들의 옷.
고린내	코린내	
교기(驕氣)	갸기	얄밉게 보이는 교만한 태도.
구린내	쿠린내	
꺼림하다	께름하다	
나부랭이	너부렁이	종이나 헝겊 따위의 오라기.

제3장 어휘 선택의 변화에 따른 표준어 규정

제1절 고어

제20항 사어(死語)가 되어 쓰이지 않게 된 단어는 고어로 처리하고, 현재 널리 사용되는 단어를 표준어로 삼는다. (ㄱ을 표준어로 삼고, ㄴ을 버림.)

ㄱ(O)	ㄴ(x)	비 고
난봉	봉	
낭떠러지	낭	
설거지하다	설겆다	
애달프다	애닯다	
오동나무	머귀나무	
자두	오얏	

제2절 한자어

제21항 고유어 계열의 단어가 널리 쓰이고 그에 대응되는 한자어 계열의 단어가 용도를 잃게 된 것은, 고유어 계열의 단어만을 표준어로 삼는다. (ㄱ을 표준어로 삼고, ㄴ을 버림.)

ㄱ(O)	ㄴ(x)	비 고
가루약	말약	
구들장	방돌	
길품삯	보행삯	
까막눈	맹눈	
박달나무	배달나무	
성냥	화곽	
외지다	벽지다	
잎담배	잎초	
잔돈	잔전	
짐꾼	부지꾼	
푼돈	푼전	
흰말	백말	
흰죽	백죽	

제22항 고유어 계열의 단어가 생명력을 잃고 그에 대응되는 한자어 계열의 단어가 널리 쓰이면, 한자어 계열의 단어를 표준어로 삼는다. (ㄱ을 표준어로 삼고, ㄴ을 버림.)

ㄱ(o)	ㄴ(x)	비　　고
겸상	맞상	
고봉밥	높은밥	수북하게 담은 밥.
단벌	홑벌	
민망스럽다/ 　면구스럽다	민주스럽다	
방고래	구들고래	
부항단지	뜸단지	
산줄기	멧줄기	
수삼	무삼	말리지 않은 인삼.
양파	둥근파	
어질병	어질머리	
총각무	알무/알타리무	
칫솔	잇솔	

제3절 방언

제23항 방언이던 단어가 표준어보다 더 널리 쓰이게 된 것은, 그것을 표준어로 삼는다. 이 경우, 원래의 표준어는 그대로 표준어로 남겨 두는 것을 원칙으로 한다. (ㄱ을 표준어로 삼고, ㄴ도 표준어로 남겨 둠.)

ㄱ(o)	ㄴ(o)	비　　고
멍게	우렁쉥이	
물방개	선두리	
애순	어린순	새로 나오는 어린 싹.

제24항 방언이던 단어가 널리 쓰이게 됨에 따라 표준어이던 단어가 안 쓰이게 된 것은, 방언이던 단어를 표준어로 삼는다. (ㄱ을 표준어로 삼고, ㄴ을 버림.)

ㄱ(o)	ㄴ(x)	비　　고
귀밑머리	귓머리	
까뭉개다	까무느다	
막상	마기	
빈대떡	빈자떡	
생인손	생안손	손가락 끝에 나는 종기. 준말은 '생손'임.
역겹다	역스럽다	
코주부	코보	

제4절 단수 표준어

제25항 의미가 똑같은 형태가 몇 가지 있을 경우, 그 중 어느 하나가 압도적으로 널리 쓰이면 그 단어만을 표준어로 삼는다. (ㄱ을 표준어로 삼고, ㄴ을 버림.)

ㄱ(O)	ㄴ(X)	비 고
-게끔	-게시리	
겸사겸사	겸지겸지	
고치다	낫우다	
골목쟁이	골목자기	
광주리	광우리	
길잡이	길앞잡이	'길라잡이'도 표준어.
까다롭다	까탈스럽다	
까치발	까치다리	발뒤꿈치를 든 발.
꽁초	꼬투리/꽁치/꽁추	
뒤통수치다	뒤꼭지치다	
먼발치	먼발치기	
목메다	목맺히다	
밀짚모자	보릿짚모자	
부끄러워하다	부끄리다	
부스러기	부스럭지	
부지깽이	부지팽이	
부항단지	부항항아리	
샛별	새벽별	
선머슴	풋머슴	
속말	속소리	
손수레	손구루마	
숙성하다	숙지다	
술고래	술꾸러기/술보	
식은땀	찬땀	
신기하다/신기롭다	신기스럽다	
아주	영판	
안쓰럽다	안슬프다	
안절부절못하다	안절부절하다	
알사탕	구슬사탕	
암내	곁땀내	
앞지르다	따라먹다	
애벌레	어린벌레	
전봇대	전선대	

08. 한글 맞춤법과 표준어 규정

제5절 복수 표준어

제26항 한 가지 의미를 나타내는 형태 몇 가지가 널리 쓰이며 표준어 규정에 맞으면, 그 모두를 표준어로 삼는다.

복수 표준어	비 고
가는허리/잔허리	잘록 들어간, 허리의 뒷부분.
가락엿/가래엿	
가뭄/가물	
가엾다/가엽다	딱하고 불쌍하다.
감감무소식/감감소식	오래도록 소식이 전혀 없음.
개수통/설거지통	그릇을 씻을 때 쓰는 물을 담는 통.
-거리다/-대다	출렁거리다(o), 출렁대다(o)
게을러빠지다/게을러터지다	
고깃간/푸줏간	
곰곰/곰곰이	
관계없다/상관없다	
교정보다/준보다	
귀퉁머리/귀퉁배기	'귀퉁이'의 속된말.
극성떨다/극성부리다	
기승떨다/기승부리다	
기세부리다/기세피우다	
배내옷/배냇저고리	갓난아이에게 입히는 저고리.
나귀/당나귀	
내리글씨/세로글씨	
넝쿨/덩굴	
녘/쪽	동녘(o), 동쪽(o)
눈대중/눈어림/눈짐작	
느림보/늘보	
다달이/매달	
-다마다/-고말고	하다마다(o), 하고말고(o)
다박-나룻/다박-수염	
넝쿨/덩굴	'덩쿨'은 비표준어임.
댓돌/툇돌	오르내릴 수 있게 놓은 돌층계.
덧창/겉창	

복수 표준어	비고
독장치다/독판치다	어떠한 판을 혼자서 휩쓸다.
돼지감자/뚱딴지	
되우/된통/되게	
뒷갈망/뒷감당	
뒷말/뒷소리	
들락거리다/들랑거리다	
들락날락/들랑날랑	
딴전/딴청	
땅콩/호콩	
땔감/땔거리	
-뜨리다/-트리다	무너뜨리다(o), 무너트리다(o)
만큼/만치	
말동무/말벗	
먹새/먹음새	음식을 먹는 태도.
멀찌감치/멀찌가니/멀찍이	
면치레/체면치레	
모내다/모심다	
모쪼록/아무쪼록	
목화씨/면화씨	
무심결/무심중	
심부름/시중	
민둥산/벌거숭이산	
밑층/아래층	
바른/오른(右)	바른 손(o), 오른 손(o)
벌레/버러지	'벌거지, 벌러지'는 비표준어.
변덕스럽다/변덕맞다	
보통내기/여간내기	별다르지 않고 평범한 보통의 사람.
볼따구니/볼통이/볼때기	'볼'의 속된말.
부침개질/부침질	'부치개질'은 비표준어.
불사르다/사르다	
모내기/모심기	
뽀두라지/뽀루지	

복수 표준어	비고
살쾡이/삵	
삽살개/삽사리	
서럽다/섧다	'설다'는 비표준어.
성글다/성기다	물건 사이가 떠서 빈 공간이 많다.
-세요/-셔요	식기 전에 드~, 당신이 참으~
송이/송이버섯	
수수깡/수숫대	
술안주/안주	
-스레하다/-스름하다	거무스레하다(o), 거무스름하다(o)
시늉말/흉내말	
신/신발	
심술꾸러기/심술쟁이	
씁쓰레하다/씁쓰름하다	
위아래/아래위	
아무튼/어떻든/어쨌든/하여튼	
알은척/알은체	어떤 일에 관심을 가지는 듯한 태도를 보임.
애꾸눈이/외눈박이	
양념감/양념거리	
어림잡다/어림치다	
어이없다/어처구니없다	
어저/어제께	
언덕바지/언덕배기	언덕의 꼭대기. '언덕받이'는 비표준어.
여왕벌/장수벌	
여쭈다/여쭙다	
여태껏/이제껏/입때껏	'여직껏'은 비표준어.
역성들다/역성하다	
연달다/잇달다	
옥수수/강냉이	
외손잡이/한손잡이	
욕심꾸러기/욕심쟁이	
우레/천둥	
의심스럽다/의심쩍다	

복수 표준어	비고
-이에요/-이어요	
일일이/하나하나	
일찌감치/일찌거니	
입찬말/입찬소리	능력을 믿고 지나치게 장담하는 말.
자리옷/잠옷	
자물쇠/자물통	
장가가다/장가들다	
재롱떨다/재롱부리다	
제가끔/제각기	
좀처럼/좀체	'좀체로'는 비표준어.
중매/중신	
쪽/편	오른 쪽(o), 오른 편(o)
차차/차츰	
척/체	잘난 척(o), 잘난 체(o)
천연덕스럽다/천연스럽다	
철따구니/철딱서니/철딱지	
추켜올리다/추어올리다	
축가다/축나다	약해지거나 살이 빠지다.
한턱내다/한턱하다	
혼자되다/홀로되다	
흠가다/흠나다/흠지다	흠이 생기다.

09 속담(俗談)

[ㄱ]

개구리도 옴쳐야 뛴다 : 아무리 급한 일이라도 준비해야 할 것은 해야 한다는 뜻.

개도 무는 개를 돌아본다 : 온순하기만 해서는 대접을 못 받고 당당히 요구하거나 귀찮게 굴어야만 대접을 받을 수 있다는 뜻.

갖은 놈의 겹철릭 : 필요 이상의 물건을 겹쳐서 가짐을 이르는 말.

가재는 게 편이요, 초록은 한 빛이라 : 모양이 비슷하고 서로 인연이 있는 대로 붙는다는 뜻. =유유상종(類類相從). 초록동색(草綠同色).

가을에는 부지깽이도 덤벙인다 : 가을에는 농가에서 대단히 바빠서 어린아이까지도 일을 한다는 뜻.

가마 밑이 노구솥 밑을 검다 한다 : 제 흉은 모르고 남의 흉을 본다는 뜻. =가랑잎이 솔잎더러 바스락거린다고 한다. 그슬린 돼지가 달아맨 돼지 타령한다.

가지 많은 나무 바람 잘 날이 없다 : 자식을 많이 둔 사람은 늘 바쁘고 탈이 많다는 뜻. =새끼 많이 둔 소 길마 벗을 날이 없다.

경주(慶州) 돌이면 다 옥석(玉石)인가 : 사람을 평가할 때 그 출생지나 문벌만을 가지고 평가할 수 없다는 뜻.

꿀도 약이라면 쓰다 : 자기에게 이로운 충고는 듣기 싫어한다는 뜻.

그물이 삼천 코라도 벼리가 으뜸 : 아무리 사람이 많더라도 통솔하는 지도자가 없으면 오합지졸이 된다는 뜻.

기와 한 장 아껴서 대들보 썩인다 : 조그마한 것을 아끼다가 큰 손해를 본다는 뜻.

급하면 바늘 허리에 실 매어 쓸까 : 아무리 급해도 순서는 밟아야 한다는 뜻.

굽은 나무가 선산(先山)을 지킨다 : 못난이로 취급했던 사람이 오히려 사람 구실을 하는 수가 있다는 뜻.

개똥밭에도 이슬 내릴 날이 있다 : 아무리 천하고 가난한 사람이라도 행운을 만날 때가 있다는 뜻.

굼벵이 천장(遷葬)하듯 : 어리석은 사람이 일을 지체하며 빨리 이루지 못함을 비유.

가랑비에 옷 젖는 줄 모른다 : 아무리 사소한 것이라도 거듭되면 무사하지 못할 정도로 된다는 뜻.

게도 구럭도 다 잃었다 : 소득을 얻기는커녕 가진 것마저 잃어버렸다는 뜻.

기린은 잠자고 스라소니가 춤 춘다 : 간악하고 무능한 사람이 날뛰는 것을 비유.

굿 뒤에 날장구 친다 : 이미 결정된 일에 대해 뒤늦게 이러니저러니 떠든다는 뜻.

굿 해먹은 집 같다 : 어떤 일이 있은 후 갑자기 조용해졌을 때 하는 말.

개미 금탑(金塔) 모으듯 : 재물을 조금씩 알뜰히 모음을 이르는 말.

귀머거리 삼 년이요, 벙어리 삼 년이라 : 새로 시집 온 여자는 모든 불평을 참아야 한다는 것을 비유한 말.

가난한 집 제사 돌아오듯 : 치르기 힘든 일이 자꾸 닥쳐오는 것을 비유하는 말.

김 안 나는 숭늉이 덥다 : 공연히 떠벌리는 사람보다도 침묵을 지키고 있는 사람이 도리어 무섭다는 뜻.

꿩 구워 먹은 자리다 : 어떠한 일을 하고도 아무 흔적이 보이지 않는다는 뜻.

꿩 잡는 것이 매 : 남이 뭐라고 하든지 실력으로 목적을 달성하는 것이 제일이라는 뜻.

가게 기둥에 입춘 : 격에 어울리지 않는다는 뜻. =거적문에 돌쩌귀. 개발에 주석 편자. 짚신 감발에 사립. 사모에 갓끈.

갖바치 내일 모레 : 약속한 날짜를 자꾸 미루는 것을 이르는 말.

가루는 칠수록 고와지고 말은 할수록 거칠어진다 : 말을 이 입에서 저 입으로 옮아 갈수록 거칠어지니 말을 조심하라는 뜻.

강철이 간 데는 가을도 봄 : 운수가 나쁜 사람은 하는 일마다 불행한 사고가 생긴다는 뜻.

굴우물에 돌 넣기 : 아무리 하여도 끝이 없는 일을 비유.

궁한 뒤에 행세를 본다 : 사람은 어려움을 당했을 때 본성격을 알 수 있다는 뜻.

검은 고기 맛 좋다 한다 : 겉모양만 가지고 내용을 속단하지 말라는 뜻.

개고기는 언제나 제 맛이다 : 본디 타고난 성미는 어느 때나 숨기기 어렵다는 뜻.

거지가 말 얻은 것 : 거지가 건사하기 힘든 말까지 얻었다는 뜻으로, 괴로운 중에 더욱 괴로운 일이 생겼음을 비유.

금방 먹을 떡에도 소를 박는다 : 아무리 급해도 순서를 밟아야 한다는 뜻.

개 꼬락서니 미워서 낙지 산다 : 자기가 미워하는 사람에게는 그 사람이 싫어하는 일을 한다는 뜻.

개꼬리 삼 년 묵어도 황모(黃毛) 못 된다 : 본디 나쁜 것은 아무리 해도 좋아지지 않는다는 뜻.

구운 게도 다리를 떼고 먹어라 : 어떤 일이라도 방심하지 말고 완벽하게 하라는 뜻. =얕은 내도 깊게 건너라.

고슴도치도 제 새끼가 함함하다면 좋아한다 : 칭찬을 받지 못할 일이나 행동이라도 칭찬해 주면 좋아한다는 뜻.

고양이 달걀 굴리듯 : 어떤 일을 재치 있게 해 나감.

고슴도치 외 따지듯 : 빚을 많이 짊어진 것을 비유. =대추나무에 연 걸리듯.

귓불만 만진다 : 별도리가 없이 운명만 기다린다는 뜻.

공것 바라기는 무당의 서방 : 공짜를 좋아하는 사람을 두고 하는 말.

길마 무거워 소 드러누울까 : 일을 당하여 힘이 부족할까 두려워 말라는 뜻.

까마귀 날자 배 떨어진다 : 아무 관계 없이 한 일이 마침 다른 일과 공교롭게 일치되어 무슨 관계가 있는 것처럼 혐의를 받게 된다는 말.

군불에 밥짓기 : 어떤 일에 곁따라 다른 일이 쉽게 이루어짐을 비유.

귀신 듣는 데 떡 소리 한다 : 남 앞에서 그 사람이 좋아하는 것을 한다는 뜻.

가는 방망이 오는 홍두깨 : 남에게 해를 끼치면 그보다 더 큰 화가 돌아온다는 뜻.

길을 두고 메로 갈까 : 쉽게 할 수 있는 것을 구태여 어렵게 할 리 없다는 말.

가자니 태산이요 돌아서자니 숭산이라 : 이러지도 저러지도 못할 난처한 처지에 있음을 이르는 말. = 진퇴유곡(進退維谷).

갈수록 수미산(심산)이라 : 갈수록 더욱 어려운 지경에 처하게 됨.

귀막고 방울 도둑질한다 : 잔꾀로 남을 속이려 하면서, 자기만 알고 남은 모르려니 하고 하는 짓을 이르는 말.

가을 더위와 노인의 건강 : 끝장이 가까워 오래가지 못하는 것을 두고 이르는 말.

객주가 망하려니 짚단만 들어온다 : 정작 기다리는 사람은 오지 않고 귀찮은 사람만 온다는 뜻. =여각이 망하려만 나귀만 든다.

길가에 집짓기 : 길가에 집을 지으면 오가는 사람마다 참견해 집을 짓지 못하듯이 간섭하는 사람이 많은 일은 이루지 못한다는 뜻.

[ㄴ]

노적가리에 불지르고 싸라기 주워 먹는다 : 큰 것을 잃고 작은 것을 아낀다는 뜻.

날면 기는 것이 능하지 못하다 : 여러 가지 재주를 겸하기 어렵다는 뜻.

내 코가 석자 : 자기의 어려움이 심하여 남의 사정을 돌볼 여유가 없다는 뜻.

내 밥 먹은 개가 발뒤축을 문다 : 자기의 은혜를 입은 자가 도리어 자기를 해친다는 뜻.

내 돈 서푼은 알고 남의 돈 칠푼은 모른다 : 제 것만 중히 알고 남의 것은 대수롭지 않게 여긴다는 뜻. =남의 염병이 내 고뿔만 못하다.

남의 다리 긁는다 : 자기를 위하여 한 일이 남을 위해 한 일이 되었다는 뜻. =남의 발에 감발한다. 남의 다리에 행전 친다.

내닫기는 주막집 강아지라 : 누가 찾아오거나 무슨 일이 생기거나 하면 곧 뛰어나와 참견하는 사람을 두고 하는 말.

넉동 다 갔다 : 무슨 일이 다 끝났거나, 어떤 사람의 신세가 아주 기울어졌음을 이르는 말. cf) 넉동 : 윷놀이에서 4번째 나는 말.

나무에 오르라 하고 흔드는 격 : 솔깃한 말로 남을 꾀어 난처한 처지에 빠뜨리는 것을 이르는 말.

나무접시 놋접시 될까 : 아무리 해도 좋게 될 수 없는 일이나 사람을 두고 하는 말.

남의 떡에 설 쇤다 : 남의 덕택으로 형편 좋게 일을 성취한다는 뜻. =남의 불에 게 잡는다. 남의 바지 입고 새 벤다.

남이 장 간다고 하니 거름 지고 나선다 : 주견없이 덩달아 남을 모방한다는 뜻.

나한(羅漢)에도 모래 먹는 나한이 있다 : 높은 지위에 있으면서도 고생하는 사람이 있다는 뜻.

낮에 난 도깨비 : (도깨비는 어두운 밤에 나돌아다니는 법인데 낮에 돌아다니는 염치없는 도깨비 같다는 뜻으로) 낯이 두껍고 하는 짓이 미련한 사람을 이르는 말.

누이 믿고 장가 안 간다 : 도저히 불가능한 일을 하려 하고 다른 방책을 세우지 않는다는 뜻.

난쟁이 교자꾼 참여하듯 : 자기 분수에 맞지 않는 일에 주제넘게 참여함을 이르는 말.

낙락 장송도 근본은 종자(種子) : 아무리 훌륭한 인물이라도 근본을 캐어 보면 처음에는 보통 사람들과 다름이 없다는 뜻.

남 눈 똥에 주저앉고, 애매한 두꺼비 떡돌에 치인다 : 남이 저지른 잘못에 잘못 없는 사람이 애매하게 화를 당한다는 뜻.

남 떡 먹는데 팥고물 떨어지는 걱정한다 : 남의 일에 공연히 걱정할 때 하는 말.

노래기 회도 먹겠다 : 염치 체면을 불구하고 치사스럽게 구는 자를 비유.

농사 물정 안다니까 피는 나락 회애기 뺀다 : 남이 아첨하는 말이나 비꼬는 말을 제대로 알아듣지 못하고 잘난 체한다는 뜻.

늦바람에 용마름 벗긴다 : 늘그막에 한번 바람이 나기 시작하면 걷잡을 수 없다는 뜻.

내리사랑은 있어도 치사랑은 없다 : 부모가 자식을 사랑하는 만큼 자식이 부모를 사랑하기는 어렵다는 말.

노루 잡기 전에 골뭇감 마련한다 : 일을 너무 성급히 서두르는 것을 비유. =아이도 낳기 전에 포대기 장만한다.

눈허리가 저리고 시다 : 매우 가엾거나 감격했을 때의 심경을 이르는 말.

낙양의 지가(紙價)를 올린다 : 저서가 호평을 받아 매우 잘 팔린다는 뜻.

나중 난 뿔이 우뚝하다 : 후배가 선배보다 나을 때 이르는 말.

[ㄷ]

동무 따라 강남 간다 : 자기는 하고 싶지 않은데 남에게 끌려서 덩달아 행동함을 이르는 말.

동헌에서 원님 칭찬하듯 : 겉치레로 입에 발린 칭찬을 하는 것을 이르는 말.

도둑놈 소 몰 듯 : 당황하여 서두르는 모양을 이르는 말.

동아 속 썩는 것은 밭 임자도 모른다 : 남의 깊은 걱정은 아무리 가까운 사이라도 모른다는 뜻.

도투마리 잘라 넉가래 만들기 : 아주 하기 쉬운 일을 비유.

뒤웅박 차고 바람 잡는다 : 불가능하고 허황된 짓을 함을 이르는 말.

뒷간과 사돈집은 멀어야 한다 : 뒷간이 가까우면 냄새가 나고, 사돈집이 가까우면 말이 많으므로 그것을 경계한 말.

단칸방에 새 두고 말할까 : 아주 가까운 사이에 비밀이 있겠느냐는 뜻.

두더지 혼인 같다 : 자기 분수는 생각지 않고 엉뚱한 희망을 가진다는 뜻.

달도 차면 기운다 : 모든 것이 한번 성(盛)하면 다음에는 다시 쇠퇴한다는 뜻.

달 보고 짖는 개 : 남의 언행을 의심하여 떠드는 어리석은 사람을 두고 이르는 말.

달아나는 노루 보고 얻은 토끼를 놓았다 : 큰 것을 바라다가 도리어 자기 수중에 있는 것까지 잃었다는 말.

도둑놈 개 꾸짖듯 : 남이 알까 두려워서 입속으로 중얼거림을 비유.

단솥에 물 붓기 : 형편이 이미 기울어 아무리 도와 주어도 소용이 없다는 뜻.

딸 없는 사위 : 인연이 끊어지면 친했던 정도 따라 없어진다는 말.

뒤에 볼 나무는 그루를 돋운다 : 뒷일을 생각하는 사람은 미리부터 준비하고 부지런히 노력한다는 뜻.

동정호 칠백 리를 내 당나귀 타고 간다 : 자기의 권한에 딸린 범위 안에서 자기 의사대로 한다는 뜻.

뒷집 마당 벌어진 데 솔뿌리 걱정한다 : 쓸데없이 남의 걱정을 하는 것을 비유.

떡 해먹을 집안 : 서로 화합하지 못하는 집안을 비유.

두부 먹다 이 빠진다 : 마음 놓는 데서 실수가 생기는 법이니 조심하라는 뜻.

돼지 왼 발톱 : 바른길에서 벗어난 일을 하거나 남과 다른 행동을 하는 것을 비유적으로 이르는 말.

돌쩌귀에 녹이 슬지 않는다 : 무슨 일이든 쉬지 않고 부지런히 하면 탈이 생기지 않는다는 말. =구르는 돌은 이끼가 안 낀다.

달걀도 굴러가다 서는 모 있다 : 어떤 일이든지 끝이 있다는 말.

도갓집 강아지 같다 : 사람들이 많이 드나드는 도갓집의 강아지처럼, 동정을 잘 살피며 눈치가 빠른 사람을 비유하는 말.

등 치고 간(肝) 낸다 : 겉으로는 위해 주는 체 하면서 속으로는 손해를 끼친다는 뜻.

도랑 치고 가재 잡는다 : 지저분한 도랑(작고 폭이 좁은 개울)을 치우던 중 뜻하지 않게 가재도 잡게 되었다는 뜻으로, 한 가지 일로 두 가지 이익을 보는 경우를 비유.

도끼가 제 자루 못 찍는다 : 제 허물을 제가 알아서 고치기는 어렵다는 뜻.

두메 앉은 이방(吏房)이 조정일 알듯 : 출입 없이 집에만 있는 사람이 바깥 풍조를 잘 안다는 뜻.

닭 잡아 겪을 나그네 소 잡아 겪는다 : 처음에 소홀히 하여 결과가 어렵게 된 것을 비유.

덤불이 커야 도깨비가 난다 : 무슨 일이나 조건이 갖추어져야 성사가 된다는 뜻. =도깨비도 수풀이 있어야 모인다.

댓구멍으로 하늘을 본다 : 사물의 전모를 넓게 보지 못하고 치우치게 좁게 봄을 이르는 말. =우물 안 개구리.

대가리를 삶으면 귀까지 익는다 : 가장 중요한 부분을 처리하면 나머지는 저절로 해결된다는 뜻.

대감 죽은 데는 안 가도 대감 말 죽은 데는 간다 : (죽은 대감에게는 잘 보일 필요가 없으니 조문을 가지 않으나, 대감이 살아 있고 그의 말이 죽으면 대감의 환심을 사기 위하여 조문 간다는 뜻으로) 권력이 있을 때는 아첨을 하지만 권력이 없어지면 돌아다보지 않는 세상인심을 비유.

두덩에 누운 소 : 편하고 팔자 좋은 것을 비유하는 말.

든 거지 난 부자 : 집안 살림은 형편없으면서 겉으로는 부자 행세를 하는 사람을 이르는 말.

[ㅁ]

모래로 방천(防川)한다 : 아무런 보람이 없는 헛수고를 한다는 뜻.

말로 온 동네 다 겪는다 : 실천은 하지 않고 모든 것을 말만으로 해결하려 드는 것을 이르는 말.

말 많은 집은 장맛도 쓰다 : 가정에서 말이 많으면 살림이나 모든 일이 잘 안된다는 뜻.

무는 개 짖지 않는다 : 무서운 사람일수록 말이 없다는 뜻.

말 잘 하기는 소진 장의로군 : 구변이 썩 좋은 사람을 두고 이르는 말. cf) 소진(蘇秦)과 장의(張儀)는 중국 춘추전국시대의 유명한 외교가(外交家).

못생긴 며느리 제삿날에 병난다 : 미워 보이는 사람은 미운 일만 자꾸 한다는 뜻. =미운 강아지 멍석 위에 똥싼다.

못된 송아지 엉덩이에 뿔이 난다 : 되지 못한 것이 건방지고 엇나가는 짓만 한다는 뜻. =못된 일가가 항렬만 높다. 먹지 못할 풀이 오월에 겨우 나온다.

먹기는 파발이 먹고 뛰기는 역마가 뛴다 : 정작 수고한 사람은 그 대가를 받지 못하고, 엉뚱한 사람이 대가를 받는다는 뜻.

말 타면 경마 잡히고 싶다 : 사람의 욕심이란 한이 없다는 뜻.

말 태우고 버선 깁는다 : 일을 미리 준비해 놓지 않고 임박해서야 허둥지둥함을 이르는 말.

마각(馬脚)을 드러내다 : (연극에서 말의 다리로 분장한 사람이 정체를 드러낸다는 뜻으로) 숨기고 있던 일이나 본디 모습을 드러내다.

마치가 가벼우면 못이 솟는다 : 윗사람이 위엄이 없으면 아랫사람이 순종하지 않고 반항한다는 뜻.

마파람에 게 눈 감추듯 : 음식을 빨리 먹어 버림을 비유. cf) 마파람 : 남풍(南風).

몽치 깎자 도둑이 뛴다 : 모처럼 세운 대책이 때가 늦어 소용없게 됨을 비유. cf) 몽치 : 짤막하고 단단한 몽둥이.

명주 옷은 사촌까지 덥다 : 가까운 사람이 부귀하게 되면 그 도움이 자신에게까지 미친다는 뜻.

메고 난 상두꾼 : 궂은 일이나 천한 일을 하더라도 부끄러운 일이 아니라는 말. cf) 상두꾼 : 상여를 메는 사람.

막다른 골이 되면 돌아선다 : 아주 급한 상황에 이르면 계교가 생긴다는 뜻.

목멘 개 겨 탐하듯 : 자기 분수를 돌보지 않고 분수에 겨운 일을 바란다는 뜻.

망건 쓰자 파장(罷場) : 일이 늦어져서 뜻한 바 목적을 이루지 못하게 됨.

문비를 거꾸로 붙이고 환장이만 나무란다 : 자기가 잘못하여 놓고 남을 나무란다는 뜻. =소경이 개천 나무란다.

물이 깊어야 고기가 모인다 : 덕망이 있어야 사람이 따른다는 말. =산이 깊어야 호랑이가 있다.

머리 검은 짐승은 남의 공(功)을 모른다 : 사람은 남에게 진 신세나 은혜를 잊기 일쑤여서, 짐승보다 못한 때가 있음을 비유.

머리 없는 놈 댕기 치레한다 : 겉치레만 하고 내용이 없음을 비웃어 이르는 말.

맹상군의 호백구(狐白裘) 믿듯 : 남을 지나치게 믿어 조금도 의심치 않음을 비유.

문서 없는 상전 : 까닭 없이 남에게 까다롭게 굴거나, 위세를 부리는 사람을 비유.

머리카락 뒤에서 숨바꼭질한다 : 얕은 꾀로 남을 속이려 든다는 뜻.

모난 돌이 정 맞는다 : 성격이나 언행이 까다로우면 남의 공격을 받게 된다는 말.

물 본 기러기, 꽃 본 나비 : 바라던 바를 이루어 득의양양함을 이르는 말.

맥도 모르고 침통 흔든다 : 어떤 일을 잘 알지도 못하고 함부로 덤빈다는 뜻. =말뚱도 모르고 마의(馬醫) 노릇한다.

마루 넘은 수레 내려가기 : 사물의 진행 속도가 매우 빠름을 비유.

무당이 제 굿 못하고 소경이 저 죽을 날 모른다 : 자기 일은 자기가 처리하기 어렵다는 뜻. =중이 제 머리를 못 깎는다.

말똥에 굴러도 이승이 좋다 : 고생이 될지라도 사는 것이 죽는 것보다 낫다는 뜻.

말 가는 데 소도 간다 : 남이 하는 일이라면 자신도 노력만 하면 능히 할 수 있다는 뜻.

매를 꿩으로 보다 : 사나운 사람을 순한 사람으로 잘못 보다.

미꾸라지국 먹고 용트림한다 : 조그만 일을 해놓고 무슨 큰일이나 한 것처럼 으스대거나, 못난 사람이 잘난 체함을 비유.

물방앗간에서 고추장 찾는다 : 얼토당토않은 곳에 가서 있을 리 없는 것을 찾는다는 뜻. =절에 가 젓국을 찾는다.

무는 호랑이는 뿔이 없다 : 무엇이나 완전히 다 갖출 수는 없다는 뜻.

무는 말 있는 데 차는 말 있다 : 고약한 사람이 있는 곳에는 그와 비슷한 부류의 사람들이 모인다는 말.

미지근해도 흥정은 잘 한다 : 누구에게나 한 가지 재주는 있다는 말.

[ㅂ]

보리누름까지 세배한다 : 지나치게 예의를 차리는 것을 비웃는 말. cf) 보리누름 : 보리가 누렇게 익는 철.

북은 칠수록 소리가 난다 : 못된 사람하고 다투면 도리어 자기의 손해만 커진다는 뜻.

봇짐 내어 주며 앉으라 한다 : 가지 말라고 말리는 체하면서 은근히 가기를 바란다는 뜻.

부처 밑을 기울이면 삼거웃이 드러난다 : 점잖은 체하는 사람도 들추면 더러운 것이 있다는 뜻.

봉당을 빌려 주니 안방까지 달란다 : 체면이 없고 뻔뻔스런 사람을 이르는 말.

뿔 뺀 쇠 상이라 : 지위는 높아도 실권이 없음을 비유하는 말.

불에 탄 개가죽 : 매사에 발전이 없고 점점 퇴보하는 것을 비유.

바람 부는 날 가루 팔러 간다 : 하필 조건이 좋지 않은 때에 일을 시작함을 이르는 말.

벌 쐰 사람 같다 : 왔다가 머무를 사이도 없이 금방 가버린다는 뜻.

부러진 칼자루에 옻칠하기 : 쓸데없는 일을 하는 것을 비유.

부조는 않더라도 제상(祭床)이나 치지 말라 : 도와주지 않아도 좋으니 해나 끼치지 말라는 뜻.

배 먹고 이 닦기 : 한 가지 일을 함으로써 두 가지의 이익을 얻는다는 뜻. =일거양득(一擧兩得). 일석이조(一石二鳥).

배 주고 속 빌어먹는다 : 큰 이익은 남에게 빼앗기고 구구하게 작은 이익을 얻는다는 뜻.

밤 잔 원수 없고 날샌 은혜 없다 : 원한과 은혜는 잊기 쉽다는 뜻.

범도 새끼 둔 골을 두남둔다 : 누구나 다 자기와 관계가 있는 것은 소중히 여긴다는 뜻. cf) 두남두다 : 편들다.

비를 드니까 마당을 쓸라 한다 : 한번 해 보려고 계획하고 있던 일을 남이 시키게 되면 성의가 적어진다는 뜻.

범벅에 꽂은 저(箸) : 일이 튼튼하게 되지 않았음을 비유.

반풍수(半風水) 집안 망친다 : 잘 알지도 못하면서 서투른 재주를 함부로 피우다가 도리어 일을 그르친다는 뜻. =선무당이 사람 잡는다.

범 본 여편네 창구멍 틀어막듯 : ① 공연히 황급하게 서두르는 모양. ② 배고픈 사람이 밥을 분주하게 퍼먹는 모양.

봄 조개 가을 낙지 : 제 때를 만나야 제 구실을 한다는 뜻. (봄에는 조개, 가을에는 낙지가 제철이다.)

변죽을 치면 복판이 운다 : 넌지시 알리기만 해도 이내 눈치를 채서 알아듣는다는 뜻.

비단 올이 춤을 추니 베 올도 춤을 춘다 : 남이 무엇을 한다고 멋도 모르고 덩달아 날뛴다는 뜻.

[ㅅ]

사돈네 안방 같다 : 자유롭지 못하고 불편한 환경을 이르는 말.

십년 세도 없고 열흘 붉은 꽃 없다 : 부귀영화는 오래 지속되지 못한다는 뜻.

삼밭에 쑥대 : (삼밭에 난 쑥대가 삼대를 닮아 곧게 자라듯이) 사람도 환경이 좋아야 성공할 수 있다는 뜻.

썩어도 준치 : 본래 좋고 훌륭한 것은 비록 상해도 그 본질에는 변함이 없음을 비유적으로 이르는 말.

솔개도 오래면 꿩을 잡는다 : 오랜 경력을 쌓으면 못하던 것도 할 수 있게 된다는 뜻.

소도 언덕이 있어야 비빈다 : 의지할 곳이 있어야 무슨 일을 할 수 있다는 뜻.

소 잡은 터전은 없어도 밤 벗긴 자리는 있다 : 나쁜 일은 조그마한 일이라도 잘 드러난다는 뜻.

소경 기름값 내기 : 속도 모르고 남이 하는 대로 따라 하는 것을 비유.

소경 문고리 잡듯 : 우연히 어떤 일을 이루거나 맞히는 것을 비유.

소금 먹은 놈이 물을 켠다 : 무슨 일이든 거기에는 반드시 그렇게 된 까닭이 있다는 뜻.

새도 가지를 가려서 앉는다 : 처신을 가려서 잘 하라는 뜻.

새패기에 손 베었다 : 변변치 못한 사람에게 뜻밖의 해를 입었다는 뜻.

상좌가 많으면 가마솥을 깨뜨린다 : 주장하는 사람이 많으면 잘 되기는 커녕 도리어 일을 망친다는 뜻.
　=사공이 많으면 배가 산으로 간다.
상추 밭에 똥 싼 개 : 한 번 나쁜 짓을 하다가 들킨 사람은 나쁜 일이 드러날 적마다 의심을 받게 된다는 뜻.
산 밖에 난 범이요 물 밖에 난 고기 : 어떤 사람이 매우 비참한 처지에 놓인 것을 비유.
새침데기 골로 빠진다 : 얌전한 체하는 사람일수록 한번 길을 잘못 들면 걷잡을 수 없이 된다는 뜻.
섣달이 둘이라도 시원치 않다 : 아무리 시일을 연기해도 일이 이루어질 가망이 없다는 뜻. cf) 섣달 : 음력 12월.
소금이 쉰다 : 철석같이 믿었던 것이 뜻밖의 탈이 생길 수도 있음을 이르는 말. =소금도 곰팡 난다.
선무당이 장구 나무란다 : 실력이 없는 사람일수록 핑계가 많다는 뜻.
선떡 받듯이 : 흡족하지 않거나 못마땅해 하는 태도를 비유. cf) 선떡 : 잘 익지 않은 떡.
선가(船價) 없는 놈이 배에 먼저 오른다 : 실력없는 사람이 남보다 먼저 덤빈다는 뜻.
시렁 눈 부채 손 : 견식만 높고 수완이 없음을 비유. cf) 시렁 : 물건을 얹기 위해 가로지른 나무.
시앗 싸움에 요강 장수 : 두 사람의 싸움에 다른 사람이 이익을 본다는 뜻. =어부지리(漁父之利). cf) 시앗 : 남편의 첩.
시앗을 보면 길가의 돌부처도 돌아앉는다 : 남편이 첩을 얻으면 아무리 점잖은 여인도 시기한다는 뜻.
사당 치레하다가 신주 개 물려 보낸다 : 겉만 너무 꾸미려고 하다가 정작 귀중한 것을 잃어버리고 만다는 뜻. cf) 신주(神主) : 죽은 사람의 위패(位牌).
상주(喪主)보고 제삿날 다툰다 : 정확히 아는 사람에게 도리어 자기의 틀린 것을 고집한다는 뜻.
상제보다 복재기가 더 설워한다 : 어떤 일에 당사자보다도 다른 사람이 더 걱정한다는 뜻.
식혜 먹은 고양이 속 : 자기가 저지른 일이 탄로날까 두려워 근심으로 가득한 마음을 이름.
새 까먹은 소리 : 근거 없는 말. 헛소문.
생초목에 불 붙는다 : 갑자기 뜻밖의 재화를 당함을 이르는 말.
상전의 빨래에 종의 발뒤축이 희다 : 남의 일을 해주면 그만한 소득이 있다는 뜻.
술 익자 체 장수 지나간다 : 일이 우연히 잘 들어맞는 것을 비유.
사또 떠난 뒤에 나팔 분다 : 마땅히 해야 할 일을 제때가 지난 뒤에 하는 것을 조롱하는 말.
쌀독에서 인심 난다 : 부유하여야 남을 도울 수 있다는 뜻.
산밑 집에 방앗공이 논다 : 그 고장의 산물이 오히려 그 곳에서는 귀하다는 말. =대장장이 집에 식칼이 논다.
산 진 거북이요 돌 진 가재다 : 의지할 근거가 든든한 상태임을 이르는 말.
생파리 잡아떼듯 한다 : 무슨 요구나 물음에 호되게 거절하는 모양.
삼태기로 앞 가리기 : 뻔히 속이 들여다보이는 일을 속이려고 하는 어리석음을 이르는 말.
솥 떼어 놓고 삼년 : 준비는 다해 놓고 오랫동안 결정을 못 짓고 망설임을 이르는 말.
씨도둑은 못한다 : 부모와 자식은 생김새나 성질이 닮은 데가 많으므로 이를 속일 수 없다는 뜻.

생쥐 볼가심할 것도 없다 : 몹시 빈궁한 형편을 비유하는 말.

섣달이 둘이라도 시원치 않다 : 시일을 아무리 연기시켜도 일의 성공을 기할 수 없다는 뜻.

송곳도 끝부터 들어간다 : 일에는 순서가 있다는 말.

손이 들이곱지 내곱나 : 자기에게 가까운 사람에게 더 마음이 가게 되는 것이 인지상정이라는 뜻.

[ㅇ]

의붓아비 떡 치는 데는 아니 간다 : 자기에게 해롭게 될 곳에는 가지 말라는 뜻.

오뉴월 쇠불알 떨어지기만 기다린다 : 도저히 되지 않을 일을 바란다는 뜻.

얼굴에 모닥불을 담아 붓듯 : 매우 부끄러워 낯이 뜨거움을 비유.

오동나무 보고 춤춘다 : 성미가 너무 급해 미리 서두른다는 뜻. =싸전에 가서 밥 달라고 한다.

오래 앉으면 새도 살을 맞는다 : 이(利)를 바라서 한 곳에 오래 있으면 결국 화(禍)를 당하게 된다는 뜻.

억지가 사촌보다 낫다 : 억지로라도 제 힘으로 하는 것이 다른 사람에게 의지하는 것보다 낫다는 뜻.

업은 아기 삼이웃 찾는다 : 자기 몸에 지니고 있는 물건을 엉뚱하게 다른 곳에 가서 찾는다는 뜻. cf)
  삼이웃 : 이쪽저쪽의 이웃.

업어 온 중 : 싫으면서도 괄시할 수 없는 사람을 이르는 말.

익은 밥 먹고 선소리 한다 : 사리에 맞지 않는 말을 하는 사람에게 핀잔을 주는 말.

알기는 칠월 귀뚜라미 : 매사에 유식한 듯이 자랑하는 사람을 놀리는 말.

약빠른 고양이 밤눈이 어둡다 : 지나치게 약삭빠른 사람이 오히려 기회를 놓치거나 과오를 저지를 수
  있다는 뜻.

알던 정 모르던 정 없다 : 공적(公的)인 일을 하는 데는 사정(私情)을 두지 않는다는 말.

염불 못하는 중이 아궁이 불을 땐다 : 실력 없는 사람은 가장 천한 일을 맡게 된다는 뜻.

얽은 구멍에 슬기 든다 : 사람은 겉모양만 보고 판단 못한다는 뜻.

억지 춘향(春香) : 원하지 않는 일을 어쩔 수 없이 억지로 하는 것을 이르는 말.

앉은 장사 선 동무 : 견문이나 활동 범위가 좁아서 세상 물정에 어두워 자주 손해를 보는 것을 비유.

안질에 노랑 수건 : 가까이 두고 쓰는 물건. 또는 매우 친한 사람을 비유.

언덕에 둔덕 대듯 하다 : 말을 이리저리 둘러대어 거짓말을 한다는 뜻.

안벽 치고 겉벽 친다 : ① 겉으로는 도와주는 체하고 속으로는 방해한다. ② 이편에 가서는 이렇게, 저
  편에 가서는 저렇게 말하여 이간 붙인다.

이웃집 새 처녀도 내 정지에 들여세워 보아야 안다 : 사람 고르기란 몹시 힘들다는 뜻.

오뉴월 불도 쬐다 나면 섭섭하다 : 쓸모없는 것이라도 막상 없어지고 나면 서운하다는 뜻. cf) 오뉴월 :
  오월(다섯째달)과 유월(여섯째달)을 아울러 이르는 말

언 발에 오줌 누기 : 눈앞의 급한 일을 피하기 위해서 하는 임시변통을 비유.

염주도 몫몫이요 쇠뿔도 각각이다 : 무엇이나 다 각각 자기가 맡은 영역이 따로 있다는 뜻.

입찬말은 묘 앞에 가서 하여라 : 쓸데없는 장담은 하지 말라는 뜻.

언제 쓰자는 하눌타리냐 : 아무리 좋은 물건이라도 필요할 때에 쓰지 않으면 소용이 없다는 말.

아이 못 낳는 년이 밤마다 용꿈 꾼다 : 하나도 실행을 못하는 사람일수록 부질없이 환상이 많음을 비웃는 말.

얻은 떡이 두레 반 : 수고 없이 얻은 것이 힘써 만든 것보다 많다는 뜻.

염초청 굴뚝 같다 : 마음보가 검고 음흉하다.

열 소경이 풀어도 안 듣는다 : 제 고집만 내세우고 남의 말에는 귀를 기울이지 않는다는 뜻.

우선 먹기는 곶감이 좋다 : 그다지 실속은 없으나 당장 좋으니 취할 만하다는 뜻.

[ㅈ]

장대로 하늘 재기 : 되지도 않을 어리석은 일을 한다는 뜻.

재미나는 골에 범 난다 : 재미있다고 나쁜 일을 계속하면 나중에 봉변을 당한다는 뜻.

적삼 벗고 은가락지 낀다 : 격에 맞지 않는 일을 한다는 뜻.

자라 보고 놀란 가슴 소댕 보고 놀란다 : 전에 한번 놀란 사람은 그 뒤에는 사소한 일에도 놀란다는 뜻.
=불에 놀란 놈이 부지깽이만 보아도 놀란다. 더위 먹은 소 달만 봐도 헐떡인다.

장사(壯士)가 나면 용마(龍馬)가 난다 : 무슨 일이거나 잘 되어지면 좋은 기회가 저절로 생긴다는 뜻.

잣눈도 모르고 조복(朝服)을 마른다 : 아무것도 모르고 가장 어려운 일을 하려고 한다는 뜻.

주머니돈이 쌈지돈이다 : 이러나 저러나 결국은 마찬가지라는 뜻.

제사 덕에 이밥이라 : 무슨 일을 빙자해 이익을 얻는다는 뜻.

조막손이 달걀 떨어뜨린 셈 : 낭패를 보고 어쩔 줄 모른다는 말. cf) 조막손이 달걀 도둑질한다 : 자기의 능력 이상의 일을 하려고 할 때 이르는 말.

장마 도깨비 여울 건너가는 소리를 한다 : 입속으로 중얼거리며 남을 원망하는 소리나 이치에 닿지 않는 소리를 하는 것을 비유.

자발없는 귀신은 무랍도 못 얻어먹는다 : 행동이 경솔하면 얻어먹을 것도 못 얻어먹는다는 뜻. cf) 자발없다 : 참을성이 없고 경솔하다.

종이 종을 부리면 식칼로 형문(刑問)을 친다 : 남에게 눌려 지내던 사람이 높은 지위에 오르면 지난 일을 생각하지 않고 아랫사람에게 더 모질게 군다는 뜻.

주인 모르는 공사 없다 : 무슨 일이든지 주장하는 사람이 알지 못하면 되지 않는다는 말.

짚신을 뒤집어 신는다 : 몹시 인색하다는 뜻.

조개 껍데기는 녹슬지 아니한다 : 천성이 착하면 나쁜 습관에 물들지 않는다는 뜻.

자는 범 코침 주기 : 가만히 있는 것을 공연히 건드려 화(禍)를 초래한다는 뜻.

죽은 나무에 꽃이 핀다 : 보잘것없던 집안이 영화롭게 됨을 비유.

제비는 작아도 강남을 간다 : 모양은 비록 작아도 할 일은 다 한다는 뜻.

접시 밥도 담을 탓이다 : 무슨 일이나 머리를 써서 솜씨 있게 함에 달렸다는 뜻.

재강아지 눈 감은 듯하다 : 무슨 일이 요행히 발각되지 않고 감쪽같이 지나가 버리다.

장나무에 낫 걸기 : 큰 세력에 대해 턱없이 쓸데없는 대항을 해 헛수고만 한다는 뜻. =대부동(大不動)에 곁낫질이라.

자라 알 바라보듯 : 자식이나 재물 같은 것을 다른 먼 곳에 두고, 자나깨나 늘 잊지 못하고 그리는 마음을 형용하여 이르는 말.

자는 입에 콩가루 털어넣기 : ① 사리에 맞지 않는 짓을 한다. ② 남에게 좋은 일을 하는 척하면서 곤란에 빠뜨린다.

자다가 봉창 두드린다 : 갑자기 상황과 전혀 관계없는 엉뚱한 말을 불쑥 내놓는 것을 이르는 말. =아닌 밤중에 홍두깨.

자던 중도 떡 다섯 개 : 아무 일도 하지 않고 이득을 분배하는 데에 참여한다는 말.

진날 개 사귀기 : ① 귀찮고 더러운 일을 당함. ② 달갑지 않은 사람이 자꾸 따라다님. cf) 진날 : 비나 눈이 오는 날.

진날 나막신 : 몹시 요긴한 사람이나 사물을 비유.

죽는 병에도 쓸 약이 있다 : 어떠한 곤경에도 희망은 있는 것이니 낙심하지 말라는 뜻.

주인집 장 떨어지자 나그네 국 마단다 : 어떤 일이 공교롭게 잘 맞아떨어진다는 뜻.

질동이 깨뜨리고 놋동이 얻었다 : 대단찮은 것을 잃고 그보다 더 나은 것을 얻었다는 뜻.

제 사랑 제가 진다 : 본인 하기에 따라서 사랑도 받고 미움도 받는다는 뜻.

젓갈 가게에 중 : 아무 상관도 없는 사람이 나타남을 이르는 말.

[ㅊ]

처삼촌 뫼에 벌초하듯 : 일을 정성들이지 않고 건성으로 하는 것을 비유하는 말.

치마폭이 스물 네 폭이다 : 자기와 아무 상관도 없는 남의 일에 지나치게 참견한다는 뜻. =칠월 더부살이가 주인 마누라 속곳(속옷) 걱정한다.

참새를 굴레 씌우겠다 : 매우 약고 똑똑하다는 뜻.

천둥인지 지둥인지 모르겠다 : 무엇이 무엇인지 통 분간을 못 하겠다는 말.

천냥 부담에 갓모 못 칠까 : 있을 수 있는 일이며, 별로 사리에 어긋나지 않는다는 뜻.

채반이 용수가 되게 우긴다 : 가당치도 않은 의견을 끝까지 주장한다는 뜻.

차돌에 바람들면 석돌만도 못하다 : 야무진 사람이 한번 타락하면 헤픈 사람보다 더 걷잡을 수 없다는 뜻.

챈 발이 곱 챈다 : 어려움에 빠진 사람이 더욱 어렵게 됨.
초사흘 달은 잰 며느리가 본다 : (재빠른 사람이 아니면 초저녁에 나왔다가 금세 지는 초승달을 볼 수 없다는 뜻으로) 영리하고 민첩한 사람만이 작은 일까지 능히 살필 수 있음을 비유.

[ㅋ]

코 아래 진상(進上)이 제일이라 : 남의 환심을 사려면 먹이는 것이 제일 효과적이라는 말.
콩 볶아 먹다가 가마솥 깨뜨린다 : 작은 일을 실없이 하다가 큰 탈이 난다는 뜻.
콩밭에 가서 두부 찾는다 : 몹시 성급한 사람을 이름. =우물에 가 숭늉 찾는다.

[ㅌ]

태산을 넘으면 평지를 본다 : 고생 끝에 낙이 온다는 말.
턱 떨어진 개 지리산 쳐다보듯 : 되지도 않을 일을 쓸데없이 탐내는 것을 비유.
털을 뽑아 신을 삼겠다 : 정성을 다해서 은혜를 꼭 갚겠다는 뜻.
털 벗은 솔개미 : 앙상하고 볼품없이 된 것을 비유. =삽살개 뒷다리.
터진 방앗공이에 보리알 끼듯 하였다 : 공교롭게도 방해물이 끼어들었음을 이르는 말.

[ㅍ]

팥이 풀어져도 솥 안에 있다 : 손해를 본 듯하나 사실은 손해를 본 것이 없다는 뜻.
풍년 거지 쪽박 깨뜨린 형상 : 서러운 일을 당한 가운데 또 다시 서러운 일이 겹쳐 낭패를 겪는 사람을 비유. cf) 풍년 거지 : 여러 사람이 모두 이익을 보는데 자기 혼자만 빠져 이익을 보지 못한 사람.
평반(平盤)에 물 담은 듯 : 무사하고 평온한 상태를 비유.

[ㅎ]

홍두깨로 소를 몬다 : 무리한 일을 억지로 한다는 뜻.
한솥밥 먹고 송사한다 : 가까운 사이에 서로 싸우는 것을 비유.
하늘을 도리질치다 : 기세가 등등하여 두려울 것이 없는 듯이 행세하다.

황소 제 이불 뜯어 먹기 : 어떤 일을 한 결과가 결국은 자기 손해가 되었음을 이르는 말.

한 가랑이에 두 다리 넣는다 : 정신없이 설치는 모양을 이르는 말.

한 다리가 천리 : 조금이라도 핏줄이 가까운 사람에게 정이 더 간다는 뜻.

활과 과녁이 서로 맞는다 : 하려는 일과 좋은 기회가 때맞게 왔음을 이르는 말.

활을 당기어 콧물을 씻는다 : 하고 싶은 일이 있던 차에 좋은 핑계가 생겨 그 일을 한다는 뜻. =울고 싶자 때린다.

허영청(虛影廳)에 단자 걸기 : 계획이나 목적이 없이 덮어놓고 일을 하는 어리석음을 이르는 말.

한식(寒食)에 죽으나 청명(淸明)에 죽으나 : (한식과 청명은 하루 사이여서 하루 먼저 죽으나 뒤에 죽으나 마찬가지라는 뜻으로) 큰 차이가 없는 것을 비유적으로 이르는 말.

10. 고사성어 01

[ㄱ]

街談巷說(가담항설) : 길거리나 항간에 떠도는 소문.

苛斂誅求(가렴주구) : 조세를 가혹하게 징수하고 물건을 강제로 수탈함.

刻舟求劍(각주구검) : (가는 배에서 물 속에 칼을 떨어뜨리고, 떨어진 자리를 배 밑에 표시해 두었다가 나중에 칼을 찾으려 했다는 고사에서 나온 말로) 미련하고 융통성이 없음을 비유.

刻骨難忘(각골난망) : 은혜를 마음속 깊이 새겨 잊지 않음. =白骨難忘(백골난망).

肝膽相照(간담상조) : 간과 쓸개가 서로 비춤. 즉 서로 마음을 터놓고 사귀는 것을 비유.

竿頭之勢(간두지세) : 대 막대기 맨 끝에 선 것과 같이 매우 위태로운 형세. =四面楚歌(사면초가). 累卵之危(누란지위). 焦眉之急(초미지급). 風前燈火(풍전등화). 百尺竿頭(백척간두).

敢不生心(감불생심) : 힘이 부치어 감히 마음먹지 못함. =焉敢生心(언감생심)

甲男乙女(갑남을녀) : 보통 평범한 사람들. =張三李四(장삼이사). 匹夫匹婦(필부필부). 善男善女(선남선녀).

甘呑苦吐(감탄고토) : 달면 삼키고 쓰면 뱉는다.

蓋世之才(개세지재) : 세상을 뒤덮을 만한 뛰어난 재주.

去頭截尾(거두절미) : 머리와 꼬리는 잘라 버리고 일의 요점만 말함.

隔世之感(격세지감) : 그리 오래 되지 않은 동안에 진보나 변화가 심하여 딴 세대(世代)처럼 몹시 달라진 느낌.

乾坤一擲(건곤일척) : 운명과 흥망을 걸고 단판걸이로 승부나 성패를 겨룸.

格物致知(격물치지) : 사물의 이치를 연구하여 지식을 명확히 함.

犬馬之勞(견마지로) : (개나 말이 주인에게 충성스러운 데서 나온 말로) 윗사람에게 바치는 자기의 충성과 노력을 겸손하게 이르는 말.

牽強附會(견강부회) : 가당치도 않은 말을 억지로 끌어다 붙여 조건이나 이치에 맞추려고 함.

見物生心(견물생심) : 물건을 보면 가지고 싶은 욕심이 생긴다는 뜻.

見蚊拔劍(견문발검) : 모기 보고 칼 빼기. 즉 작은 일에 큰 대책을 세우거나, 시시한 일에 화를 내는 것을 비유. =牛刀割鷄(우도할계).

犬兎之爭(견토지쟁) : (개와 토끼가 서로 쫓고 쫓기다가 둘 다 지쳐서 죽자 지나가는 사람이 둘 다 가지게 되었다는 고사에서 나온 말로) 양자 싸움에 제삼자가 이익을 얻게 됨을 비유. =漁夫之利(어부지리),

結者解之(결자해지) : 맺은 자가 풀어야 한다는 뜻으로, 자기가 저지른 일은 자기가 해결해야 한다는 말.

犬猿之間(견원지간) : 개와 원숭이의 사이처럼 매우 사이가 나쁜 관계를 비유.

經天緯地(경천위지) : 하늘을 다스리고 땅을 다스림. 즉 온 천하를 경륜하여 다스림.

傾國之色(경국지색) : 나라 안에서 으뜸가는 미인. 임금이 혹하여 나라가 뒤집혀도 모를 만큼 뛰어난 미인을 말함.

經國濟世(경국제세) : 나라를 잘 다스려 도탄에 빠진 백성을 구제함. ('經濟'는 이것의 준말.)

敬而遠之(경이원지) : 겉으로는 존경하는 체하면서 속으로는 멀리함. (준말) 敬遠(경원).

姑息之計(고식지계) : 잠시만을 모면하기 위한 일시적인 계교. =彌縫策(미봉책).

股肱之臣(고굉지신) : 자신의 팔다리와 같이 믿는 충성스러운 신하.

膏梁珍味(고량진미) : 살찐 고기와 좋은 곡식으로 만든 맛있는 음식. =珍羞盛饌(진수성찬). 山海珍味(산해진미). 龍味鳳湯(용미봉탕).

苦盡甘來(고진감래) : 쓴 것이 다하면 단 것이 온다. 즉 고생 끝에 영화가 온다는 뜻.

骨肉相殘(골육상잔) : ① 부자나 형제 등 혈연관계에 있는 사람끼리 서로 싸우는 일. ② 같은 민족끼리 싸우는 일.

曲學阿世(곡학아세) : 그릇된 학문을 하여 세상에 아첨함.

孔子穿珠(공자천주) : 공자가 구부러진 구슬 구멍에 실을 꿰려다 이루지 못하고 하찮은 촌부(村夫)에게서 비결을 배웠다는 고사에서 나온 말로, 하찮은 사람에게도 배울 지혜가 있다는 뜻.

過猶不及(과유불급) : 정도를 지나침은 오히려 미치지 못함과 같다. cf) 過恭非禮(과공비례) : 지나치게 공손한 것은 오히려 예의에 벗어남.

刮目相對(괄목상대) : 눈을 비비고 자세히 봄. 즉 남의 학식이나 재주가 부쩍 늘은 것을 칭찬하여 이르는 말.

管鮑之交(관포지교) : (옛날 중국의 관중과 포숙이 신분이 천하였을 때부터 부귀해진 뒤까지 우정이 두터웠다는 고사에서 온 말로) 친구 사이의 다정하고 허물없는 교제를 일컬음.

管中之天(관중지천) : 대롱의 좁은 구멍으로 하늘을 봄. 즉 매우 좁은 소견을 비유.

矯角殺牛(교각살우) : 뿔을 고치려다 소를 죽임. 즉 작은 일에 힘쓰다가 큰 일을 망친다는 뜻. =小貪大失(소탐대실).

巧言令色(교언영색) : 남의 환심을 사려고 아첨하는 교묘한 말과 보기 좋게 꾸미는 얼굴빛.

九牛一毛(구우일모) : 아홉 마리 소 중에 하나의 털. 즉 많은 가운데서 아주 적은 것을 비유.

口尙乳臭(구상유취) : 입에서 젖비린내가 남. 즉 말과 행동이 유치한 것을 이름.

狗尾續貂(구미속초) : 개꼬리를 담비꼬리에 잇는다. 즉 훌륭한 것에 하찮은 것이 뒤를 잇는다는 뜻.

群盲撫象(군맹무상) : 장님 코끼리 만지기. 즉 사물을 자기의 좁은 소견과 주관으로 그릇 판단한다는 뜻.

群鷄一鶴(군계일학) : 많은 닭 가운데 한 마리의 학. 즉 평범한 사람들 가운데서 뛰어난 인물을 이르는 말.

君子三樂(군자삼락) : 맹자가 말한 군자의 세 가지 낙(樂)으로, ① 부모 생존(生存), 형제 무고(無故). ② 하늘과 남에게 부끄러워 할 것이 없음. ③ 천하의 영재(英才)를 얻어 가르침.

貴鵠賤鷄(귀곡천계) : 고니를 귀하게 여기고 닭을 천하게 여긴다. 즉 가까이 있는 것은 천하게 여기고, 먼 데 있는 것을 귀하게 여긴다는 뜻.

捲土重來(권토중래) : 한 번 패한 자가 다시 세력을 일으켜 처음 뜻을 관철하려고 노력함.

龜毛兎角(귀모토각) : 거북의 털과 토끼의 뿔. 즉 도무지 있을 수 없는 일을 비유.

近墨者黑(근묵자흑) : 먹을 가까이 하면 검어진다. 즉 사람은 주위 환경에 영향을 받기 쉬우니 조심하라는 뜻. =近朱者赤(근주자적).

金科玉條(금과옥조) : 금옥(金玉)과 같이 몹시 귀중히 여기는 법칙이나 규정.

金石盟約(금석맹약) : 쇠와 돌같이 굳게 맹세한 약속.

錦上添花(금상첨화) : 비단 위에 꽃을 더한다. 즉 좋은 것에다 더욱 좋은 것을 더한다는 뜻. (반) 雪上加霜(설상가상).

錦衣夜行(금의야행) : 비단옷 입고 밤길 걷기. 즉 아무 보람없는 행동을 비유하는 말.

金枝玉葉(금지옥엽) : (금으로 된 가지와 옥으로 된 잎이란 뜻으로) 아주 귀한 자손을 이르는 말.

權不十年(권불십년) : 아무리 높은 권세라도 10년을 가지 못한다는 말. =花無十日紅(화무십일홍)

鷄鳴狗盜(계명구도) : (중국 제나라의 맹상군이 진나라에 잡혔을 때 닭 울음소리와 개 짖는 소리를 잘 내는 사람의 도움으로 피할 수 있었다는 고사에서 유래된 것으로) 비굴하게 남을 속이는 하찮은 재주. 또는 그런 재주를 가진 사람을 이르는 말.

鷄口牛後(계구우후) : (소의 꼬리보다는 닭의 부리가 되라는 뜻으로) 큰 단체의 말석보다는 작은 단체의 우두머리가 되는 것이 낫다는 말.

口蜜腹劍(구밀복검) : (입으로는 달콤한 말을 하면서 뱃속에는 칼을 지녔다는 뜻으로) 겉으로는 친한 체하나 속으로는 해칠 생각을 가지는 것을 비유. =面從腹背(면종복배). 表裏不同(표리부동).

膠柱鼓瑟(교주고슬) : (비파나 거문고의 기둥을 아교풀로 붙이면 한 가지 소리밖에 나지 않는다는 뜻으로) 규칙에 얽매이어 고지식하고 융통성이 없음을 비유.

苦肉之計(고육지계) : 어려운 사태에서 벗어나기 위해 제 몸을 괴롭히면서까지 짜내는 계획. =苦肉策(고육책).

決河之勢(결하지세) : 홍수가 나서 둑을 터뜨리고 넘쳐 흐르는 기세라는 뜻으로, 갑자기 닥치는 걷잡을 수 없는 세찬 기세를 비유.

蓋棺事定(개관사정) : 관 뚜껑을 덮은 뒤에야 비로소 그 사람의 가치나 평가를 알 수 있다는 말.

結草報恩(결초보은) : (은혜를 입은 사람이 혼령이 되어 풀포기를 묶어 놓아 적이 걸려 넘어지게 함으로써 은인을 구해 주었다는 고사에서 나온 말로) 무슨 일이 있어도 은혜를 잊지 않고 갚는다는 뜻.

枯木生花(고목생화) : 고목에서 꽃이 핀다는 뜻으로, 불우했던 사람이 뜻밖의 행운을 만나게 됨을 비유.

金蘭之交(금란지교) : (둘이 합심하면 그 단단하기가 쇠를 자를 수 있고, 우정의 아름다움은 난의 향기와 같다는 뜻으로) 친구 사이의 굳고 아름다운 우정을 이르는 말. =斷金之交(단금지교).

[ㄴ]

落穽下石(낙정하석) : 우물에 빠진 사람에게 돌을 던짐. 즉 남이 어려운 처지에 놓였을 때 도와주기는커녕 도리어 더 괴롭힌다는 뜻.

難兄難弟(난형난제) : 누구를 형이라 하고 누구

를 동생이라 할 지 판단하기 어렵다. 즉 두 사물의 우열을 가리기 어렵다는 뜻. =伯仲之間(백중지간).

南柯一夢(남가일몽) : 꿈과 같이 헛된 한때의 부귀영화를 비유. =一場春夢(일장춘몽). 盧生之夢(노생지몽). 邯鄲之夢(한단지몽).

南橘北枳(남귤북지) : 남쪽 땅의 귤나무를 북쪽 땅에 옮겨 심으면 탱자나무가 된다. 즉 사람도 환경에 따라 선하게도 되고 악하게도 된다는 것을 비유.

論功行賞(논공행상) : 공이 있고 없음이나 크고 작음에 따라 알맞은 상을 내림.

落眉之厄(낙미지액) : 눈썹에 떨어진 액(厄)이란 뜻으로, 갑자기 닥친 뜻밖의 재앙을 이르는 말.

囊中之錐(낭중지추) : (주머니 속에 있는 송곳은 아무리 감추어도 끝이 드러나듯이) 재능이 뛰어난 사람은 숨어 있어도 자연히 사람들에게 알려진다는 뜻.

囊中取物(낭중취물) : 주머니 속에 든 것을 꺼내는 것과 같이 아주 쉬운 일이라는 뜻. =如反掌(여반장).

老驥伏櫪(노기복력) : 천리마가 늙도록 마굿간에 엎드려 있음. 즉 유능한 인물이 늙도록 때를 만나지 못함을 비유.

籠鳥戀雲(농조연운) : 새장 속의 새는 구름을 그리워한다. 즉 몸을 속박당한 사람은 자유를 그리워한다는 뜻.

弩末之勢(노말지세) : 큰 활 끝의 세. 즉 무섭게 밀려오는 세력을 비유하는 말.

陵谷之變(능곡지변) : 언덕과 골짜기가 서로 뒤바뀌는 변화. 즉 세상일의 극심한 변화를 이르는 말. =桑田碧海(상전벽해).

陵雲之志(능운지지) : 높은 구름도 뛰어넘을 만한 높은 뜻. =靑雲之志(청운지지).

[ㄷ]

多岐亡羊(다기망양) : 달아난 양을 찾는데 길이 여러 갈래로 갈려 양을 잃었다. 즉 학문의 길이 다방면으로 갈리면 진리를 얻기 어려움을 비유하는 말. =亡羊之歎(망양지탄).

簞食瓢飮(단사표음) : 대그릇의 밥과 표주박의 물이라는 뜻으로, 매우 소박한 생활 또는 매우 가난한 생활을 비유하는 말.

斷機之戒(단기지계) : (맹자가 수학 도중에 돌아왔을 때 그의 어머니가 베틀의 실을 끊어 훈계했다는 고사에서 온 말로) 학문을 중도에 그만두는 것을 경계하는 말.

螳螂拒轍(당랑거철) : (사마귀가 앞발을 들고 수레바퀴를 멈추려 했다는 고사에서 온 말로) 약자가 제 분수도 모르고 강자에게 덤벼드는 것을 비유.

對牛彈琴(대우탄금) : 소에게 거문고 소리를 들려줌. 즉 어리석은 자에게는 진리를 가르쳐 주어도 소용이 없음을 비유.

戴盆望天(대분망천) : 동이를 이고 하늘을 바라보려고 한다는 뜻으로, 동시에 두 가지 일을 할 수 없음을 비유하는 말.

同價紅裳(동가홍상) : 같은 값이면 다홍 치마. 즉 같은 값이면 품질이 좋은 것을 택한다는 뜻.

同明相照(동명상조) : 대개 서로 비슷한 무리들끼리 같이 어울린다는 뜻.

同病相憐(동병상련) : 같은 병을 가진 사람끼리 서로 가엾게 여긴다. 즉 처지가 비슷한 사람끼리 서로 동정한다는 뜻.

棟折榱崩(동절최붕) : 기둥이 부러지면 서까래

도 무너진다. 즉 중심이 되는 인물이 무너지면 다른 사람들도 위태롭다는 뜻.

凍足放尿(동족방뇨) : 언 발에 오줌 누기. 즉 임시방책은 되나 효력이 금방 없어짐을 비유. =姑息之計(고식지계)

登高自卑(등고자비) : ① 높은 곳에 오르기 위해 낮은 곳에서부터 시작한다는 뜻으로, 모든 일은 순서대로 해야 함을 이르는 말. ② 지위가 높아질수록 스스로를 낮추어야 함.

鈍筆勝聰(둔필승총) : 서투른 글이 총명함보다 낫다. 즉 서투른 필적이라도 글씨를 써서 남겨 놓는 것이 사람의 기억에 의존하는 것보다 낫다는 뜻.

無所不爲(무소불위) : 하지 못하는 일이 없음.

同工異曲(동공이곡) : 기술이나 재주는 같으나 그 곡(曲)이 다름. 즉 기교는 모두 훌륭하나 그 내용이 서로 다르다는 뜻.

[ㅁ]

麻中之蓬(마중지봉) : 삼밭에 있는 쑥대가 곧게 잘 자라듯이, 사람도 좋은 환경에서 자라면 그 영향을 받아서 선량해진다는 뜻.

夢中說夢(몽중설몽) : 꿈속에서 꿈이야기를 하듯이 종잡을 수 없는 말을 함.

勿失好機(물실호기) : 좋은 기회를 놓치지 않음.

馬耳東風(마이동풍) : 남의 의견이나 충고를 귀담아 듣지 않고 흘려 버림.

望雲之情(망운지정) : 멀리 떠나 온 자식이 고향의 부모를 그리는 마음.

明鏡止水(명경지수) : 맑은 거울과 고요한 물이라는 뜻으로, 잡념과 허욕이 없이 맑고 깨끗한 마음을 비유.

目不識丁(목불식정) : 낫 놓고 기역자도 모를 정도로 무식하다는 뜻.

門前沃畓(문전옥답) : 집 앞 가까이에 있는 기름진 논이라는 뜻으로, 많은 재산을 비유하는 말.

亡子計齒(망자계치) : 죽은 자식 나이 세기. 즉 이왕 그릇된 일은 생각하여도 소용이 없다는 뜻.

猫頭懸鈴(묘두현령) : (쥐가 고양이 목에 방울 달기라는 뜻으로) 실행하지 못할 것을 헛되이 논의함을 이르는 말.

武陵桃源(무릉도원) : 속세를 떠난 평화롭고 살기 좋은 '별천지(別天地)'나 '이상향(理想鄕)'을 비유하는 말. 중국 무릉 땅에 사는 사람이 복숭아숲을 따라가다가 살기 좋은 이상향을 발견했다는 고사에서 유래. =桃源鄕(도원향),

無爲自然(무위자연) : 사람의 힘을 들이지 않은 그대로의 자연.

刎頸之交(문경지교) : 생사를 같이 하는 친한 사귐. 또는 그런 벗.

尾生之信(미생지신) : 중국 춘추 시대에 미생(尾生)이란 사람이 다리 밑에서 만나자고 한 여자와의 약속을 지키기 위해 홍수에도 피하지 않고 기다리다가 물에 빠져 죽었다는 고사에서 온 말로, 융통성이 없이 약속만을 굳게 지킴을 비유.

[ㅂ]

反面敎師(반면교사) : 따르거나 되풀이해서는 안되는 나쁜 본보기, 사람이나 일을 뜻함.

拔本塞源(발본색원) : 폐단의 근원을 아주 뽑아서 없애 버림.

反哺之孝(반포지효) : (까마귀 새끼가 자란 뒤에 늙은 어미에게 먹이를 물어다 주는 효도라는 뜻으로) 자식이 커서 부모의 은혜에 보답함을 비유.

百年河淸(백년하청) : 중국의 황하가 항상 흐리어 맑을 때가 없었다는 데서 나온 말로, 아무리 세월이 흘러도 일이 이루어질 가망이 없음을 비유.

白面書生(백면서생) : 얼굴이 흰 선비. 즉 오로지 글만 읽고 세상일에는 경험이 없는 사람을 이르는 말.

不俱戴天(불구대천) : 하늘을 같이 이지 못한다는 뜻으로, 이 세상에서는 같이 살 수 없을 만큼 큰 원한(怨恨)을 비유. =氷炭之間(빙탄지간).

覆車之戒(복차지계) : 앞의 수레가 엎어지는 것을 보고 뒤의 수레는 미리 조심하여 엎어지지 않도록 한다는 말로, 이전 사람의 실패를 거울삼아 경계한다는 뜻. =不踏覆轍(부답복철).

負薪入火(부신입화) : 장작을 등에 지고 불속으로 뛰어든다. 즉 매우 위험한 일을 자초한다는 뜻.

方枘圓鑿(방예원조) : 모난 자루와 둥근 구멍이란 뜻으로, 사물이 서로 맞지 않는 것을 비유하는 말. (준말) 柄鑿(예조).

夫唱婦隨(부창부수) : 남편이 주장하고 아내가 이에 잘 따른다는 뜻으로, 부부 사이의 화합하는 도리를 비유적으로 이르는 말.

蚌鷸之爭(방휼지쟁) : 방합과 도요새가 다투는 사이 어부가 와서 둘 다 잡았다는 고사에서 유래된 말로, '제삼자만 이롭게 하는 다툼'을 이르는 말. =漁父之利(어부지리). 犬兎之爭(견토지쟁).

附和雷同(부화뇌동) : 아무런 주견(主見)이 없이 남의 의견이나 행동에 덩달아 따름.

不撓不屈(불요불굴) : 마음이 굳세어 어떠한 곤란에도 흔들리지 않고 굽히지도 아니함. =百折不屈(백절불굴)

鵬程萬里(붕정만리) : 붕새가 날아갈 길이 만리라는 뜻으로, '머나먼 앞길' 또는 '앞날이 아주 밝음'을 비유.

牝鷄司晨(빈계사신) : 암탉이 먼저 운다는 뜻으로, 여자가 남편을 제쳐놓고 자기 마음대로 일을 처리함을 비유.

憑公營私(빙공영사) : 공적인 일을 빙자하여 개인의 이익을 꾀함.

髀肉之歎(비육지탄) : 오랫동안 말을 타고 전쟁에 나가지 못해 살만 찌는 것을 탄식한다는 말로, 영웅이 재능을 발휘할 기회를 가지지 못하고 헛되이 세월만 보냄을 한탄한다는 뜻.

本末顚倒(본말전도) : 일의 주가 되는 중요한 것과 대수롭지 않은 것을 뒤바꿔 잘못 이해하거나 처리함.

不愧屋漏(불괴옥루) : 군자는 남이 보지 않는 곳에서도 행동을 신중히 해 부끄럽지 아니함을 이르는 말.

不恥下問(불치하문) : (학식, 지위, 나이 따위가) 자기보다 아래인 사람에게 묻는 일을 부끄러워하지 아니함.

[ㅅ]

四面楚歌(사면초가) : 중국 초(楚)나라 항우가 한(漢)나라 군사에게 포위당했을 때 사방에서 초나라 노래가 들려왔다는 고사에서 온 말로, 사면이 모두 적에게 포위된 상태 또는 아무에게도 도움을 받을 수 없는 절망적인 상태를 이르는 말.

沙上樓閣(사상누각) : 모래 위에 세운 누각이라는 뜻으로, 사물의 기초가 튼튼하지 못하여 오래 견디지 못함을 비유. =空中樓閣(공중누각).

山紫水明(산자수명) : 산은 자줏빛이고 물은 맑다. 즉 산수의 경치가 썩 좋음을 말함.

森羅萬象(삼라만상) : 우주 안에 있는 모든 사물과 현상. =萬彙群象(만휘군상).

三人成虎(삼인성호) : 세 사람이 짜고 범이 거리에 나타났다고 하면 사람들이 믿듯이 거짓말도 여러 사람이 하면 곧이 듣는다는 뜻.

斯文亂賊(사문난적) : 유교에서 교리를 어지럽히고 그 사상에 어긋나는 말이나 행동을 하는 사람을 이르는 말.

三顧草廬(삼고초려) : 중국 삼국시대에 유비가 제갈양을 영입하기 위해 그의 초가집을 세 번이나 찾아갔다는 고사에서 온 말로, 인재를 얻기 위해 참을성 있게 노력하는 것을 이르는 말.

桑田碧海(상전벽해) : 뽕나무밭이 변하여 푸른 바다가 됨. 즉 세상일의 변화가 극심한 것을 비유.

塞翁之馬(새옹지마) : 인간 세상의 길흉화복(吉凶禍福)은 서로 순환하기 때문에 화가 복이 될 수도 복이 화가 될 수도 있다는 뜻. =轉禍爲福(전화위복).

雪上加霜(설상가상) : 눈 위에 서리가 더함. 즉 불행이 거듭 생김을 비유.

舌底有斧(설저유부) : 혀 밑에 도끼가 들었다. 즉 말을 잘못하면 화를 입게 되니 말조심하라는 뜻. =舌芒於劍(설망어검).

聲東擊西(성동격서) : 동쪽에서 소리내고 서쪽을 침. 즉 이쪽을 공격하는 체하다가 그 반대쪽을 치는 위장전술을 이르는 말.

笑裏藏刀(소리장도) : 웃음 속에 칼을 감춘다. 즉 말로는 좋게 하나 속으로는 해칠 뜻을 가짐.

松茂柏悅(송무백열) : 소나무가 무성하면 잣나무가 기뻐한다. 즉 벗이 잘되는 것을 기뻐함을 비유.

熟習難堂(숙습난당) : 무슨 일이나 익숙한 사람에게는 당해내기 어려움. cf) 熟習難防(숙습난방) : 몸에 밴 습관은 고치기 어려움.

宋襄之仁(송양지인) : 중국 송나라 양공(襄公)이 쓸데없이 어진 체하다가 싸움에서 패했다는 고사에서 나온 말로, 너무 착하기만 하여 쓸데없는 아량을 베푸는 것을 비유.

首邱初心(수구초심) : 여우는 죽을 때 제가 살던 언덕 쪽으로 머리를 향한다. 즉 고향을 그리워하는 마음을 비유하여 이르는 말.

壽福康寧(수복강녕) : 오래 살고 행복하고 건강하고 평안함.

水魚之交(수어지교) : 물과 고기가 떨어질 수 없듯이 아주 친밀하여 떨어질 수 없는 사이를 말함.

菽麥不辨(숙맥불변) : 콩과 보리를 분간할 줄 모른다는 뜻으로, 어리석고 못난 사람을 비유하는 말. (준말) 菽麥(숙맥).

脣亡齒寒(순망치한) : 입술이 없으면 이가 시리다. 즉 가까운 사이의 하나가 망하면 다른 한편도 온전하기 어렵다는 뜻.

升堂入室(승당입실) : 마루를 거쳐 방으로 들어간다. 즉 어떤 일이나 순서가 있음을 이르는 말.

鰣魚多骨(시어다골) : 맛이 좋은 준치는 가시가 많다. 즉 좋은 일에는 방해가 많다는 뜻. =好事多魔(호사다마).

水積成川(수적성천) : 물방울이 모여 내를 이룸. 즉 작은 것들이 모여 큰 것을 달성함을 비유.

是非之心(시비지심) : 옳고 그름을 가릴 줄 아는 마음. cf) 孰是孰非(숙시숙비) : 누가 옳고 그른지 가리기 어려움.

識字憂患(식자우환) : 학식이 있어서 도리어 근심을 사게 된다는 뜻.

身言書判(신언서판) : 예전에, 인물을 선택하는 데 표준으로 삼던 조건. 곧 신수, 말씨, 문필, 판단력 네 가지를 이른다.

實事求是(실사구시) : 사실에 바탕을 두어 진리를 탐구하는 일.

心心相印(심심상인) : 마음과 마음으로 서로 뜻이 통함 =以心傳心(이심전심). 不立文字(불립문자). 教外別傳(교외별전). 拈華微笑(염화미소).

十匙一飯(십시일반) : 열 사람이 밥 한 술씩 보태면 한 사람 먹을 분량이 된다. 즉 여러 사람이 힘을 합치면 한 사람을 돕기는 쉽다는 뜻.

十盲一杖(십맹일장) : 열 소경(장님)에 한 막대기. 즉 여러 곳에 긴요하게 쓰이는 물건을 비유.

山林處士(산림처사) : 속세를 떠나 깊은 산속에 숨어 사는 선비. =巖穴之士(암혈지사).

雪膚花容(설부화용) : 눈처럼 흰 살결과 꽃같이 예쁜 얼굴. 즉 아름다운 여인의 모습을 이름. =花容月態(화용월태).

蕭墻之變(소장지변) : 내부(집안)에서 일어난 변란. =自中之亂(자중지란)

水滴石穿(수적석천) : 물방울도 오래 떨어지면 돌을 뚫는다. 즉 끊임없이 노력하면 아무리 어려운 일이라도 이룰 수 있다는 뜻.

[ㅇ]

阿鼻叫喚(아비규환) : 계속되는 심한 고통으로 울부짖는 참상을 형용하는 말.

我田引水(아전인수) : 자기 논에 물대기. 무슨 일을 자기에게 이롭게 되도록 생각하거나 행동함을 이르는 말

王侯將相(왕후장상) : 왕과 제후, 장수와 재상을 아울러 이르는 말.

安貧樂道(안빈낙도) : 비록 가난하지만 편안한 마음으로 제 분수를 지키며 살아감.

良禽擇木(양금택목) : 새도 가지를 가려 앉는다. 즉 현명한 사람은 현명한 주인을 가려서 섬긴다는 뜻.

羊頭狗肉(양두구육) : 양의 머리를 내걸어 실제로는 개고기를 판다. 즉 겉으로는 훌륭하게 내세우나 속은 변변찮다는 뜻.

梁上君子(양상군자) : 중국 후한(後漢) 때 진식이라는 사람이 대들보 위에 숨어 있던 도둑을 가리켜 '양상(梁上)의 군자(君子)'라고 한데서 온 말로, '도둑'을 완곡하게 이르는 말.

掩耳盜鈴(엄이도령) : 귀를 가리고 방울을 훔친다는 뜻으로, 다 드러난 것을 얕은 꾀로 속이고자 함을 비유.

魚魯不辨(어로불변) : 어(魚)자와 노(魯)자를 분간 못할 정도로 매우 무식하다는 뜻. =目不識丁(목불식정)

如履薄氷(여리박빙) : 살얼음을 밟는 것과 같이 매우 위태롭다는 뜻. cf) 如坐針席(여좌침석) : 바늘 방석에 앉은 것처럼 마음이 편안하지 못함.

緣木求魚(연목구어) : 나무에 올라가서 물고기를 구하려 함. 즉 불가능한 일을 시도하는 것을 비유.

拈華微笑(염화미소) : 석가모니가 설법 도중 연꽃 한 송이를 대중에게 보이자 오직 가섭만이 그 뜻을 깨닫고 미소지어 석가는 그에게 불법을 주었다는 고사에서 온 말로, 마음에서 마음으로 뜻을 전하는 것을 비유.

易地思之(역지사지) : 처지를 바꾸어서 생각함.

烏飛梨落(오비이락) : 까마귀 날자 배 떨어진다. 즉 우연의 일치로 뜻밖에 남의 의심을 받게 되었다는 뜻.

吳越同舟(오월동주) : 오나라 사람과 월나라 사람이 같은 배를 탐. 즉 사이가 나쁜 사람끼리 같은 장소나 같은 처지에 놓인 것을 비유.

屋上架屋(옥상가옥) : 지붕 위에 거듭 지붕을 얹는다는 뜻으로, 사물의 쓸데없는 중복을 비유하는 말.

玉石混淆(옥석혼효) : 돌과 옥이 섞여 있다는 뜻으로, 좋은 것과 나쁜 것이 한데 섞여 있음을 비유.

溫故知新(온고지신) : 옛 것을 익히고 그것을 미루어서 새 것을 앎.

蝸角之爭(와각지쟁) : 달팽이의 뿔 위에서의 싸움이라는 뜻으로, 작은 나라끼리 싸우거나 하찮은 일로 싸우는 것을 비유.

臥薪嘗膽(와신상담) : 중국 오(吳)나라의 왕 부차가 섶에 누워 자면서 월(越)나라 왕 구천에게 복수할 것을 맹세하였고, 또 구천이 쓸개를 핥으면서 부차에게 복수할 것을 잊지 않았다는 고사에서 나온 말로, 원수를 갚거나 어떤 목적을 이루기 위해 고생을 참고 견디는 것을 비유.

牛溲馬勃(우수마발) : 소의 오줌과 말똥. 즉 가치없는 물건 또는 가치없는 말이나 글을 비유하여 이르는 말.

牛耳讀經(우이독경) : 소귀에 경 읽기. 즉 아무리 가르쳐도 알아듣지 못함.

雨後竹筍(우후죽순) : 비가 온 뒤에 죽순이 무럭무럭 솟는 것처럼 어떤 사물이 일시에 많이 생김을 비유.

月盈則食(월영즉식) : 달도 차면 기운다. 즉 무슨 일이든지 한번 성하면 반드시 쇠하게 된다는 뜻.

慾哭逢打(욕곡봉타) : 울고 싶던 차에 매를 맞아서 운다. 즉 어떤 일을 하고 싶던 차에 좋은 핑계가 생겼다는 뜻.

流芳百世(유방백세) : 꽃다운 이름을 후세에 길이 전함. cf) 遺臭萬年(유취만년) : 불명예스럽거나 추악한 이름을 오래도록 남김.

陰德陽報(음덕양보) : 남모르게 덕을 쌓은 사람은 반드시 뒤에 복을 받는다는 뜻.

吟風弄月(음풍농월) : 맑은 바람과 밝은 달을 벗삼아 시를 짓고 즐겁게 놂. (준말) 風月(풍월).

飮灰洗胃(음회세위) : 재를 마시고 위를 씻는다. 즉 마음을 고쳐 먹고 새 사람이 된다는 뜻. =改過遷善(개과천선).

泣斬馬謖(읍참마속) : 마속이 군령(軍令)을 어겨 싸움에서 패하자 제갈량이 울면서 그를 참형에 처했다는 고사에서 나온 말로, 큰 목적을 위해 자기가 아끼는 사람을 버리는 것을 이르는 말.

以卵擊石(이란격석) : 계란으로 바위 치기. 약한 것으로 강한 것에 대항하려는 어리석음을 이르는 말.

易如反掌(이여반장) : 손바닥을 뒤집는 것과 같이 일이 매우 쉽다는 뜻.

益者三友(익자삼우) : 사귀어서 자기에게 유익한 세 벗. 즉 정직한 벗, 신의 있는 벗, 지식 있는 벗을 말한다.

泥田鬪狗(이전투구) : (진흙탕에서 싸우는 개라는 뜻으로) 명분이 서지 않는 일로 몰골사납게 싸우는 것을 이르는 말.

因循姑息(인순고식) : 낡은 습관이나 폐단을 고치지 못하고 눈앞의 안일만을 취함.

一箭雙鵰(일전쌍조) : 화살 하나로 새 두 마리를 떨어뜨린다. 즉 한 가지 일로 두 가지 이득을 취한다는 뜻. =一擧兩得(일거양득). 一石二鳥(일석이조).

一敗塗地(일패도지) : 여지없이 패하여 다시 일어날 수 없게 됨.

立身揚名(입신양명) : 출세하여 세상에 이름을 드날림.

臨耕掘井(임경굴정) : 논을 갈 때가 되어서야 우물을 판다는 뜻으로, 미리 준비를 않고 있다가 일이 임박해서야 서두름을 비유.

炎涼世態(염량세태) : 권세가 있을 때는 붙어 있다가 권세가 없어지면 버린다는 뜻으로, 세상 인심의 박정함을 이르는 말. =炎附寒棄(염부한기).

流離乞食(유리걸식) : 정처 없이 떠돌아다니며 빌어먹음.

殷鑑不遠(은감불원) : 중국 은나라 사람이 경계해야 할 것은 먼 데 있지 않고 바로 전대(前代)인 하나라 걸왕의 학정에 있다는 뜻으로, 다른 사람의 실패를 자신의 경계로 삼으라는 말.

[ㅈ]

自家撞着(자가당착) : 말이나 행동의 앞뒤가 서로 맞지 않고 모순됨.

自繩自縛(자승자박) : 제가 만든 줄로 제 목을 옭아 묶는다. 즉 자기의 언행으로 말미암아 자기가 괴로움을 받게 된다는 뜻. =自業自得(자업자득).

張三李四(장삼이사) : 장서방의 셋째 아들과 이 서방의 넷째 아들. 즉 어디에나 있는 평범한 사람을 비유하는 말.

將計就計(장계취계) : 상대편의 계략을 미리 알아채고 그것을 역이용하는 계략.

切齒腐心(절치부심) : 몹시 분하여 이를 갈며 속을 썩임.

切磋琢磨(절차탁마) : 옥이나 돌 따위를 갈고 깎는 것과 같이 학문이나 덕행을 힘써 닦음.

頂門一鍼(정문일침) : 정수리에 침을 놓는다는 뜻으로, 따끔한 충고나 교훈을 이르는 말.

井底之蛙(정저지와) : 우물 안 개구리. 즉 견문이 좁고 세상 물정을 모르는 사람을 비유하는 말. =坐井觀天(좌정관천).

鼎足之勢(정족지세) : 솥발처럼 세 세력이 맞서 대립하는 형세(形勢).

諸行無常(제행무상) : 우주의 모든 사물은 늘 돌고 변해 한 모양으로 머물러 있지 않음.

糟糠之妻(조강지처) : 지게미와 쌀겨를 같이 먹던 아내. 즉 가난하고 천할 때에 고생을 함께 겪어 온 아내라는 뜻.

朝令暮改(조령모개) : 아침에 명령을 내렸다가 저녁에 다시 고침. 즉 계획이나 결정 따위를 자꾸 바꾸어서 갈피를 잡기가 어려움을 이르는 말. =朝變夕改(조변석개).

朝露人生(조로인생) : 아침 이슬이 금방 사라지듯이 인생은 짧고 덧없다는 뜻. =草露人生(초로인생),

朝三暮四(조삼모사) : 자기의 이익을 위해 교활한 꾀를 써서 남을 속이는 것을 이르는 말.

存亡之秋(존망지추) : 존재하느냐 멸망하느냐의 매우 위급한 때.

左顧右眄(좌고우면) : 왼쪽을 돌아보고 오른쪽을 살핌. 즉 무슨 일을 얼른 결정짓지 못하고 망설인다는 뜻.

走馬加鞭(주마가편) : 달리는 말에 채찍질을 더함. 즉 지금 잘하고 있는 사람을 더욱 잘하도록 재촉한다는 뜻.

走馬看山(주마간산) : 말을 타고 달리면서 산천을 구경한다. 즉 바빠서 자세히 보지 못하고 대충 지나친다는 뜻.

走獐落兎(주장낙토) : 노루를 쫓다보니 토끼가 걸렸다. 즉 뜻밖의 이익을 얻음을 이르는 말.

酒池肉林(주지육림) : 술은 못을 이루고 고기는 숲을 이룬다. 즉 호화로운 잔치나 호화로운 생활을 이르는 말.

竹馬故友(죽마고우) : 대나무를 말처럼 사타구니에 끼고 다니던 때의 친구. 즉 어릴 때부터 같이 놀며 자란 벗을 이르는 말. =莫逆之友(막역지우).

芝蘭之交(지란지교) : 벗 사이의 맑고도 고귀(高貴)한 사귐을 이르는 말. =금란지교(金蘭之交).

池魚之殃(지어지앙) : 불이 나서 끄려고 못의 물을 퍼내면 고기가 말라 죽는다. 즉 자기와 상관없는 재앙에 억울하게 휩쓸려 화를 당하는 것을 비유.

指鹿爲馬(지록위마) : 중국 진나라의 환관인 조고가 황제의 권력을 농락해 보려고 일부러 사슴을 말이라고 했다는 고사에서 온 말로, 윗사람을 농락해 권세를 제 마음대로 휘두르는 짓을 비유.

進退維谷(진퇴유곡) : 앞으로 나아갈 수도, 뒤로 물러날 수도 없이 꼼짝할 수 없는 궁지에 빠짐. =進退兩難(진퇴양난). 絶體絶命(절체절명).

朝聚暮散(조취모산) : 아침에 모였다가 저녁에 헤어진다는 뜻으로, 모이고 헤어짐이 덧없음을 이르는 말.

[ㅊ]

滄海一粟(창해일속) : 넓은 바다에 떠있는 한 알의 좁쌀. 즉 아주 큰 물건 속에 있는 아주 작은 물건을 비유.

千慮一失(천려일실) : 지혜로운 사람도 많은 생각 가운데는 간혹 실책이 있을 수 있다는 뜻. cf) 千慮一得(천려일득) : 어리석은 사람이라도 많은 생각을 하다 보면 한 가지쯤은 좋은 생각을 얻는다는 뜻.

泉石膏肓(천석고황) : 자연(自然)에 대한 사랑이 너무 지나쳐 마치 불치의 고질병과 같음.

千載一遇(천재일우) : 천 년에 한 번 만난다는 뜻으로, 좀처럼 만나기 어려운 기회를 이르는 말.

天衣無縫(천의무봉) : (하늘나라 사람의 옷은 바느질 자국이 없다는 뜻으로) 시나 문장 따위가 자연스럽고 완전무결해 흠이 없음을 비유. 또 필요한 것이 모두 갖춰져 부족한 것이 없는 상태를 비유하기도 함.

千篇一律(천편일률) : 여러 사물이 다 비슷비슷해 변화가 없음을 비유적으로 이르는 말.

靑山流水(청산유수) : 푸른 산과 맑은 물이라는 뜻으로, 막힘없이 말을 썩 잘하는 것을 비유.

靑出於藍(청출어람) : (쪽에서 나온 푸른 물감이 쪽보다 더 푸르다는 뜻으로) 제자나 후배가 스승이나 선배보다 더 뛰어남을 이르는 말. (준말) 出藍(출람).

焦眉之急(초미지급) : 눈썹에 불이 붙은 것과 같이 매우 위급한 상태를 이르는 말.

樵童汲婦(초동급부) : 땔나무를 하는 아이와 물 긷는 아낙네. 즉 평범한 사람을 이르는 말.

春秋筆法(춘추필법) : 오경(五經)의 하나로서 공자의 역사 비판이 나타나 있는 '춘추'와 같이 비판적이고 엄정한 필법을 이르는 말.

春雉自鳴(춘치자명) : (봄철의 꿩이 스스로 울어 자기의 소재를 노출시켜 죽는 것과 같이) 묻지도 않은 말을 스스로 발설해 화를 자초하는 것을 비유.

天壤之差(천양지차) : 하늘과 땅 사이와 같이 엄청난 차이. =霄壤之差(소양지차). 雲泥之差 (운니지차).

寸鐵殺人(촌철살인) : (작은 쇠붙이로도 사람을 죽일 수 있다는 뜻으로) 간단한 말로도 남을 감동하게 하거나 남의 약점을 찌를 수 있음을 이르는 말.

七縱七擒(칠종칠금) : 제갈량이 남만(南蠻)의 임금인 맹획의 진정한 항복을 받기 위하여 일곱 번 사로잡았다가 일곱 번 놓아 주었다는 고사에서 온 말로, 무슨 일을 제 마음대로 할 수 있음을 비유.

針小棒大(침소봉대) : 바늘만한 것을 몽둥이만 하다고 함. 즉 작은 일을 크게 과장해서 떠든다는 뜻.

天崩之痛(천붕지통) : 하늘이 무너지는 듯한 슬픔이란 뜻으로, 아버지의 상(喪)을 당한 슬픔을 이르는 말.

[ㅋ]

快刀亂麻(쾌도난마) : 어지럽게 뒤얽힌 사물이나 말썽거리를 단번에 시원스레 처리함을 비유.

[ㅌ]

他山之石(타산지석) : 다른 산에서 나는 하찮은 돌이라도 나의 옥(玉)을 가는 데 도움이 된다. 즉 다른 사람의 하찮은 언행 또는 허물까지도 자신을 수양하는 데 도움이 된다는 말.

泰山北斗(태산북두) : (태산과 북두칠성을 많은 사람들이 우러러보는 것처럼) 세상 사람들로부터 존경받는 사람을 이르는 말.

兎死狐悲(토사호비) : (토끼가 죽으니 여우가 슬퍼한다는 뜻으로) 같은 무리의 불행을 슬퍼함을 비유적으로 이르는 말. =狐死兎泣(호사토읍).

土積成山(토적성산) : 한 줌의 흙이 쌓여 산을 이룬다. 즉 작은 것이 쌓여 큰 것이 된다는 뜻. =塵合泰山(진합태산). 積小成大(적소성대).

蕩蕩平平(탕탕평평) : 싸움, 시비, 논쟁 따위에서 어느 쪽에도 치우침이 없이 공평함.

兎營三窟(토영삼굴) : 토끼가 위급한 때를 대비해 세 개의 굴을 파 놓는다는 뜻으로, 자신의 안전을 위해 미리 몇 가지 대책을 마련해 두는 것을 이름.

[ㅍ]

破釜沈船(파부침선) : 솥을 깨뜨리고 배를 가라앉히고 싸움터에 나감. 즉 살아서 돌아오지 않을 각오로 싸움에 임한다는 뜻.

平地落傷(평지낙상) : (평지에서 넘어져 다친다는 뜻으로) 뜻밖의 불행한 일을 당하는 것을 비유.

破竹之勢(파죽지세) : (대나무를 쪼갤 때와 같은 기세라는 뜻으로) 적을 거침없이 물리치고 쳐들어가는 기세를 비유.

匹夫之勇(필부지용) : 혈기만 믿고 함부로 덤비는 소인(小人)의 용기.

布衣之交(포의지교) : (베옷을 입고 다닐 때의 사귐이라는 뜻으로) 벼슬을 하기 전에 사귐. 또는 그렇게 사귄 벗을 이르는 말.

風樹之歎(풍수지탄) : 효도하고자 할 때에 이미 부모는 죽고 없어서 효행을 다하지 못하는 슬픔. =風木之悲(풍목지비).

風餐露宿(풍찬노숙) : 바람과 이슬을 맞으며 밖에서 먹고 잠잔다는 뜻으로, 모진 고생 또는 객지에서 겪는 고생을 이르는 말.

風雲之會(풍운지회) : (용이 바람과 구름을 만나 기운을 얻는 것처럼) 영웅호걸이 때를 만나 뜻을 이룰 수 있는 좋은 기회.

破邪顯正(파사현정) : 그릇된 생각을 깨뜨리고 바른 도리를 드러냄.

破器相從(파기상종) : 깨어진 그릇 조각을 다시 맞춘다는 뜻으로, 이미 그릇된 일을 바로잡으려고 쓸데없이 애씀을 이르는 말.

[ㅎ]

夏爐冬扇(하로동선) : 여름철의 화로와 겨울철의 부채라는 뜻으로, 때에 맞지 않아 쓸데없는 사물을 비유하는 말.

下石上臺(하석상대) : 아랫돌 빼서 윗돌 괴기. 즉 임시변통으로 이리저리 둘러맞춤을 이르는 말.

邯鄲之夢(한단지몽) : 중국 당나라의 노생(盧生)이 한단(邯鄲) 땅에서 도사 여옹(呂翁)의 베개를 빌려 잠깐 잠을 자는 중에 팔십 년 동안 부귀영화를 누리는 꿈을 꾸었다는 고사에서 온 말로, 인생과 부귀영화의 덧없음을 비유. =盧生之夢(노생지몽).

偕老同穴(해로동혈) : 부부가 살아서는 같이 늙고 죽어서는 같은 무덤에 묻힌다는 뜻으로, 부부 사이의 굳은 맹세를 이르는 말.

行雲流水(행운유수) : 떠 가는 구름과 흐르는 물이라는 뜻으로, 일을 거침없이 처리하거나 마음씨가 시원시원한 것을 비유.

螢雪之功(형설지공) : 중국 진나라의 차윤이 가난해 반딧불로 글을 읽고 손강은 눈빛으로 글을 읽었다는 고사에서 나온 말로, 고생하면서도 열심히 공부해 얻은 보람을 이르는 말.

狐假虎威(호가호위) : 여우가 호랑이의 힘을 빌려 호기를 부린다. 즉 남의 권세를 빌려 위세를 부리는 것을 비유하는 말.

浩然之氣(호연지기) : ① 온 세상에 가득차서 넘치는 원기. ② 공명정대해 어떤 사람을 대해도 부끄러움이 없는 도덕적 용기. ③ 사물에서 해방된 자유로운 마음.

惑世誣民(혹세무민) : 세상 사람을 속여 미혹시키고 세상을 어지럽힘.

換骨奪胎(환골탈태) : 낡은 제도나 관습 따위를 고쳐 모습이나 상태가 완전히 바뀐 것을 이르는 말.

鴻鵠之志(홍곡지지) : 큰 기러기와 고니의 뜻. 즉 원대한 포부를 비유하는 말.

紅爐點雪(홍로점설) : 벌겋게 단 화로에 떨어지는 눈 한 송이. 즉 크나큰 일에 작은 힘이 아무 효과가 없음을 비유.

畫虎類狗(화호유구) : 범을 그리려다 강아지를 그린다. 즉 서투른 솜씨로 어려운 일을 하려다가 도리어 잘못됨을 비유. =畫虎不成(화호불성).

鰥寡孤獨(환과고독) : 홀아비, 과부, 고아, 자식 없는 사람. 즉 의지할 곳이 없고 외로운 사람들을 이르는 말.

會者定離(회자정리) : 만난 사람은 반드시 헤어

지게 됨.

畫蛇添足(화사첨족) : (뱀을 그리는데 실물에는 없는 발을 그려서 원모양과 다르게 되었다는 뜻으로) 쓸데없는 일을 하다가 도리어 실패함을 비유.

畫龍點睛(화룡점정) : 용을 그린 뒤 마지막으로 눈동자를 그려 넣었더니 그 용이 하늘로 올라갔다는 고사에서 온 말로, 가장 중요한 부분을 완성시키는 것을 비유.

後生可畏(후생가외) : 후진들이 선배들보다 나아질 가능성이 많기 때문에 나중에 두려운 존재가 될 수 있다는 뜻.

和而不同(화이부동) : 남과 사이좋게 지내기는 하나 무턱대고 어울리지는 아니함.

汗馬之勞(한마지로) : 말이 땀을 흘리며 전쟁터를 오간다는 뜻으로, 전쟁에서 이긴 공로를 이르는 말.

紅東白西(홍동백서) : 제사상을 차릴 때 붉은 과일은 동쪽에, 흰 과일은 서쪽에 놓는 일. cf) **棗栗梨柿(조율이시)** : 제사를 지낼 때 쓰는 대추, 밤, 배, 감 등을 아울러 이르는 말.

10 고사성어 02

[ㄱ]

錦衣還鄕(금의환향)
奇想天外(기상천외)
騎虎之勢(기호지세)
刻骨銘心(각골명심)
光明正大(광명정대)
孤軍奮鬪(고군분투)
起承轉結(기승전결)
誇大妄想(과대망상)
勸善懲惡(권선징악)
權謀術數(권모술수)
改過遷善(개과천선)
甘言利說(감언이설)
輕擧妄動(경거망동)
起死回生(기사회생)
舊態依然(구태의연)
公平無私(공평무사)
甲論乙駁(갑론을박)
吉凶禍福(길흉화복)
各自圖生(각자도생)

[ㄴ]

內憂外患(내우외환)
落落長松(낙락장송)
勞心焦思(노심초사)
論功行賞(논공행상)

[ㄷ]

大同團結(대동단결)
大義名分(대의명분)
大器晩成(대기만성)
多情多感(다정다감)
獨不將軍(독불장군)
東問西答(동문서답)
杜門不出(두문불출)
同苦同樂(동고동락)
多才多能(다재다능)
大同小異(대동소이)
東奔西走(동분서주)
得意揚揚(득의양양)
單刀直入(단도직입)
同床異夢(동상이몽)

[ㅁ]

名實相符(명실상부)
萬事亨通(만사형통)
無爲徒食(무위도식)
美辭麗句(미사여구)
莫上莫下(막상막하)
茫然自失(망연자실)
門前成市(문전성시)
賣官賣職(매관매직)
無事太平(무사태평)
無味乾燥(무미건조)
萬壽無疆(만수무강)
目不忍見(목불인견)
明若觀火(명약관화)

[ㅂ]

不可思議(불가사의)
百年偕老(백년해로)
不知其數(부지기수)
拍掌大笑(박장대소)
背恩忘德(배은망덕)
坊坊曲曲(방방곡곡)
拔本塞源(발본색원)
粉骨碎身(분골쇄신)
變化無雙(변화무쌍)
非一非再(비일비재)
不撤晝夜(불철주야)
不可抗力(불가항력)
非夢似夢(비몽사몽)
父傳子傳(부전자전)
白衣從軍(백의종군)
悲憤慷慨(비분강개)
百八煩惱(백팔번뇌)
伯仲之勢(백중지세)

[ㅅ]

心機一轉(심기일전)
殺身成仁(살신성인)
四分五裂(사분오열)
死生決斷(사생결단)
始終一貫(시종일관)
事必歸正(사필귀정)
說往說來(설왕설래)
士農工商(사농공상)
森羅萬象(삼라만상)
山戰水戰(산전수전)
先見之明(선견지명)
小貪大失(소탐대실)
相扶相助(상부상조)
修身齊家(수신제가)
深思熟考(심사숙고)
送舊迎新(송구영신)
袖手傍觀(수수방관)
神出鬼沒(신출귀몰)
乘勝長驅(승승장구)
士氣衝天(사기충천)
聖賢君子(성현군자)
束手無策(속수무책)
率先垂範(솔선수범)

[ㅇ]

憂國衷情(우국충정)
威風堂堂(위풍당당)
悠悠自適(유유자적)
英雄豪傑(영웅호걸)
有備無患(유비무환)
眼下無人(안하무인)
日就月將(일취월장)
離合集散(이합집산)
啞然失色(아연실색)
曰可曰否(왈가왈부)
一目瞭然(일목요연)
言行一致(언행일치)
一瀉千里(일사천리)
一片丹心(일편단심)
搖之不動(요지부동)
烏合之卒(오합지졸)
類類相從(유유상종)
危機一髮(위기일발)
外柔內剛(외유내강)
迂餘曲折(우여곡절)
人之常情(인지상정)
愛之重之(애지중지)
一絲不亂(일사불란)
淫談悖說(음담패설)
因果應報(인과응보)
一脈相通(일맥상통)
優柔不斷(우유부단)
意氣投合(의기투합)
異口同聲(이구동성)
臨機應變(임기응변)
有名無實(유명무실)
龍頭蛇尾(용두사미)
一場春夢(일장춘몽)
一攫千金(일확천금)
人事不省(인사불성)
暗中摸索(암중모색)
一石二鳥(일석이조)
龍虎相搏(용호상박)
魚頭肉尾(어두육미)
二律背反(이율배반)
有終之美(유종지미)
有害無益(유해무익)
立身揚名(입신양명)
右往左往(우왕좌왕)
臨時變通(임시변통)
漁父之利(어부지리)
弱肉强食(약육강식)
語不成說(어불성설)
以熱治熱(이열치열)
曖昧模糊(애매모호)
阿鼻叫喚(아비규환)
五里霧中(오리무중)

[ㅈ]

自激之心(자격지심)
自中之亂(자중지란)
自業自得(자업자득)
自初至終(자초지종)
自他公認(자타공인)
自暴自棄(자포자기)
晝夜長川(주야장천)
電光石火(전광석화)
晝耕夜讀(주경야독)
竹馬故友(죽마고우)
切齒腐心(절치부심)
支離滅裂(지리멸렬)
自手成家(자수성가)
自畫自讚(자화자찬)
衆口難防(중구난방)
主客顚倒(주객전도)
漸入佳境(점입가경)

左衝右突(좌충우돌)
左之右之(좌지우지)
坐不安席(좌불안석)
正正堂堂(정정당당)
適者生存(적자생존)
賊反荷杖(적반하장)
進退維谷(진퇴유곡)
適材適所(적재적소)
轉禍爲福(전화위복)
縱橫無盡(종횡무진)
珍羞盛饌(진수성찬)
戰戰兢兢(전전긍긍)

[ㅊ]

天高馬肥(천고마비)
醉生夢死(취생몽사)
七顚八起(칠전팔기)
靑天霹靂(청천벽력)
此日彼日(차일피일)
天人共怒(천인공노)
千辛萬苦(천신만고)
千態萬象(천태만상)
秋風落葉(추풍낙엽)
徹頭徹尾(철두철미)
取捨選擇(취사선택)
初志一貫(초지일관)
天生緣分(천생연분)
天眞爛漫(천진난만)
千差萬別(천차만별)
天方地軸(천방지축)
淸廉潔白(청렴결백)

[ㅌ]

卓上空論(탁상공론)
貪官汚吏(탐관오리)
坦坦大路(탄탄대로)
泰然自若(태연자약)
太平煙月(태평연월)

[ㅍ]

破竹之勢(파죽지세)
破顔大笑(파안대소)
波瀾萬丈(파란만장)
表裏不同(표리부동)
風前燈火(풍전등화)
風飛雹散(풍비박산)
敗家亡身(패가망신)
霸氣滿滿(패기만만)
平地風波(평지풍파)

[ㅎ]

緘口無言(함구무언)
虛送歲月(허송세월)
鶴首苦待(학수고대)
賢母良妻(현모양처)
虎視眈眈(호시탐탐)
橫說竪說(횡설수설)
虛心坦懷(허심탄회)
孑孑單身(혈혈단신)
和氣靄靄(화기애애)
荒唐無稽(황당무계)

魂飛魄散(혼비백산)
虛張聲勢(허장성세)
糊口之策(호구지책)
喜怒哀樂(희로애락)
好事多魔(호사다마)
咸興差使(함흥차사)
駭怪罔測(해괴망측)
厚顔無恥(후안무치)
渾然一體(혼연일체)
虛無孟浪(허무맹랑)

11 반대어

加害(가해)―被害(피해)
決定(결정)―未定(미정)
剛强(강경)―穩健(온건)
個人(개인)―集團(집단)
固定(고정)―變化(변화)
强化(강화)―弱化(약화)
結集(결집)―分散(분산)
過去(과거)―未來(미래)
繼承(계승)―斷絕(단절)
急性(급성)―慢性(만성)
決定(결정)―未定(미정)
肯定(긍정)―否定(부정)
緊張(긴장)―弛緩(이완)
具體(구체)―抽象(추상)
攻擊(공격)―防禦(방어)
可決(가결)―否決(부결)
傑作(걸작)―拙作(졸작)
主體(주체)―客體(객체)
建設(건설)―破壞(파괴)
干涉(간섭)―放任(방임)
實在(실재)―假象(가상)
開放(개방)―閉鎖(폐쇄)
供給(공급)―需要(수요)
急進(급진)―漸進(점진)
增加(증가)―減少(감소)
勤勉(근면)―懶怠(나태)
屈辱(굴욕)―雪辱(설욕)
高尙(고상)―低俗(저속)
謙遜(겸손)―傲慢(오만)

輕視(경시)―重視(중시)
樂觀(낙관)―悲觀(비관)
承諾(승낙)―拒絕(거절)
內包(내포)―外延(외연)
能動(능동)―受動(수동)
同質(동질)―異質(이질)
單一(단일)―複合(복합)
達辯(달변)―訥辯(눌변)
同意(동의)―反對(반대)
獨立(독립)―從屬(종속)
登場(등장)―退場(퇴장)
單純(단순)―複雜(복잡)
沈着(침착)―唐慌(당황)
記憶(기억)―忘却(망각)
滿足(만족)―不滿(불만)
模糊(모호)―分明(분명)
敏感(민감)―鈍感(둔감)
精神(정신)―物質(물질)
發生(발생)―消滅(소멸)
發達(발달)―退步(퇴보)
是認(시인)―否認(부인)
繁榮(번영)―衰退(쇠퇴)
分析(분석)―綜合(종합)
浮上(부상)―沈沒(침몰)
富裕(부유)―貧困(빈곤)
進步(진보)―保守(보수)
全體(전체)―部分(부분)
收斂(수렴)―發散(발산)
生産(생산)―消費(소비)

成功(성공)―失敗(실패)
儉素(검소)―奢侈(사치)
事實(사실)―虛構(허구)
收入(수입)―支出(지출)
先進(선진)―後進(후진)
順行(순행)―逆行(역행)
先天(선천)―後天(후천)
昇進(승진)―左遷(좌천)
上昇(상승)―下落(하락)
熟達(숙달)―未熟(미숙)
省略(생략)―敷衍(부연)
善意(선의)―惡意(악의)
順坦(순탄)―險難(험난)
勝利(승리)―敗北(패배)
親熟(친숙)―疏遠(소원)
愼重(신중)―輕率(경솔)
洗練(세련)―粗雜(조잡)
絕對(절대)―相對(상대)
積極(적극)―消極(소극)
明示(명시)―暗示(암시)
長壽(장수)―夭折(요절)
賢明(현명)―愚昧(우매)
理性(이성)―感情(감정)
明白(명백)―曖昧(애매)
靈魂(영혼)―肉體(육체)
完成(완성)―未完(미완)
友好(우호)―敵對(적대)
良好(양호)―不良(불량)
安定(안정)―不安(불안)

11. 반대어

永遠(영원)ー瞬間(순간)
利益(이익)ー損害(손해)
原因(원인)ー結果(결과)
有利(유리)ー不利(불리)
利己(이기)ー利他(이타)
優勢(우세)ー劣勢(열세)
銳敏(예민)ー愚鈍(우둔)
原型(원형)ー模型(모형)
一般(일반)ー特殊(특수)
祝福(축복)ー詛呪(저주)
前生(전생)ー來生(내생)
自發(자발)ー動員(동원)
持續(지속)ー中斷(중단)
存續(존속)ー滅亡(멸망)
主演(주연)ー助演(조연)
主體(주체)ー客體(객체)
正義(정의)ー不義(불의)
直接(직접)ー間接(간접)
自然(자연)ー人工(인공)
正常(정상)ー異常(이상)
全體(전체)ー部分(부분)

集合(집합)ー解散(해산)
支配(지배)ー服從(복종)
進化(진화)ー退步(퇴보)
祖上(조상)ー後孫(후손)
秩序(질서)ー混亂(혼란)
直線(직선)ー曲線(곡선)
主觀(주관)ー客觀(객관)
自律(자율)ー他律(타율)
尊敬(존경)ー輕蔑(경멸)
前進(전진)ー後退(후퇴)
進取(진취)ー退嬰(퇴영)
正當(정당)ー不當(부당)
自立(자립)ー依他(의타)
長點(장점)ー短點(단점)
縱斷(종단)ー橫斷(횡단)
眞實(진실)ー虛僞(허위)
斬新(참신)ー陳腐(진부)
刹那(찰나)ー永劫(영겁)
創造(창조)ー模倣(모방)
着工(착공)ー竣工(준공)
添加(첨가)ー削減(삭감)

初面(초면)ー舊面(구면)
誕生(탄생)ー死亡(사망)
表面(표면)ー裏面(이면)
包含(포함)ー除外(제외)
平凡(평범)ー非凡(비범)
暴露(폭로)ー隱蔽(은폐)
形式(형식)ー內容(내용)
幸福(행복)ー不幸(불행)
希望(희망)ー絕望(절망)
合理(합리)ー矛盾(모순)
統合(통합)ー分裂(분열)
擴大(확대)ー縮小(축소)
歡待(환대)ー薄待(박대)
必然(필연)ー偶然(우연)
好況(호황)ー不況(불황)
現實(현실)ー理想(이상)
和睦(화목)ー反目(반목)
向上(향상)ー低下(저하)
和解(화해)ー對立(대립)
喜劇(희극)ー悲劇(비극)

12 시사용어

[ㄱ]

官邊團體(관변단체)
警戒警報(경계경보)
國威宣揚(국위선양)
交通滯症(교통체증)
公訴時效(공소시효)
强制送還(강제송환)
閣僚會談(각료회담)
景氣沈滯(경기침체)
基調演說(기조연설)
氣象豫報(기상예보)
國際情勢(국제정세)
關稅逋脫(관세포탈)
國政監査(국정감사)
公金橫領(공금횡령)
技術提携(기술제휴)
旣成世代(기성세대)
强盜傷害(강도상해)
交涉團體(교섭단체)
家宅軟禁(가택연금)
膠着狀態(교착상태)
金利引下(금리인하)
緊急措置(긴급조치)
揭示板(게시판)
管轄區域(관할구역)
檢問檢索(검문검색)
觀光名所(관광명소)
過剩防禦(과잉방어)

關稅障壁(관세장벽)
强制醜行(강제추행)
過失致死(과실치사)
緊急避難(긴급피난)
拘束適否審(구속적부심)
寄附金(기부금)
口頭契約(구두계약)
雇傭增大(고용증대)
公共福利(공공복리)
禁忌事項(금기사항)
傀儡政府(괴뢰정부)
交戰狀態(교전상태)
橋頭堡(교두보)
起訴猶豫(기소유예)
緊張緩和(긴장완화)
軍備縮小(군비축소)
官權動員(관권동원)
金錢撒布(금전살포)
減價償却(감가상각)
拘束令狀(구속영장)
空襲警報(공습경보)
紀綱刷新(기강쇄신)
金融支援(금융지원)
闕席裁判(궐석재판)
糾彈示威(규탄시위)
强硬策(강경책)
雇用世襲(고용세습)
經濟民主化(경제민주화)
權言癒着(권언유착)

拒否權(거부권)
開發途上國(개발도상국)
家庭破壞犯(가정파괴범)
國論分裂(국론분열)
減免惠澤(감면혜택)
金品喝取(금품갈취)
過渡內閣(과도내각)
公聽會(공청회)
機密漏泄(기밀누설)
忌避人物(기피인물)
街頭募金(가두모금)
緊張高潮(긴장고조)
記錄更新(기록갱신)
軍縮會談(군축회담)
强制連行(강제연행)
景氣浮揚(경기부양)
經營不實(경영부실)
旣得權(기득권)
交流擴大(교류확대)
苛酷行爲(가혹행위)
公權力投入(공권력투입)
擧國內閣(거국내각)
假處分申請(가처분신청)
基幹産業(기간산업)
開發利益(개발이익)
課稅標準(과세표준)
公安當局(공안당국)
局地戰(국지전)
區劃整理(구획정리)

國政刷新(국정쇄신)
歸省人波(귀성인파)
公正貿易(공정무역)

[ㄴ]

內閣改編(내각개편)
賂物授受(뇌물수수)
農村啓蒙(농촌계몽)
勞組罷業(노조파업)
內申成績(내신성적)
論功行賞(논공행상)
拉致蠻行(납치만행)
爛商討議(난상토의)
內政干涉(내정간섭)
勞使紛糾(노사분규)
難局打開(난국타개)
落後技術(낙후기술)

[ㄷ]

同族相殘(동족상잔)
同伴成長(동반성장)
多邊化外交(다변화외교)
東西冷戰(동서냉전)
大氣汚染(대기오염)
獨立爭取(독립쟁취)
黨利黨略(당리당략)
逃避行脚(도피행각)
篤志家(독지가)
獨寡占品目(독과점품목)
談合行爲(담합행위)

登龍門(등용문)
黨權掌握(당권장악)
黨政改編(당정개편)
大書特筆(대서특필)
同盟罷業(동맹파업)
團體協約(단체협약)
導火線(도화선)
對質審問(대질심문)

[ㅁ]

媒介體(매개체)
文化水準(문화수준)
免責特權(면책특권)
默祕權(묵비권)
名譽毁損(명예훼손)
買占賣惜(매점매석)
文盲退治(문맹퇴치)
民心離叛(민심이반)
密室行政(밀실행정)
無償福祉(무상복지)
幕後協商(막후협상)
民資誘致(민자유치)
名譽退職(명예퇴직)
無罪判決(무죄판결)
門戶開放(문호개방)
滿場一致(만장일치)
民意收斂(민의수렴)
未必的故意(미필적고의)
誣告罪(무고죄)
武裝蜂起(무장봉기)
美風良俗(미풍양속)
貿易赤字(무역적자)

民政移讓(민정이양)
無産階級(무산계급)
民營化(민영화)
文民統治(문민통치)
民生法案(민생법안)

[ㅂ]

不審檢問(불심검문)
保護貿易(보호무역)
負債蕩減(부채탕감)
不法駐車(불법주차)
分水嶺(분수령)
非常戒嚴(비상계엄)
報道陣(보도진)
背任罪(배임죄)
犯人隱匿(범인은닉)
不正蓄財(부정축재)
不條理剔抉(부조리척결)
拔本塞源(발본색원)
變態營業(변태영업)
不渡手票(부도수표)
扶養家族(부양가족)
不勞所得(불로소득)
背水陣(배수진)
半導體(반도체)
附加價値稅(부가가치세)
紛爭調停(분쟁조정)
兵役特惠(병역특혜)
分讓價格(분양가격)
白兵戰(백병전)
不協和音(불협화음)
不當解雇(부당해고)

防犯網(방범망)
法廷騷亂(법정소란)
防衛産業(방위산업)
病保釋(병보석)
背後人物(배후인물)
保稅倉庫(보세창고)
保守右翼(보수우익)
博覽會(박람회)
法定管理(법정관리)

[ㅅ]

世代葛藤(세대갈등)
社會風土(사회풍토)
死角地帶(사각지대)
試行錯誤(시행착오)
社會混亂(사회혼란)
騷音公害(소음공해)
殺人敎唆(살인교사)
選擧遊說(선거유세)
宣戰布告(선전포고)
收拾方案(수습방안)
書面質疑(서면질의)
時事漫評(시사만평)
生態系破壞(생태계파괴)
常習賭博(상습도박)
損害賠償(손해배상)
遡及適用(소급적용)
新陳代謝(신진대사)
生活必需品(생활필수품)
需要供給(수요공급)
庶民哀歡(서민애환)
稅務調査(세무조사)

赦免復權(사면복권)
善隣外交(선린외교)
司直當局(사직당국)
世代交替(세대교체)
新規採用(신규채용)
勝負造作(승부조작)
署名運動(서명운동)
小康狀態(소강상태)
首腦會談(수뇌회담)
失業對策(실업대책)
稅金滯納(세금체납)
生存競爭(생존경쟁)
庶政刷新(서정쇄신)
信賞必罰(신상필벌)
詐欺行脚(사기행각)
稅額控除(세액공제)
賞與金(상여금)
時局事犯(시국사범)
殉國先烈(순국선열)
宿願事業(숙원사업)
事前令狀(사전영장)
受惠階層(수혜계층)
辭意表明(사의표명)
守舊勢力(수구세력)
身柄引渡(신병인도)
斜陽産業(사양산업)
隨意契約(수의계약)
水害復舊(수해복구)

[ㅇ]

押收搜索(압수수색)
零細商人(영세상인)

裏面契約(이면계약)
御用團體(어용단체)
僞裝移民(위장이민)
領土紛爭(영토분쟁)
屋內集會(옥내집회)
輿論調査(여론조사)
離散家族(이산가족)
人種差別(인종차별)
人工衛星(인공위성)
虞犯地域(우범지역)
賃金凍結(임금동결)
流言蜚語(유언비어)
利權請託(이권청탁)
任期滿了(임기만료)
連帶責任(연대책임)
外資誘致(외자유치)
年末精算(연말정산)
兒童虐待(아동학대)
外換危機(외환위기)
聯立內閣(연립내각)
爲政當局(위정당국)
歪曲報道(왜곡보도)
理念對立(이념대립)
兩極體制(양극체제)
良心宣言(양심선언)
流血事態(유혈사태)
旅券發給(여권발급)
連坐籠城(연좌농성)
豫算審議(예산심의)
源泉封鎖(원천봉쇄)
有權解釋(유권해석)
諒解覺書(양해각서)
外貨逃避(외화도피)
油類波動(유류파동)

12. 시사용어

罹災民(이재민)
要式行爲(요식행위)
慰樂施設(위락시설)
連坐罪(연좌죄)
年末年始(연말연시)
油印物(유인물)
立法豫告(입법예고)
源泉課稅(원천과세)
衛戍令(위수령)
力學關係(역학관계)
連帶罷業(연대파업)
僞造紙幣(위조지폐)
委託販賣(위탁판매)
利敵團體(이적단체)
幽靈會社(유령회사)
輿論造作(여론조작)

[ㅈ]

財閥企業(재벌기업)
執行猶豫(집행유예)
正當防衛(정당방위)
爭議調停(쟁의조정)
頂上會談(정상회담)
戰歿將兵(전몰장병)
條約批准(조약비준)
財産相續(재산상속)
證券投資(증권투자)
株主總會(주주총회)
戰略戰術(전략전술)
證據湮滅(증거인멸)
障礙人福祉(장애인복지)
政黨公薦(정당공천)

轉地訓練(전지훈련)
姉妹結緣(자매결연)
傳統樣式(전통양식)
職權濫用(직권남용)
職務遺棄(직무유기)
政權交替(정권교체)
眞相糾明(진상규명)
慈善事業(자선사업)
遭難事故(조난사고)
中傷謀略(중상모략)
赤字累積(적자누적)
集中豪雨(집중호우)
自進出頭(자진출두)
梗塞政局(경색정국)
指紋捺印(지문날인)
自給自足(자급자족)
自救策(자구책)
集團解雇(집단해고)
株價暴落(주가폭락)
暫定合議(잠정합의)
拙速行政(졸속행정)
遵法鬪爭(준법투쟁)
赤信號(적신호)
在野人士(재야인사)
職場閉鎖(직장폐쇄)
自由放任(자유방임)
租稅減免(조세감면)
政經癒着(정경유착)

[ㅊ]

就業競爭(취업경쟁)
參政權(참정권)

責任轉嫁(책임전가)
秋穀收買(추곡수매)
治外法權(치외법권)
淸廉潔白(청렴결백)
尖端技術(첨단기술)
徹夜籠城(철야농성)
天災地變(천재지변)
親告罪(친고죄)
滯拂賃金(체불임금)
逮捕令狀(체포영장)
聽聞會(청문회)
沈默示威(침묵시위)
處遇改善(처우개선)
最後通牒(최후통첩)
追徵金(추징금)
債務履行(채무이행)
就勞事業(취로사업)

[ㅍ]

跛行國會(파행국회)
覇權主義(패권주의)
被選擧權(피선거권)
被害補償(피해보상)
平和共存(평화공존)
標識板(표지판)
飽和狀態(포화상태)
破産宣告(파산선고)
偏頗報道(편파보도)
破廉恥漢(파렴치한)
風紀紊亂(풍기문란)
悖倫兒(패륜아)
波及效果(파급효과)

215

[ㅎ]

候補競選(후보경선)
協商決裂(협상결렬)
懸案問題(현안문제)
虛僞申告(허위신고)
海外視察(해외시찰)

刑事立件(형사입건)
憲法改定(헌법개정)
環境保護(환경보호)
換率引下(환율인하)
休戰協定(휴전협정)
海外硏修(해외연수)
現場檢證(현장검증)

豪雨警報(호우경보)
下請企業(하청기업)
現地踏査(현지답사)
懸賞手配(현상수배)
戶口調査(호구조사)
虛禮虛飾(허례허식)

13 한자 우리말로 고쳐 쓰기

干潟地(간석지) : 갯벌
粉末(분말) : 가루
今世(금세) : 이승
今歲(금세) : 올해
白鷗(백구) : 갈매기
寄與(기여) : 이바지
不可不(불가불) : 마땅히
各位(각위) : 여러분
雪憤(설분) : 분풀이
假面(가면) : 탈
食糧(식량) : 먹거리
巨頭(거두) : 우두머리
柴扉(시비) : 사립문
可否間(가부간) : 옳든 그르든
揷木(삽목) : 꺾꽂이
傀儡(괴뢰) : 꼭두각시, 허수아비
船頭(선두) : 뱃머리
丘陵(구릉) : 언덕
星座(성좌) : 별자리
軌範(궤범) : 본보기
所謂(소위) : 이른바
饑饉(기근) : 굶주림
所以(소이) : 까닭
舌戰(설전) : 말다툼
過誤(과오) : 허물
屍體(시체) : 송장, 주검
勞務者(노무자) : 일꾼
夜半(야반) : 밤중
路邊(노변) : 길가

野遊(야유) : 들놀이
勞賃(노임) : 품삯
於焉間(어언간) : 어느덧
內衣(내의) : 속옷
語套(어투) : 말버릇
垈地(대지) : 집터
臆說(억설) : 억지말
桃花(도화) : 복숭아꽃
突然(돌연) : 갑자기, 별안간
然則(연즉) : 그러면, 그런즉
然(연)이나 : 그러나
然故(연고)로 : 그러한 까닭으로
渡船場(도선장) : 나루터
煙突(연돌) : 굴뚝
杜嶋花(두견화) : 진달래꽃
燃料(연료) : 땔감
胴體(동체) : 몸통
煉瓦(연와) : 벽돌
大麥(대맥) : 보리
午睡(오수) : 낮잠
端緖(단서) : 실마리
廉價(염가) : 싼값
明後日(명후일) : 모레
染料(염료) : 물감
毛皮(모피) : 털가죽
厭症(염증) : 싫증
木炭(목탄) : 숯
緣由(연유) : 까닭
苗板(묘판) : 못자리

言辯(언변) : 말솜씨
米粒(미립) : 쌀알
獵犬(엽견) : 사냥개
蜜蜂(밀봉) : 꿀벌
嬰兒(영아) : 젖먹이
民族(민족) : 겨레
寤寐間(오매간) : 자나깨나, 언제나
紡績(방적) : 길쌈
烏鵲(오작) : 까막까치
防築(방축) : 둑
甕器(옹기) : 질그릇
霹靂(벽력) : 벼락
玩具(완구) : 장난감
墳墓(분묘) : 무덤
往往(왕왕) : 이따금, 때때로
元旦(원단) : 설날 아침
乳牛(유우) : 젖소
幽宅(유택) : 무덤
翌年(익년) : 이듬해
汚水(오수) : 구정물
自古(자고)로 : 예로부터
子婦(자부) : 며느리
再昨年(재작년) : 그러께

諸君(제군) : 여러분
終乃(종내) : 마침내, 끝끝내
精肉店(정육점) : 푸줏간
塵埃(진애) : 티끌, 먼지
倉卒間(창졸간)에 : 매우 급작스럽게
礎石(초석) : 주춧돌
抽籤(추첨) : 제비뽑기
讒訴(참소) : 고자질
針線(침선) : 바느질
濁酒(탁주) : 막걸리
土塊(토괴) : 흙덩이
土幕(토막) : 움집, 움막
堆肥(퇴비) : 거름, 두엄
表裏(표리) : 안팎, 속과 겉
風雨(풍우) : 비바람
行客(행객) : 나그네
虛言(허언) : 거짓말
血色(혈색) : 핏기
花壇(화단) : 꽃밭
火焰(화염) : 불꽃
況且(황차) : 하물며
黃泉(황천) : 저승
割增料(할증료) : 웃돈

14 국문법(國文法)

총론(總論)

(1) 문법(文法)의 3대 분야

① 음운론(音韻論) : 단어를 이루는 바탕이 되는 음운(말소리)의 종류와 체계, 음운 상호 간의 작용이나 법칙 등을 다루는 분야이다.
② 품사론(品詞論) : 문장을 이루는 단어(낱말)의 종류와 구성, 또는 그것의 의미·성질·역할 등을 다루는 분야이다.
③ 문장론(文章論) : 하나의 통일된 뜻을 나타낸 문장의 종류와 성질 등을 통하여 문장 전체의 구성을 연구하는 분야이다.

(2) 언어(言語)의 일반성

① 언어는 사람이 가졌다. (언어의 소유성)
② 언어의 내면에는 사상·감정이 포함되어 있다. (언어의 내용성)
③ 언어의 형식은 음성이다. (언어의 형식성)
④ 언어는 사회적 약속이다. (언어의 사회성)
⑤ 언어는 신생(新生)·성장(成長)·사멸(死滅)한다. (언어의 역사성)

(3) 언어의 형태상 분류

① 교착어(膠着語) : 실사(實辭)와 허사(虛辭)가 분리되고, 실사에 여러 허사가 첨가되어 문법적 기능을 다하는 말로서, 첨가어(添加語)라고도 한다. (한국어·일본어·몽골어·튀르키예(터키)어 등)
② 굴절어(屈折語) : 실사와 허사가 분리되지 않고, 어형(語形)의 변화로 문법적 기능을 다하는 말. (영어·프랑스어·독일어 등)
③ 고립어(孤立語) : 낱낱의 말이 독립되어 말의 위치에 따라 문법적 기능을 갖는 말. (중국어·베트남어·미얀마어 등)

(4) 언어의 계통상 분류

① 우랄·알타이어 : 한국어·일본어·몽골어·만주어·튀르키예(터키)어 등.
② 인도·유럽어 : 인도어·이란어·영어·프랑스어·독일어 등.
③ 인도지나어 : 티베트어·태국어·미얀마어·중국어 등.

(5) 문자(文字)의 종류

① **표음 문자(表音文字)** : 음(音)이 부호로써만 쓰이고 의미를 나타내지 않는 문자.
　㉠ 음절 문자(音節文字) : 한 음절로 된 문자. (일본의 가나·거란 문자)
　㉡ 단음 문자(單音文字) : 한 낱소리로 된 문자. (한글·영문자)
② **표의 문자(表意文字)** : 하나하나의 글자가 일정한 뜻을 나타내는 문자.
　㉠ 상형 문자(象形文字) : 사물의 모양을 본떠 만든 문자. (중국의 한자·이집트 문자)
　㉡ 회화 문자(繪畫文字) : 뜻을 그림으로써 나타내는 문자. (중국 고대 문자·고대 이집트 문자)

(6) 언어의 단위

단음(單音) : 음운(音韻)을 최소 단위.
　ex) ㄱ, ㄴ, ㄷ, ㅏ, ㅓ
음절(音節) : 단음과 단음이 합쳐서 이루어진 것.
　ex) ㅇ + ㅏ → 아, ㄴ + ㅓ = 너
단어(單語) : 하나 또는 둘 이상의 음절이 모여 뜻을 나타내는 것으로, 말의 최소 단위.
　ex) 철수가 이야기책 을 읽고 있었다. (5개의 단어)
어절(語節) : 문장 성분의 최소 단위. 하나의 어절은 문장 내에서 붙여 쓴다.
　ex) 철수가 이야기책을 읽고 있었다. (4개의 어절)
구(句) : 둘 이상의 어절이 모여 문장의 일부분이 된 것. 주어와 술어를 갖추지 못함.
　ex) 사람을 해친 호랑이가 나타났다.
절(節) : 주어와 술어를 갖추었으나, 독립되지 않고 문장의 일부인 것.
　ex) 새들이 지저귀는 봄이 왔다.
문(文) : 주어와 술어를 갖추고 사상이나 느낌을 나타낸 것.
　ex) 지난 겨울은 매우 추웠다.

(7) 우랄·알타이어의 공통된 특징
   ① 모음 조화 현상이 나타난다.
   ② 두음 법칙과 말음 법칙이 있다.
   ③ 단어에 성(性)의 구별이 없다.
   ④ 관사 및 관계 대명사가 없다.
   ⑤ 주어+목적어+서술어의 순서로 배열된다.
   ⑥ 수식어는 수식을 받는 말(피수식어) 앞에 놓인다.
   ⑦ 말의 구조가 실질 형태소에 형식 형태소가 붙는 첨가적 성질을 띤다.

(8) 국어(國語)의 개념

   ① 국어는 언어다. (일반성)
   ② 국어는 일종의 구체적 언어다. (특수성)
   ③ 국어는 국가를 배경으로 한다. (공용성)
   ④ 국어는 표준어라야 한다. (통일성)

(9) 표준어(標準語)

   ① 대한민국의 표준어는 '교양 있는 사람들이 두루 쓰는 현대 서울말을 기준으로 함을 원칙으로' 표준어를 정하였다. 대한민국 표준어 규정의 기원인 조선어학회에서 1933년대에 만든 '조선어 표준말 모음'에는 '표준말은 대체로 현재 중류 사회에서 쓰는 서울말로 한다.'로 되어 있었는데, 1988년에 표준어 규정을 정비하면서 '표준말'을 '표준어'로, '중류 사회'를 '교양 있는 사람들'로, '현재'를 '현대'로 고쳤다.
   ② 2大 조건 :
      ㉠ 시대적 조건 : 현대 쓰이는 말.
      ㉡ 지역적 조건 : 서울에서 쓰이는 말.
   ③ 맞춤법의 3大 원칙
      ㉠ 한글 맞춤법은 표준어를 소리대로 적되, 어법에 맞도록 함을 원칙으로 한다.
      ㉡ 문장의 각 단어는 띄어 씀을 원칙으로 한다.
      ㉢ 외래어는 '외래어 표기법'에 따라 적는다.

국어의 음운(音韻)

현대 국어의 음운은 닿소리(子音)와 홀소리(母音)로 크게 나뉜다. 입 안의 어느 위치에서 공기가 막히거나 갈리어 나는 소리를 자음이라 하고, 이런 장애를 받지 않고 나는 소리를 모음이라고 한다. (자음은 19개, 모음은 21개)

(1) 닿소리(子音)

    ① 조음 작용(調音作用)에 의한 분류
        ㉠ 단자음 : ㄱ, ㄴ, ㄷ, ㄹ, ㅁ, ㅂ, ㅅ, ㅇ, ㅈ, ㅎ, ㄲ, ㄸ, ㅃ, ㅆ, ㅉ
        ㉡ 이중 자음 : ㅊ, ㅋ, ㅌ, ㅍ, ㄳ, ㄵ, ㅀ, ㄺ
    ② 발음 위치에 의한 분류
        ㉠ 입술소리(두 입술 사이에서 나는 소리) : ㅂ, ㅃ, ㅍ, ㅁ
        ㉡ 혀끝소리(혀끝과 윗잇몸 사이에서 나는 소리) : ㄷ, ㄸ, ㅌ, ㅅ, ㅆ, ㄴ, ㄹ
        ㉢ 구개음(口蓋音 : 혓바닥과 앞입천장 사이에서 나는 소리) : ㅈ, ㅉ, ㅊ
        ㉣ 연구개음(軟口蓋音 : 혀뿌리와 뒷입천장 사이에서 나는 소리) : ㄱ, ㄲ, ㅋ, ㅇ
        ㉤ 목청소리(목청에서 나는 소리) : ㅎ
    ③ 발음 방법에 의한 분류
        ㉠ 파열음(破裂音 : 막혔다가 터지면서 나는 소리) : ㅂ, ㅃ, ㅍ, ㄷ, ㄸ, ㅌ, ㄱ, ㄲ, ㅋ
        ㉡ 마찰음(摩擦音 : 기관 사이를 마찰하여 나는 소리) : ㅅ, ㅆ, ㅎ
        ㉢ 파찰음(破擦音 : 막혔다가 터지면서 마찰하여 나는 소리) : ㅈ, ㅉ, ㅊ
        ㉣ 비음(鼻音 : 코를 울리면서 나는 소리) : ㅁ, ㄴ, ㅇ
        ㉤ 유음(流音 : 혀끝이 떨려서 나는 소리) : ㄹ
    이것을 도표로 표시하면 다음과 같다.

방법 \ 위치	입술소리	혀끝소리	구개음	연구개음	목청소리
파열음	ㅂ,ㅃ,ㅍ	ㄷ,ㄸ,ㅌ		ㄱ,ㄲ,ㅋ	
마찰음		ㅅ,ㅆ			ㅎ
파찰음			ㅈ,ㅉ,ㅊ		
비음(콧소리)	ㅁ	ㄴ		ㅇ	
유음(흐름소리)		ㄹ			

(2) 홀소리(母音)

    ① 조음 위치에 의한 분류
        ㉠ 단모음 : ㅏ, ㅓ, ㅗ, ㅜ, ㅡ, ㅣ, ㅑ, ㅐ, ㅔ, ㅚ, ㅟ
        ㉡ 이중 모음 : ㅑ, ㅕ, ㅛ, ㅠ, ㅒ, ㅖ, ㅘ, ㅝ, ㅙ, ㅞ, ㅢ

※ 단모음 중 'ㅚ'와 'ㅟ'는 사람에 따라 이중 모음으로 발음되기도 한다.
② 음상(音相)에 의한 분류
  ㉠ 양성 모음(陽性母音) : ㅏ, ㅗ, ㅑ, ㅛ, ㅘ
  ㉡ 음성 모음(陰性母音) : ㅓ, ㅜ, ㅕ, ㅠ, ㅡ, ㅝ
  ㉢ 중성 모음(中性母音) : ㅣ

(3) 유성음(有聲音)과 무성음(無聲音)

음성을 낼 때 성대를 진동시키는 것을 유성음(울림소리)이라고 하고, 진동시키지 않는 것을 무성음(안울림소리)이라고 한다. 모음은 모두 유성음이며, 자음 중에서 'ㄴ, ㄹ, ㅁ, ㅇ'은 유성음이다.

(4) 어감(語感)의 분화

말의 뜻이 근본적으로 변하지 않는 범위 내에서 어감(語感)의 차이만 드러내는 소리의 변화를 말한다.
① 자음의 음상
  자음은 평음(平音)·경음(硬音)·격음(激音)의 3중 대립을 보여 준다.
  ㉠ 평음(예사소리): ㄱ, ㄷ, ㅂ, ㅈ
  ㉡ 경음(된소리) : ㄲ, ㄸ, ㅃ, ㅉ
  ㉢ 격음(거센소리) : ㅋ, ㅌ, ㅍ, ㅊ
  이들의 대립은 의성어·의태어에서 어감의 차이를 나타내는 데 이용된다.
    ex) 감감하다 〈 깜깜하다 〈 캄캄하다
② 모음의 음상
  음성 모음은 양성 모음보다 크고 센 느낌을 준다.
    ex) 말갛다 〈 멀겋다, 동글동글 〈 둥글둥글

(5) 소리의 장단(長短)

우리말에는 소리의 장단에 따라 의미의 차이가 생기는 경우가 많이 있다.
長音 : 눈(雪) 말(言)   밤(栗) 새(鳥) 돌(石)   배(倍)   발(簾)
短音 : 눈(目) 말(馬, 斗) 밤(夜) 새(新) 돌(生日) 배(腹, 船, 梨) 발(足)

품사(品詞)

문법적 성질이 같은 단어의 모임을 품사라고 한다. 즉 기본 의미가 같으며 문장 안에서의 기능이 같고

어형 변화의 방식이 같으면 동일한 품사 속에 넣을 수 있다. (현대 문법은 9품사로 분류함)

(1) 명사(名詞)

일이나 물건의 명칭을 표시하는 말로서 쓰이는 구실에 따라 보통 명사와 고유 명사로 나누고, 독립성의 유무에 따라 자립 명사와 의존 명사로 나눈다.
① 명사의 기능 : 주어(물이 매우 맑다.), 서술어(그녀는 예술가다.), 보어(그는 국문학자가 되었다.), 목적어(나는 고향을 그리워한다.), 관형어(인간은 만물의 영장이다.), 부사어(나비가 꽃에 앉는다.), 독립어(가을, 때는 문학의 계절이다.)
② 의존 명사(구문법 : 불완전 명사) : 명사의 성격을 띠고 있으면서도 그 의미가 형식적이어서 다른 말 아래에 기대어 쓰이는 명사.
　① 보편성 의존 명사 : 갈 데가, 먹을 것은, 어찌할 바를, 저기 계신 분
　② 주어성 의존 명사 : 갈 수가, 알 리가, 더할 나위도
　③ 서술성 의존 명사 : 다할 따름이다, 갔을 뿐이다, 일을 하는 터에
　④ 부사성 의존 명사 : 배운 대로, 본 듯, 잘난 체, 먹을 만큼, 그런 줄 몰랐다
　⑤ 단위성 의존 명사 : 한 개, 두 마리, 세 그루

(2) 대명사(代名詞)

어떤 사람이나 사물의 이름을 대신하여 나타내는 말로서 사람을 가리키는 인칭 대명사와 사물이나 장소를 가리키는 지시 대명사로 나눈다.

<인칭 대명사>

	1인칭	2인칭	3인칭	未知稱	不定稱
단수	나, 저	너, 자네, 당신, 그대, 임자	이(분), 그이(분) 저이(분), 당신	누구, 어떤이(분)	아무, 아무개
복수	우리, 저희	너희, 자네들, 당신들	이(분)들, 당신들	누구들, 어떤이(분)들	아무들, 아무개들

<지시 대명사>

	近稱	中稱	遠稱	未知稱	不定稱
事物	이, 이것	그, 그것	저, 저것	무엇, 어느것	아무것
處所	여기	거기	저기	어디	아무곳
方向	이리	그리	저리	어느쪽	아무쪽

※ 1) 다음과 같은 것들도 인칭 대명사로 간주한다.
  소인, 소생, 짐, 신(臣) : 1인칭
  댁, 경(卿), 나으리, 귀관, 형(兄) : 2인칭
  이놈, 저놈, 그자, 저자 : 3인칭
  2) '어떤 이' '아무 것' 등으로 띄어 쓰면 '어떤'과 '아무'는 관형사가 된다.

(3) 수사(數詞)

사물의 수효나 차례를 객관적으로 나타내는 말로서 기본수를 표시하는 양수사(量數詞)와 순서를 나타내는 서수사(序數詞)가 있다.
  ① 양수사(基數) : 하나, 둘, 셋, 넷…
  ② 서수사(序數) : 첫째, 둘째, 세째, 네째…
  ※ 1) 양수사는 관형사 '한, 두, 세, 네…'와 구별해야 한다. 조사가 붙어 쓰이면 수사이고, 명사를 수식하면 관형사다.
      ex) 하나가(수사), 한 사람(관형사)
    2) 수를 한글로 적을 때에는 만·억·조 단위로 띄어 쓴다.
      ex) 삼십조 이억 팔천오백십육만 삼천이백오십사
    3) 어떤 날·달·해 등을 나타내는 말은 굳어진 하나의 단어(명사)로 보아 붙여 쓴다.
      ex) 열하루, 정월, 이태(二年)

(4) 동사(動詞)

사물의 움직임이나 작용을 나타내는 말로서 문장의 서술어가 되는 것이 주기능이다.
  ① 동사의 분류
    자동사(自動詞) : 동작의 작용이 주체에게만 미치는 동사. 목적어를 취하지 않는다.
      ex) 순이는 잘 뛴다. 낙엽이 진다.

타동사(他動詞) : 동작의 작용이 다른 사물에게 영향을 미치는 동사. 목적어를 필요로 한다.
ex) 순이는 널을 뛴다. 밥을 먹는다.
능동사(能動詞) : 제 힘으로 행하는 동작을 나타내는 동사. ex) 도둑을 잡다.
피동사(被動詞) : 남의 행동에 의해서 행해지는 동작을 나타내는 동사.
ex) 도둑이 경찰에게 잡히다.
주동사(主動詞) : 주어가 스스로 행하는 동작을 나타내는 동사. ex) 옷을 입다.
사동사(使動詞) : 남에게 동작을 하도록 시키는 동사. ex) 아이에게 옷을 입히다.

1) 타동사는 능동사가 될 수 있으며, 자동사나 타동사는 주동사가 될 수 있다.
2) 능동사에 피동 접미사 '이, 히, 리, 기'가 붙으면 피동사가 된다. 또한 피동 접미사 '되다, 당하다, 받다' 등이 붙어도 피동사가 된다.
   ex) 낚이다, 박히다, 끌리다, 안기다, 구속되다, 사기당하다, 표창받다
3) 주동사에 사동 접미사 '이, 히, 리, 기, 우, 추'가 붙으면 자동사가 된다.
   ex) 먹이다, 입히다, 울리다, 옮기다, 깨우다, 맞추다
4) 피동사와 사동사가 동일한 것이 많이 있다.

규칙 동사 : 어미의 활용이 규칙적인 동사.
ex) 먹다-먹어-먹게-먹지-먹고
불규칙 동사 : 활용에 있어서 어간이 변하거나 어미의 형태가 불규칙적으로 변하는 동사.
Ⓐ 'ㅅ'불규칙 : 모음 앞에서 'ㅅ'받침이 없어짐.
ex) 짓다-지어-지으니 (긋다, 낫다, 붓다, 잇다 등)
Ⓑ 'ㅂ'불규칙 : 모음 앞에서 'ㅂ'받침이 '오'나 '우'로 바뀜.
ex) 굽다-구워-구우니 (깁다, 눕다, 돕다 등)
Ⓒ 'ㄷ'불규칙 : 모음 앞에서 'ㄷ'받침이 'ㄹ'로 바뀜.
ex) 걷다-걸어-걸으니 (듣다, 깨닫다, 묻다, 일컫다 등)
Ⓓ '러'불규칙 : 어미 '어' 대신 '러'가 옴.
ex) 이르다-이르러 (동사에는 '이르다(到)' 하나뿐임)
Ⓔ '르'불규칙 : 어간 끝소리 '으'가 '어' 앞에서 없어짐.
ex) 흐르다-흘러 (가르다, 모르다, 바르다 등)
Ⓕ '우'불규칙 : 어간 끝소리 '우'가 어미 '어' 앞에서 없어짐.
ex) 푸다-퍼(하나뿐임)
Ⓖ '거라'불규칙 : 명령형 어미 '아라' 대신 '거라'가 옴.
ex) 자다-자거라(가다, 나가다 등)
Ⓗ '너라'불규칙 : 명령형 어미 '아라' 대신 '너라'가 옴.
ex) 오다-오너라(나오다, 돌아오다 등)
본동사 : 단독적으로 서술 능력을 가지는 동사.

보조 동사(조동사) : 본동사 뒤에서 그것의 의미를 도와주는 동사.
ex) 일이 되어(본동사) 간다(보조 동사). 감상을 적어(본동사) 두었다(보조 동사).

(5) 형용사(形容詞) : 사람이나 사물의 성질이나 상태, 또는 존재를 나타내는 말.

① 동사의 형용사의 차이점
형용사는 사동 및 피동 접미사가 쓰이지 않으며, 'ㄴ다', '는다'를 붙일 수 없다. 다음과 같은 말들은 경우에 따라 동사도 되고 형용사도 된다.
크다 : 우리 아기는 자꾸 큰다(동), 그 집은 매우 크다(형)
맑다 : 흐렸던 물이 차츰 맑는다(동), 가을 하늘이 수정처럼 맑다(형)
못하다 : 그 사람은 뛰지 못한다(동), 그 사람은 지혜롭지 못하다(형)
아니하다 : 나는 후회하지 아니한다(동), 길이 넓지 아니하다(형)
※ '못하다, 아니하다'는 그 앞에 형용사가 있으면 형용사, 동사가 있으면 동사가 된다.

② 형용사의 종류
㉠ 성상 형용사 : 성질과 상태를 나타내는 형용사. ex) 아름답다, 빠르다, 많다, 없다
㉡ 지시 형용사 : 성질·모양·상태 등을 지시하는 형용사.
　ex) 이러하다, 그러하다, 저러하다, 어떠하다
㉢ 완전 형용사 : 단독으로 서술 기능을 하는 형용사. ex) 이 꽃은 아름답다.
㉣ 불완전 형용사 : 보어가 있어야만 서술 기능을 하는 형용사. ex) 이것은 꽃이 아니다.
㉤ 본(本) 형용사 : 단독으로 서술 능력을 가지는 형용사.
㉥ 보조 형용사 : 본용언 뒤에서 의미를 도와 주는 형용사.
　ex) 이 꽃은 아름답지(본 형용사) 아니하다(보조 형용사).

(6) 관형사(冠形詞) : 체언 앞에서 체언이 가진 뜻을 수식하는 말.

① 특징
㉠ 어형이 고정되어 활용하지 않는다.
㉡ 조사가 붙을 수 없다.
㉢ 반드시 체언만 수식한다. (관형어로만 쓰인다)

② 관형사의 종류
㉠ 성상 관형사 : 새, 첫, 온갖, 무슨, 뭇, 옛
㉡ 수 관형사 : 한, 두, 서, 세, 너, 네, 한두, 서너
㉢ 지시 관형사 : 이, 그, 저, 어떤, 어느, 아무, 다른
※ 1) '이, 그, 저'는 체언 앞에 쓰이면 관형사가 되고, 조사가 붙으면 대명사가 된다.

ex) 그 집은 낡았다.(관형사) 그는 유명한 시인이다.(대명사)
2) '어떤, 다른'이 관형절의 서술어가 될 경우는 형용사다.
ex) 모양이 다른 옷을 샀다.(형용사)

(7) 부사(副詞) : 주로 용언 앞에 놓여서 그 뜻을 한정하는 말.

① 특징
㉠ 어형이 고정되어 활용하지 않는다.
㉡ 주로 용언을 한정하나 때로는 다른 부사·관형·구·절·문을 한정하기도 한다.
㉢ 경우에 따라 조사가 붙을 수 있다. ex) 올해 겨울은 너무도 춥다.
㉣ 언제나 한정어로만 쓰이고 서술어로는 쓰일 수 없다.
② 의성어와 의태어
㉠ 의성어(擬聲語) : 사물의 소리를 흉내내는 말.
ex) 졸졸, 딸랑딸랑, 철썩철썩
㉡ 의태어(擬態語) : 사물의 모양이나 태도를 흉내내는 말.
ex) 아장아장, 울긋불긋, 한들한들

(8) 감탄사(感歎詞) : 감동이나 놀람 따위의 느낌을 나타내는 말.

① 특징
㉠ 문장 성분은 독립어가 된다.
㉡ 문두(文頭)에 오는 것이 일반적이나 문중(文中)이나 문미(文尾)에도 올 수 있다.
㉢ 단독으로 한 문장의 구실을 할 수 있다.
㉣ 감탄사는 조사가 붙지 않으며, 활용하지 않는다.
② 감탄사의 구별 : 대한민국 만세!(감탄사) 천세 만세(명사)를 누리소서.

(9) 조사(助詞)

체언이나 용언 밑에 붙어 다른 말과의 관계를 나타내거나, 그 말의 뜻을 도와주는 말.
① 특징
㉠ 조사는 앞 말에 붙여 쓰는 것을 원칙으로 한다.
㉡ 체언 뒤에 붙는 것이 일반적이지만, 관형사와 감탄사를 제외한 모든 품사에 붙을 수 있다.
㉢ 조사는 조사끼리 서로 결합될 수 있다.
② 조사의 갈래

㉠ 격조사(格助詞) : 체언 또는 용언의 명사형에 붙어 그 말의 다른 말에 대한 자격을 나타내는 조사.
㉡ 보조사(補助詞) : 체언에 일정한 격(格)을 규정하지 않고 여러 격으로 두루 쓰이어 그 체언에 어떤 뜻을 더해 주는 조사. ex) 도, 만, 까지, 마저, 조차
㉢ 접속 조사(接續助詞) : 단어와 단어, 문장과 문장을 같은 자격으로 잇는 조사.
ex) 와, 과, 하고, 랑

③ 격조사의 종류
㉠ 주격 : 가, 이, 은, 는, 께서 ex) 바람이 분다.
㉡ 서술격 : 이다 ex) 저것은 꽃이다.
㉢ 관형격 : 의 ex) 청년은 나라의 보배다.
㉣ 목적격 : 을, 를 ex) 새를 잡았다.
㉤ 보격 : 가, 이 ex) 시인이 되었다.
㉥ 호격 : 아, 야, 여, 이여, 이시여 ex) 그대여 창문을 열어라.
㉦ 부사격 조사
　처소격 : 에, 에서　　　　　　　　　ex) 공원에서 놀았다.
　기구격 : 로, 로써, 으로, 으로써　　　ex) 돈으로 책을 샀다.
　자격격 : 로, 로서, 으로, 으로서　　　ex) 의사로서 본분을 다했다.
　유래격 : 서, 에서, 으로부터　　　　　ex) 그는 시골에서 상경했다.
　여격 : 에게, 한테, 께　　　　　　　　ex) 아내에게 선물을 주다.
　비교격 : 와, 같이, 처럼, 만큼, 보다　ex) 그보다 내가 더 크다.
　변성격 : 로, 으로　　　　　　　　　　ex) 얼음이 물로 된다.

단어의 구성

합성어(合成語)의 종류

① 병렬(並列) 합성어 : 두 요소가 각기 제 뜻을 유지하면서 대등하게 결합된 것. ex) 비바람, 남녀, 검붉다, 오르내리다
② 유속(有屬) 합성어 : 두 요소가 각기 제 뜻을 가지지만 하나가 다른 하나를 수식하는 것. ex) 돌다리, 보름달, 끝없다, 얻어먹다
③ 융합(融合) 합성어 : 두 요소가 겹쳐서 다른 뜻을 나타내는 것. ex) 춘(春) + 추(秋)→나이, 밤 + 낮→늘

(3) 어근과 접사

　　어근(語根) : 단어를 이루는 형태소 중에서 단어의 실질적인 뜻을 나타내는 형태소.
　　접사(接辭) : 어근에 붙어 그 뜻을 더하거나 품사를 바꿈으로써 새로운 단어를 만드는 형태소로, 여기에는 접두사와 접미사가 있다.
　　① 접두사(接頭辭) : 어근 앞에 붙는 접사.
　　　　㉠ 명사 앞에 붙는 것 : 맨손, 맏아들, 군소리
　　　　㉡ 동사 앞에 붙는 것 : 치밀다, 설익다, 짓밟다
　　　　㉢ 형용사 앞에 붙는 것 : 시퍼렇다, 새까맣다, 얄궂다
　　　　㉣ 부사 앞에 붙는 것 : 외따로, 맨먼저
　　② 접미사(接尾辭) : 어근 뒤에 붙는 접사.
　　　　㉠ 명사 뒤에 붙어 뜻을 더하는 것 : 선생님, 외팔이, 도둑질
　　　　㉡ 명사 뒤에 붙어 동사로 전성시키는 것 : 법석대다, 사위삼다, 사랑하다
　　　　㉢ 명사 뒤에 붙어 형용사로 전성시키는 것 : 멋지다, 자유롭다, 탐스럽다

문장성분(文章成分)

체언은 대체로 조사와 결합되어 어절을 이루고, 용언은 반드시 활용된 상태 즉 어간과 어미가 결합된 상태로 어절을 이룬다. 이 어절은 문장 내에서의 기능에 따라 몇 종류의 문장 성분으로 나뉜다.

(1) 주어(言語) : 한 문장의 주체가 되는 말.
　　명사 : 기러기가 울며 간다.
　　대명사 : 그는 서울로 갔다.
　　수사 : 하나가 남았다.
　　동사 : 배움은 학생의 의무다.
　　형용사 : 밝기가 낮과 같다.

(2) 서술어(敍述語) : 주어에 대하여 설명하는 말.
　　동사 : 나는 밥을 먹는다.
　　형용사 : 꽃이 아름답다.
　　명사 : 그는 유명한 철학가다.
　　대명사 : 그녀가 찾는 물건은 저것이다.
　　수사 : 우리들은 하나다.

※ 일반적으로 주어에는 체언이 쓰이고, 서술어에는 용언이 쓰인다.

(3) 보어(補語) : 서술어를 보충하여 뜻을 완전하게 하는 말.
　　명사 : 달걀이 병아리가 된다.
　　대명사 : 나는 네가 아니다.
　　수사 : 그것은 열이 아니다.

(4) 목적어(目的語) : 서술어가 타동사일 때에 그 동작의 대상이 되는 말.
　　명사 : 나는 사과를 좋아한다.
　　대명사 : 당신은 누구를 찾으십니까?
　　수사 : 여기에 백을 보태면 천이 된다.

(5) 관형어(冠形語) : 체언을 꾸미는 말로, 수식어라고도 한다.
　　관형사 : 모든 사람들이 다 모였다.
　　형용사 : 아름다운 강산.
　　동사 : 이것은 작년에 지은 집이다.
　　명사 : 저 기와집은 면장의 집이다.
　　대명사 : 이 책은 누구의 것입니까?
　　수사 : 외딴 곳에 하나의 집이 있다.

(6) 부사어(副詞語) : 주로 용언을 수식하는 말.
　　부사 : 밤이 매우 짧다.
　　형용사 : 담을 높게 쌓아라.
　　동사 : 담을 협력하여 쌓아라.
　　명사 : 나는 산에 간다.

(7) 독립어(獨立語) : 주어부와 서술부의 어느 것과도 관계없이 독립적으로 쓰이는 말.
　　감탄사 : 아, 보름달이 떴다.
　　명사 : 청춘! 이것은 인생의 황금기다.

문장의 단위

단어(품사)→어절(성분)→구→절→부(주어부와 서술부)→문

(1) 단어(單語) : 문법상의 일정한 뜻과 구실을 가지는, 말의 최소 단위.

(2) 어절(語節) : 문장을 이루고 있는 도막도막의 성분.

(3) 구(句) : 둘 이상의 어절이 모여 문장의 일부분이 된 것. 주어와 술어를 갖추지 못함.
　① 명사구 : 문장에서 명사와 같은 구실을 하는 구.
　　　ex) <u>우리 삼천만 겨레는</u> 분연히 일어섰다.
　② 동사구 : 문장에서 동사처럼 서술어 구실을 하는 구.
　　　ex) 그는 <u>매우 빨리 달린다</u>.
　③ 형용사구 : 문장에서 형용사처럼 서술어 구실을 하는 구.
　　　ex) 그 꽃이 <u>매우 아름답다</u>.
　④ 부사구 : 문장에서 부사처럼 용언을 꾸미는 구.
　　　ex) 너는 <u>더 빨리</u> 걸어라.
　⑤ 관형사구 : 문장에서 관형사처럼 체언을 꾸미는 구.
　　　ex) <u>크고 붉은</u> 꽃이 활짝 피었다.

(4) 절(節) : 주어와 술어를 갖추었으나, 독립되지 않고 문장의 일부인 것.
　① 명사절 : 문장에서 명사와 같은 구실을 하는 절.
　　　ex) 올해도 <u>농사가 잘 되기를</u> 바란다.
　② 서술절 : 문장에서 주어를 서술하는 절.
　　　ex) 오늘밤은 <u>달이 밝다</u>.
　③ 부사절 : 문장에서 부사어 구실을 하는 절.
　　　ex) 세월이 <u>물이 흐르듯</u> 흐른다.
　④ 관형절 : 문장에서 관형어 구실을 하는 절.
　　　ex) <u>모두가 깜짝 놀랄</u> 일이 생겼다.
　⑤ 대등절 : 한 문장 안에서 대등한 자격을 가지고 있는 절.
　　　ex) <u>인생은 짧고</u>, <u>예술은 길다</u>.
　⑥ 인용절 : 문장에서 남의 말을 직접 또는 간접으로 인용한 절.
　　　ex) 순이는 자기가 그 일을 했다고 나에게 말했다.
　⑦ 주절과 종속절 : 앞에 있는 절이 뒤에 오는 절을 꾸미게 될 때 앞의 절을 종속절, 뒤의 절을 주절이라 한다.
　　　ex) <u>소나기가 오니 마음이 후련하다.</u>
　　　　　　종속절　　　　주절

(5) 주어부와 서술부
　　① 주어부(主語部) : 문장에서 주어와 그것에 딸린 말들로 된 부분.
　　② 서술부(敍述部) : 문장에서 술어와 그 수식어로 된 부분.
　　　　ex) 부지런한 학생은 열심히 공부한다.
　　　　　　　　주어부　　　　　서술부
　　　　　　키가 큰 철수가 우리 농구팀의 주장이다.
　　　　　　　　주어부　　　　　　서술부

문장의 종류

(1) **홑문장(單文)** : 하나의 문장 속에 주술(主述) 관계가 한 번만 이루어진 문장.
　　ex) 나는 꼭 기자가 되겠다.　　　아름다운 소녀가 귀엽게 길을 간다.
　　　　주어 부사어 보어 서술어　　　관형어　주어　부사어 목적어 서술어

(2) **겹문장(複文)** : 하나의 문장 속에 주술 관계가 두 번 이상 이루어진 문장.
　　① 안은 문장 : 문장 속에 다른 홑문장이 들어 있는 문장.
　　　　ex) 나는 그가 소설가임을 알았다. 마음이 착한 사람은 복을 받는다.
　　② 이어진 문장 : 홑문장이 서로 이어지거나 여러 겹으로 된 문장.
　　　　㉠ 대등하게 이어진 문장
　　　　　ex) 인생은 짧고, 예술은 길다.　　꽃이 피고, 새가 운다.
　　　　㉡ 종속적으로 이어진 문장
　　　　　ex) 비가 와야 농사가 잘 된다.　　봄이 오니 꽃이 핀다.

문장 부호

(1) **마침표(.)** : 문장이 끝났을 때. 약자 뒤에.
　　ex) 사람은 사람답게 살아야 한다.

(2) **쉼표(,)** : 짧은 휴식을 표시할 때. 비슷한 자격의 어구를 연결할 때.
　　ex) 청년은 인생의 꽃이오, 노인은 인생의 열매다.
　　　　소설 구성의 3요소는 인물, 사건, 배경이다.

(3) 가운뎃점(·) : 열거된 여러 개가 대등하거나 밀접한 관계일 때.
　　ex) 높은 산에 올라가니 마을·논·밭·냇가 등이 보인다.

(4) 쌍점(:) : 앞의 것을 설명하거나 예를 들 때. 비율을 나타낼 때.
　　ex) 만족 : 부족함이 없이 충분함.　2 : 1　4 : 1

(5) 쌍반점(;) : 문장을 일단 끊었다가 이어서 설명을 계속할 때.
　　ex) 물이 너무 맑으면 고기가 없고; 사람이 너무 앞뒤를 살피면 친구가 없다.

(7) 큰따옴표(" ") : 글 가운데서 직접 대화를 표시하거나 남의 말이나 글을 직접 인용할 때.
　　ex) 내가 그에게 "어디로 떠날 작정이니"라고 물으니 "고향으로"라고 답했다.

(6) 작은 따옴표(' ') : 인용한 말 안에 또 다른 말을 인용할 때.
　　ex) "그가 '아! 좋다'라고 말했다."

(8) 느낌표(!) : 느낌이나 부르짖음을 나타낼 때.
　　ex) 아! 벌써 가을인가. 꽃이 활짝 피었구나!

(9) 물음표(?) : 묻는 말이나 의심나는 말 뒤에. 반어나 가벼운 감탄을 나타낼 때.
　　ex) 날씨가 좋은가?　그것이 어찌 그렇지 않겠습니까?

(10) 줄임표(…) : 말을 생략할 때.
　　ex) 내가 좋아하는 과일은 사과, 배, 감… 등이다.　조금만 더 참았던들….

(11) 말없음표(……) : 말 중간에 침묵을 나타낼 때.
　　ex) "어디로 갈 예정이니?"　"……"

(12) 긴소리표(ː) : 소리를 길게 발음하는 음절임을 표시할 때.
　　ex) 눈(目) 눈ː(雪)

15 부록: 피해야 할 중복 표현

가까운 측근	측근(側近) : 곁의 가까운 곳, 또는 가까운 관계에 있는 사람.
거의 대부분	'대부분' 속에 '거의'의 의미가 포함됨.
가사일을 돌보다	가사(家事) : 집안 살림에 관한 일. '가사일'은 비표준어.
근 3년 가까이	근(近) : 가까울 근.
널리 보급하다	보급(普及) : 널리 알리거나 사용하게 함.
남은 여생	여생(餘生) : 앞으로 남은 삶.
꾸며낸 조작극	조작(造作) : 무슨 일을 실제로 일어난 것처럼 꾸며냄.
돌이켜 회고하다	회고(回顧) : 지난 일을 돌이켜 생각함.
문제를 다시 재론하다	재론(再論) : 다시 의논하거나 거론함.
간략하게 약술하다	약술(略述) : 요점만을 간략하게 서술함.
먼저 선수를 치다	선수(先手) : 상대편보다 먼저 수를 쓰는 일.
복병이 숨어 있다	복병(伏兵) : 숨어 있다가 습격하는 군사.
서로 상의하다	상의(相議) : 서로 의논함.
시범을 보이다	시범(示範) : 모범을 보임.
분명하게 명시하다	명시(明示) : 분명하게 가리키거나 밝힘.
앞에서 선도하다	선도(先導) : 앞장서서 이끎.
바다로 해수욕하러 가다	해수욕(海水浴) : 바다에서 헤엄치거나 노는 일.
어려운 난제	난제(難題) : 해내기 어려운 일.
성품이 좋은 호인	호인(好人) : 성품이 좋은 사람.
이미 예고한 일	예고(豫告) : 미리 알림.
약 절반 가량	약(約) : 가까운 정도. 가량 : 정도. 쯤.
활짝 만개하다	만개(滿開) : 꽃이 활짝 핌.
통곡하면서 울다	통곡(慟哭) : 소리를 높여 서럽게 욺.
둘 사이의 중매를 서다	중매(仲媒) : 남녀 사이에 들어 혼인을 성사시키려고 함.
혼자 독단을 하다	독단(獨斷) : 자기 혼자의 생각만으로 결정함.

푸른 창공	창공(蒼空) : 푸른 하늘.
회의를 품다	회의(懷疑) : 의심을 품음.
오랜 숙원	숙원(宿怨) : 오래 전부터 바라던 소원.
차가운 냉기	냉기(冷氣) : 찬 기운.
홀로 고군분투	고군분투(孤軍奮鬪) : 혼자서 어려운 일을 해냄.
하얀 백발	백발(白髮) : 하얗게 센 머리털.
자리에 착석하다	착석(着席) : 자리에 앉음
역전 앞에서 만나자	역전(驛前) : 역 앞.
팔은 매각대금	매각(賣却) : 팔아 버림.
홀로 독학하다	독학(獨學) : 혼자 힘으로 배움.
쓰이는 용도	용도(用度) : 물건 따위를 쓰는 일.
따뜻한 온정	온정(溫情) : 따뜻한 인정.
날조된 조작극	날조(捏造) : 사실이 아닌 것을 사실인 양 거짓으로 꾸밈.
넓은 광장	광장(廣場) : 넓은 곳.
서로 상충하다	상충(相衝) : 서로 맞지 않고 어긋남.
겪은 경험	경험(經驗) : 실제로 해 보거나 겪어 봄.
새롭게 창작하다	창작(創作) : 새로운 것을 처음으로 만듦.

24절기

계절	절기	음력	양력	설명
봄	입춘 (立春)	정월	2월 4, 5일	봄이 시작됨.
	우수 (雨水)		2월 19, 20일	봄비가 내리고 싹이 틀 무렵.
	경칩 (驚蟄)	이월	3월 5, 6일	동물이 겨울잠에서 깨어나 활동하기 시작함.
	춘분 (春分)		3월 21, 22일	낮과 밤의 길이가 같음.
	청명 (淸明)	삼월	4월 5, 6일	봄 농사를 준비할 무렵.
	곡우 (穀雨)		4월 20, 21일	농사비가 내리기 시작함.
여름	입하 (立夏)	사월	5월 6, 7일	여름이 시작됨.
	소만 (小滿)		5월 21, 22일	본격적인 농사가 시작됨.
	망종 (芒種)	오월	6월 6, 7일	보리는 익고 모는 심을 무렵.
	하지 (夏至)		6월 21, 22일	낮이 가장 길고 밤이 가장 짧은 날.
	소서 (小暑)	유월	7월 7, 8일	여름 더위가 시작됨.
	대서 (大暑)		7월 23, 24일	가장 더울 무렵.
가을	입추 (立秋)	칠월	8월 8, 9일	가을이 시작됨.
	처서 (處暑)		8월 23, 24일	아침 저녁으로 찬 기운이 느껴짐.
	백로 (白露)	팔월	9월 8, 9일	이슬이 내리고 가을 기운이 완연해 짐.
	추분 (秋分)		9월 23, 24일	낮과 밤의 길이가 같음.
	한로 (寒露)	구월	10월 8, 9일	찬 이슬이 내리기 시작함.
	상강 (霜降)		10월 23, 24일	서리가 내리기 시작함.
겨울	입동 (立冬)	시월	11월 7, 8일	겨울이 시작됨.
	소설 (小雪)		11월 22, 23일	눈이 내리기 시작함.
	대설 (大雪)	동지	12월 7, 8일	눈이 가장 많이 내릴 무렵.
	동지 (冬至)		12월 22, 23일	밤이 가장 길고 낮이 가장 짧은 날.
	소한 (小寒)	섣달	1월 6, 7일	겨울 추위가 시작됨.
	대한 (大寒)		1월 20, 21일	가장 추울 무렵.

간지(干支)와 갑자(甲子)

*십간(十干) : 60갑자의 윗부분을 이루는 10개의 천간(天干).
*십이지(十二支) : 60갑자의 아랫부분을 이루는 12개의 지지(地支).

10간(干)	12지(支)	상징 동물	시간
갑(甲)	자(子)	쥐	자시 : 오후 11시~오전 1시 (三更)
을(乙)	축(丑)	소	축시 : 오전 1시~오전 3시 (四更)
병(丙)	인(寅)	호랑이	인시 : 오전 3시~오전 5시 (五更)
정(丁)	묘(卯)	토끼	묘시 : 오전 5시~오전 7시
무(戊)	진(辰)	용	진시 : 오전 7시~오전 9시
기(己)	사(巳)	뱀	사시 : 오전 9시~오전 11시
경(庚)	오(午)	말	오시 : 오전 11시~오후 1시
신(辛)	미(未)	양	미시 : 오후 1시~오후 3시
임(壬)	신(申)	원숭이	신시 : 오후 3시~오후 5시
계(癸)	유(酉)	닭	유시 : 오후 5시~오후 7시
	술(戌)	개	술시 : 오후 7시~오후 9시 (初更)
	해(亥)	돼지	해시 : 오후 9시~오후 11시 (二更)

#초경(初更)부터 오경(五更)은 하루의 밤을 다섯으로 나눈 것.

*60갑자(甲子) : 십간(十干)과 십이지(十二支)를 순차로 섞어 60가지로 배열한 순서. 줄여서 '육갑(六甲)'이라고 한다.

甲子(갑자)	甲戌(갑술)	甲申(갑신)	甲午(갑오)	甲辰(갑진)	甲寅(갑인)
乙丑(을축)	乙亥(을해)	乙酉(을유)	乙未(을미)	乙巳(을사)	乙卯(을묘)
丙寅(병인)	丙子(병자)	丙戌(병술)	丙申(병신)	丙午(병오)	丙辰(병진)
丁卯(정묘)	丁丑(정축)	丁亥(정해)	丁酉(정유)	丁未(정미)	丁巳(정사)
戊辰(무진)	戊寅(무인)	戊子(무자)	戊戌(무술)	戊申(무신)	戊午(무오)
己巳(기사)	己卯(기묘)	己丑(기축)	己亥(기해)	己酉(기유)	己未(기미)
庚午(경오)	庚辰(경진)	庚寅(경인)	庚子(경자)	庚戌(경술)	庚申(경신)
辛未(신미)	辛巳(신사)	辛卯(신묘)	辛丑(신축)	辛亥(신해)	辛酉(신유)
壬申(임신)	壬午(임오)	壬辰(임진)	壬寅(임인)	壬子(임자)	壬戌(임술)
癸酉(계유)	癸未(계미)	癸巳(계사)	癸卯(계묘)	癸丑(계축)	癸亥(계해)

저자 김 학 준

한국외국어대 정치외교학과를 졸업하고
서울신문 기자로 28년간 재직. 저서로 〈매스컴 국어〉와
〈매스컴 상식〉이 있다.

사회초년생을 위한 꼰대 어휘 속성과외

인쇄일   2024년 6월 3일
발행일   2024년 6월 7일

지은이   김학준
펴낸이   김세연
펴낸곳   마카렌세스 makarenses

신　고   제2010-000012호 2010년 3월 12일
주　소   (04724) 서울특별시 성동구 동호로100,
              115동 1301호 (금호동3가, 두산아파트)
Smartphone   010-2429-1100
mobile fax   0504-371-1100
E-mail   sykim5009@naver.com

ISBN
한국도서 십진분류 | 13710

copyright ⓒ 2024 All rights reserved by Seiyon Kim
값 15,000원